第 9 卷

中国人民大学出版社
·北京·

《世界汉学》合作单位

法国法兰西学院汉学研究所
德国海德堡大学汉学系
德国波恩大学汉学系
德国华裔学志汉学研究所
英国牛津大学汉学研究所
俄罗斯科学院东方研究所
荷兰莱顿大学汉学院
瑞典斯德哥尔摩大学东亚系
葡萄牙大发现纪念全国委员会
美国哈佛大学燕京学社
美国哈佛大学费正清东亚研究中心
美国耶鲁大学东方语文系
美国哥伦比亚大学东亚语言与文化系
美国伯克利加州大学中国研究中心
美国洛杉矶加州大学中国研究中心
日本爱知大学现代中国学部
新加坡国立大学中文系
台湾"中央研究院"历史语言研究所
台湾"清华大学"历史研究所
台湾"中央图书馆"汉学研究中心
香港大学中文系
香港中文大学中国文化研究所
香港城市大学中国文化研究中心

《世界汉学》编辑委员会

FOR CHINA　为了中国

FOR THE PAST AND THE FUTURE　为了过去与未来

FOR THE ORIENT AND THE WEST　为了东方和西方

目 录

主办：中国人民大学汉学研究中心

北京中关村大街59号中国人民大学　　邮编：100872

康熙统治下的数学专家和国家项目

詹嘉玲（Catherine Jami）/ 法国国家科学研究中心

在中国帝王时代，数学在几个世纪中都是一门形态特征多变的学科，与之相关的知识则始终未被纳入通过科举认可的经典学术范畴。然而天文学却与国家紧密地联系在一起。明清时代的天文历法办公处——钦天监的职能是帮助皇帝扮演宇宙和人类世界中间人的角色，同时保证人类世界与宇宙的节奏吻合，尤其是确保一切典礼仪式能够按照原计划的时间和地点顺利举行。因此，一部好历法及对日月食和行星合现象的准确预计就成为一个朝代及其政权合法性的标志。相反，意外的天体现象则被认作一个朝代违逆天意，即将失去天命的象征。虽然天文学的政治意义及宇宙论极其重要，但从事天文工作的官员的职业生涯并不辉煌。明代时期，这种技能的掌握及相关职位在父子间代代相传。[1] 似乎只有在隋（581—618）唐（618—907）时期，国家才保证了严格意义上的数学学习及应用。7 世纪中叶，李淳风把一些相关著作合订成名为《算经十书》的注本。这些书籍成为学生们的教材，考试成绩则用来衡量学生的掌握程度。[2] 今天我们对这些当时的数学专业毕业生的事业发展状况一无所知。从 11 世纪到 17 世纪，没有任何记载可以证实国家机构继续对数学给予重视。然而，在《算经十书》及后来诸多著作和大量的行政文献记载中，我们可以发现一些问题内容及方法名称。这些发现可以证实，为了管理一个如此庞大及复杂的国家，中国动用了某些数学科学技术，尤其是在测量、税费计算或者公共事业等方面。因此，这些技术应是为行政官僚所掌握并运用的。但是，如果假设这些行政需要构成了数学研究的有效动力，通过我们现在所掌握的资料却还很难准确判断当时的技术水准，也更难断定人们掌握数学知识的方法，以及这些知识对掌握者职业生涯产生的影响。

康熙之治（1662—1722）标志着政府对于数学态度的转折。为了全面理解这一转变，有两点历史背景不容忽视。一方面，康熙是清朝第二个统治中国的皇帝。尽管满人在 1644 年已经占领了北京，但新王朝在康熙统治年间才开始趋于稳定，尤其是同江南一带精英文人关系的缓和。朝廷对疆土的军事控制范围大大超过了明朝，与此同时，康熙在儒学传统下奠定了其政权的合法性。另一方面，明朝末期，文人已经显现出对科学技术的新兴趣。自 16 世纪末，耶稣会士来华，在传播基督教的同时，把当时在欧洲学校里教授的科学知识带到了中国；欧几里得《几何原本》头六卷的中译本便得以于 1607 年出版。20 多年后，即 1629 年，历法改革拉开了序幕，开始采用耶稣会士引进的新方法，而新历法直到 1644 年才由清政府颁布实施。一部分耶稣会士进入政府机构——如钦天监担任公职。采用新法并非毫无争议：1664 年，由于对一位皇子的葬礼时辰计算失误，更由于自身教义的颠覆性意味，北京的耶稣会士们遭到了传讯。[3]

4 年后的 1668 年，康熙从摄政大臣手中夺回实权后，其最早的举措之一便是重新审理这一对耶稣会士的诉讼，并恢复他们皇家天文学家的职位。[4] 从此，康熙帝对数学科学的兴趣愈益高涨。根据丰富的中文、满文及其他欧洲语言史料记载[5]，他在当政期间，始终把耶稣会士留在身边作为这些学科方面的老师，并且使政府对这些学科的利用系统化。在这里，我将以分析在 1713—1722 年间由皇帝指导并完成的《御制律历渊源》（1723）一书的编纂过程为例，对清朝掌握数学这门专业技术的某些方面进行阐述。这本纲要由三部分构成，第一部为数学教材《御制数理精蕴》；第二部为一部短小的乐律论著《御制律吕正义》；第三部《御制历象考成》归纳总结了天文学的学科基础。1713 年，在皇帝下令编辑此书之时，作为帝师的耶稣会士受康熙的直接调遣，他们不仅是当时的历法家，还是制图员、钟表匠及艺术家，并为康熙编辑了一部分这方面的教材。[6] 然而，康熙在编纂《御制律历渊源》时，并没有求助传教士，而是启用本国文人，并亲自紧密监督编写过程。这个决定一方面是由"礼仪之争"[7] 后皇帝对传教士之不满引起的，另一方面也意在把数学融入文人的知识领域中。我们对这后一点更感兴趣。在传统知识等级中，耶稣会士带来的科学主要属于技术能力，应与传统的文人知识区分开来。18 世纪后半叶，在乾隆皇帝（1736—1795）组织

编纂国家书库《四库全书》的过程中，这两种不同文化间的对立便展现出来：

> 国朝节取其技能，而禁传其学术，具存深意。[8]

这便解释了"西学"为何未被完整地收录于《四库全书》中。

我们需要了解的是，在"技能"书籍的出版问题上，国家是如何把"技能"提升到"学问"范畴并把它与人文知识结合在一起的？这种上升达到什么程度？更具体地说，谁又能够从科学技术角度撰写用于构成人文知识素材的书籍？此类书籍的出版又求助了哪类专家？提出此项计划的皇帝本人作为满人而不是汉人被当时的主流文人文化视为野蛮人，而他却想占有并主宰这一文化。在此背景下，这些问题又会存在什么样的特殊性？为了寻找这些问题的答案，我们首先来分析一下参与编写《律历渊源》的文人选拔程序。

作为文人知识的数学及作为数学家的文人

编纂数学概论的想法远远早于其实践。1692 年，皇帝和耶稣会会士每天学习数学已将近两年之久，礼部尚书张玉书（1642—1711）就在《请编次乐律算数书疏》中提出了下述想法[9]：

> 皇上以天纵之资极格物之学，凡立一法定一制，务期试诸实用见之明效。然后断然无疑此法，而测晷景，辨分秒，计岁差，验交食，量度高深，审定音律，随所施用，无不吻合。……顾乐律算数之学，失传已久，承伪袭舛，莫摘其非，奥义微机，莫探其蕴，在臣等躬聆训诲，犹且一时省悟，而覆算迷蒙中外臣民何由共喻，臣等仰祈皇

上特赐裁定，编次成书，颁示四方，共相传习，正历来积算之差讹，垂万世和声之善，法学术政事，均有裨益，臣民幸甚，后世幸甚。[10]

张玉书与和他同时代的李光地（1642—1718）[11]相反，似乎对算数科学没有多大兴趣，他应该不是发行此类出版物的提议者。张玉书在这封奏折中以传统客套的方式把皇帝自己的想法说成是他对高官们呈请的回复。然而，在此疏中，皇帝教育家的老套形象却在一定程度上反映了事实：康熙皇帝通过和耶稣会会士学习数学，对算学知识的了解已远远超过了臣子们，故对大臣缺乏历算知识屡加批评。[12]这封奏折应该是最早体现皇帝有意发行及传播从耶稣会会士那里所学知识的史料记载，在此之前，它们只局限于皇帝的个人使用。此举意味着这些专业知识将不再由传教士垄断，而能为广大官员所了解。

张玉书提出"重整"数学的主要原因在于这门学科不仅有助于当时被国家垄断的天文学的发展，以便从中提取宇宙学论断，而且数学也可应用到对礼仪至关重要的乐律之中。这篇称赞数学的奏折并未涉及朝廷的行政事务，而是把数学定位于"格物"范畴。"格物"概念是由程颐（1033—1107）及朱熹（1130—1200）的理学思想所发扬和强调的。当时他们的观点被视为国家正统。张玉书在奏折中并没有谈论到数学在行政技术中的作用。而且，与此类奏折约定俗成的方式相反，他未提到之前的任何先例。在这点上，此奏折与很多写于1629年历法改革时建议皇帝效仿某些历史上著名皇帝做法的奏折大相径庭。[13]事实上，一本关于数学的国家出版物的发行在当时只是一个特例，而并不是惯例。《算经十书》是当时唯一一个可追溯到千年以前的先例，其中几卷已经失传。此书由国家统一编写，其中注释来自当时流通的"经"类著作。康熙没有将这部著作

视为典范，也没有屈从于它的权威。他御定起草一些新的论著，旨在有选择性地把欧洲数学科学及中国传统的数学科学结合起来。

从张玉书的奏折到开始编纂《御制律历渊源》，中间相隔了20年。这似乎符合皇帝聘请掌握此方面知识的专家所需要的时间。尽管钦天监的工作人员数量相当可观，但皇帝并没有要求他们参与编写。事实上，《御制律历渊源》是效仿康熙年间一些标志性的国家文学项目构思的。撰写过程中包括了两种不同的专业知识：科举考试认可的学识和数学科学方面的技能。然而，在很长时间之内，皇帝公开表示汉人在数学方面很平庸。李光地就在1702年陈述了一些代表康熙帝看法的尖刻的言论："汉人于算法，一字不知。"[14]这类言论正确与否，在此暂且不谈。我们感兴趣的是，皇帝在处理他和高层官员间关系时是如何运用他数学学科的专业知识的（据张玉书的奏折，该学科范畴很广泛）。这些官员都是通过文学考试选拔出来的，本来应该是负责教授皇上中国的传统经论。而学习西学使皇帝扭转了这种局面，因为在西学上，他的水平超越了这些官员。这部国家刊物的编纂宣告了数学科学在文人文化领域的地位得以确立。同时，在编纂过程中，皇帝在他的官员面前扮演了师长的角色，这也正是儒学传统中他应该象征性地承担的角色。这便是康熙选择由士大夫代替耶稣会会士及其他天文办公处官员来编纂这部著作的原因。从这里我们可以看到，康熙把外来的学识本土化并将其套用在中国传统文人模式中，并善于在多种层次的切换中证明清王朝的合理性。

在1700年到1710年的十年间，出现了双重演变的局面。一方面，1706年教皇特使到北京，进宫当面向康熙宣布了禁止基督徒参与祭孔与祭祖的命令。自此以后，康熙公然地疏远了传教士。同时，他注意到某些中国学者在数学科学方面的

能力。首先是梅文鼎（1633—1721），当时最著名的数学家及天文学家。在李光地的推荐下，皇帝于1705年召见了梅文鼎。梅文鼎花费了很大精力向康熙帝证明，一些中国人并不像他想象的那样在数学科学上一无所知。[15]梅文鼎从未在乡试中获得过"举人"头衔，而且因年龄过大而未能直接为皇帝效力。3年后，李光地又推荐了另外一位学者陈厚耀（1648—1722）。陈厚耀曾在1706年的会试中高中，之后又成为进士，因此他更符合这类国家刊物编辑者的要求。皇帝并没有当面召见他，而是由一位宦官对他进行询问之后将其回答转呈皇帝。[16]在这次远程对话之后，他被批准进宫。他由此成为第一位成功通过数学方面的技能改变了职业生涯的文人。

招募贤才及专家培养

张玉书奏折中提到的计划终于在康熙统治的最后十年得以实现，并分阶段实施。首先是1712年皇帝下令礼部通过类似会试殿试的"效力算法人员"考试进行选拔。在42位合格者里，《清史》讲述数学考试的章节中只提到了顾琮（1685—1755）一人。他是满洲镶黄旗人，钦天监学生，清朝精通天文学的高官顾八代（？—1709）之孙。[17]顾八代支持耶稣会会士，但无法证实当时他在数学科学方面与耶稣会会士是否有所交流。[18]《清史》唯独提及顾琮一人可能与他的家族背景有关，或者说，与他属于八旗的一支相关。八旗中不仅包括满人，也包括在征服中原前归附于八旗的其他民族。实际上，这场考试的第一名似乎是一位江苏的文人顾陈垿（1678—1747），他在有300多人参加的考试中取得了最好的成绩。[19]

同年夏天，在康熙热河邸宅的随从人员中已经有6名精通数学科学的学者。他们"可以像学生一样向康熙这位老师提出一些高难度的问题"。在这里，国家文书的编纂工作如同一次授课，皇帝同时扮演着两个角色：他既是一位赐教文人的儒家贤人，又是一位最早的数学专家。他的6位弟子中有陈厚耀、梅文鼎的孙子梅毂成（1681—1763），其他4位学者则来自钦天监：何国柱及何国宗（？—1766）是身为五官正的何君锡之子，作为优秀进士，何国宗当时刚刚进入翰林院；最后两位是监副成德及官学生明安图（？—1765？）。虽然他们的官职不高，但他们的出现证实了作为征服者精英的八旗人对数学科学的掌握程度。[20]

这6位学者以及顾陈垿都被列为"算法满汉效力人员"。虽然我们没有这些人员的完整名单，但在对1713年4月康熙六十寿辰庆典的记载中提到了当时参加庆典的20多位致力于新算法的满汉官员的姓名。[21]这份记录标明了他们之中大部分人的官职级别：在23人中，有3位进士、3位举人及14位不同等级的学生。此外，其中有9人通过姓名可以确认为满人或者蒙古人。这表明至少有三分之一的成员为八旗人。[22]姓名的排列顺序标志着这些人员的级别高低，并且这个级别与1712年的考试名次毫无关联。在关于这些人员的史料记载中，何国宗的名字经常出现在第一位或者单独出现，原因在于他不仅出身于天文学世家，并且在成为康熙数学弟子的同年被授予"进士"头衔。尽管我们不知道这些人员在考试之前对数学掌握得如何，但可以看出他们中有很多位都出自数学世家，如顾琮、梅毂成及何氏兄弟。根据这一庆典的记载，所有这些学者都被归在算法房下（这在其他文献中均无记载），并在畅春园的蒙养斋中负责儿童启蒙教育。康熙帝在京城的时候，大部分时间都是在这座位于北京西北的宅第中度过的。在他寿庆过后的3个月，康熙在热河给他的三子胤祉（1677—1732）发了一封诏书：

律吕算法诸书，应行修辑。今将朕所制律吕

算法之书发下。尔率领庶吉士何国宗等，即于行宫内，立馆修辑。[23]

这里提到的国家文书是当时耶稣会会士为康熙编写的数学及乐律的教材。20多年前，康熙和耶稣会会士一起重校了这些教材[24]，并紧密关注学生们对它们的使用情况。这些教材后来构成了《御制数理精蕴》及《御制律吕正义》最后一章的基本内容。[25] 三个月后，算学馆在蒙养斋正式落成。[26] 这里需要注意的是，这个机构的名称是"算学"，而不是我们前面常提到的"算法"，及"算法房"。数学学科的地位因此在国家编纂工作中得到了认可。另外，并非所有1712年考试中的胜出者都进入了算学馆。比如算法房的陈世明，他曾编纂过一部数学著作，但在算法房转变为算学馆时被淘汰。[27]

作为康熙的天文学和数学老师，法国传教士傅圣泽（Jean-François Foucquet, 1665—1741）描绘了这所新生国家机构逐步建立的过程[28]：

皇帝实际上自创了一所学校。每天，被选中的几个人来到他（康熙）面前。他亲自向他们解释欧几里德的一些命题，显示自己精于抽象科学，他的门徒尽管往往听之茫然，却每次必然大唱赞歌，他则从中得到享受。但这所学校存在的时间并不长久，它只是皇帝后来创建的书院的前身。他派人在北京及外省寻找在数学各个领域有天赋的人才。大臣们及其他汉人为了投其所好，从四面八方为他引荐了最有天分及最能够胜任的数学贤才。在这些优秀的人中他又做出了一次筛选，主要选择年轻人组成上面提到的书院。他选择了一百多人，有负责主持工作的官员，有计算者、几何学者、音乐家、天文学家及所有钻研这些科目的学生，此外还有大量的制作仪器的工人。他

把畅春园中的一大片建筑分给这个学院并任命他的第三个儿子作为这个新书院的负责人。[29]

傅圣泽发现算学馆在效仿欧洲科学院的体制。然而这些科学院自1660年起在多个国家出现，并非为某一项特殊计划而建，而是常设机构，它们中的大部分保留至今。就是某些在经济上依赖专制权力的科学院，在需要处理科学研究问题时仍拥有很大的自主权。因此，成立于1664年的巴黎皇家科学院被形容为如同"至高无上的法庭，其每一项判断都对学者具有法庭裁决般的意义"[30]。相反，在中国，当遇到争议的时候，则是由康熙来决定算学馆应该出版哪些内容。[31] 另外，算学馆与中国明清时代的书院也有区别。书院的建立最开始是为了科举考试培训，也是大部分文人自由交流思想的地方。最著名的书院位于江南。[32] 为了区分算学馆与以上提到的科学院及书院，我选择把"馆"译成"office"。

与欧洲的科学院及其他脱离皇权而独立存在的研究机构截然不同，算学馆似乎是依循康熙于1679年创建的明史馆而设的。根据中国传统，每逢改朝换代之时，新王朝都要在以前遗留下来的资料的基础上，修订前朝的国史。出于这个目的，康熙在1678年下令举行专门考试，招募"博学鸿儒"。先由高等官员向他举荐贤良，再由他亲自验收从中挑出佼佼者。很多拒绝为满洲朝廷效力的文人谢绝了此次考试的邀请，而他们的子孙或门徒中的一部分人却参加了这次考试。[33] 就这样，明朝忠臣的后裔开始为清政府效力。皇帝最终挑选了五十几位文人并将他们派遣到明史馆。1739年，明史馆在完成任务后关闭。我们可以看出这两个馆有很多共同点。它们都是遵循皇帝的旨意为编纂工作而设立的，之后通过特殊考试进行人员招募，并在编纂完毕后便退出了历史舞台。由此可见，在当时的国家体制中，数学研究的地位

只是临时性的。

两位专家的经历：何国宗和梅毂成

如傅圣泽所说的，算学馆中的学者大部分比较年轻，其中一部分学者连任到雍正（1723—1735）或乾隆（1736—1795）年间。我们可以研究国家对他们数学专业知识的认可度，以及这些知识在此项国家编纂项目中的运用。这里我们将谈到这些学者中的两位：何国宗及梅毂成。[34]他们两位是《御制律历渊源》的汇编（参见后表一），都出身于数学世家。第一位来自一个天文学高官家庭，第二位的家族中则在此之前从未有人为清朝政府效过力。

何国宗之父何君锡是杨光先（？—1669）的拥护者。杨光先最初在历法改革案（1664—1669）中受到非难，此案中，耶稣会士被免职并且定罪。[35]何君锡在耶稣会最终胜利后再续国家天文学家的生涯。他是"旧法"的专家甚至拥护者。[36]他的三个儿子参与了《御制律历渊源》的编撰[37]，其中最优秀的何国宗于1708年中举。我们之前提到过，他在被康熙纳为门生时受封进士而被选入翰林院。[38]何国宗在康熙统治的最后十年中参与了多个编纂项目，但仅在《御制律历渊源》这一项目中被任命为汇编。雍正年间，他身居高位，也经历了种种宠辱，并被多次委任监督水利项目。这期间，他曾举荐梅毂成代替耶稣会士担任钦天监监正一职，结果未遂。[39]此举不仅是他"反基督"的表现，更标志着中国天文学家和耶稣会士之间职业竞争的产生，因为后者的胜利威胁到了前者的地位。乾隆年间，何国宗重返京城，提议续编由他指导的《御制律历渊源》中的天文学部分。此续篇于1742年完成，另外由他参与编写的乐律部分的续篇也在1746年付梓问世。同年，他成为钦天监的监正，任职到1757年。在担任监正期间，他还在国子监教授数学，使用的教材是《御制数理精蕴》。1750年，他主持制定乾隆新纳入疆域省份的地图，用以完善康熙朝的地图册。[40]关于他的个人著作，我们没有看到有关记载。总体看来，高官何国宗在家族专业领域享有盛名，家族优势使他的职业生涯一帆风顺。他使钦天监这个技术部门成为作为"知识"的数学的学科源头之一，他在升入翰林院的同时，数学也被提升为"知识"。从他身上，我们看到一个天文世家的后代超越了他的前辈，这首先有赖于他在乡试中取得的成功，其次是在他事业初期，国家机构对其家族专业知识的扶持。

梅毂成是李光地举荐给康熙的文人之一。他在成为康熙数学门生时被授予了"监生"头衔，第二年被封为举人，并于1715年被封为进士及翰林院院士。帮助他获得官位的，并不是他的文学才能，而是他祖父的名誉及他从祖父那里掌握的专业技能。他的仕途比何国宗略逊一筹，或许是因为同他的祖父一样，他所有的官职都是蒙圣上恩赐，非自己所考得。同何国宗一样，到康熙帝驾崩前，梅毂成从事了多项编纂工作。雍正年间，他开始从事行政工作，并在乾隆登基后又回到京城编纂《御制律历渊源》中天文及音乐部分的续篇。他也参与了《明史》的最后审核，主要负责天文及历法部分。他祖父已经完成了这部分内容的初稿。在这些公务之余，梅毂成也对其祖父编写的数学及天文书籍中的某些部分进行了重组及删减，并加入了两篇他自己的论文，推出了新版。[41]除此之外，他还参与了程大位（1533—1607）《算法统宗》（1592）的新版修订工作，这部数学读物在清朝十分盛行。因此，梅毂成在数学上的研究更倾向于研读和修订他人的论著。这一点反映出考证学的议题及方法论对当时科学的影响。此外，对祖父的孝心似乎也对他的研究倾向产生了重要影响。[42]

我们很难衡量何梅二人在《御制律历渊源》

中所体现出的"专业技术水平"。他们之所以能够被选中参与编纂，都是凭借其父亲或者祖父的声誉，以及从他们那里受到的教育。二人都没有重要的个人著作，我们也不能确定在这些康熙及乾隆朝的国家著作中他们各自编写了哪些部分。可以肯定的是，《御制历象考成》一书从一开始就不能满足钦天监历法计算及日月食预测的要求，而只能于1720—1730年间求助于其他数表。为了让这一天文工作拥有相应的正式条文，清政府在1742年投资编写了《历象考成后编》，作为《御制历象考成》的补充而并非其修订本。《御制历象考成》的不尽人意使人对这两位汇编的天文学水平及其在编撰中起到的作用产生质疑。然而，这本书很可能是皇帝在钦天监、算学馆及耶稣会会士之间三方调停的结果，而并非三方能力的直接体现。

并列于《御制律历渊源》编纂人员之首的何梅二人象征着国家天文学科与江南文人圈的结合，他们由此共同侍奉一个凌驾于一切知识之上的皇帝。这点似乎也迎合了康熙执政年间数学科学方面的追求，即希望能够赢得文人的支持，并使之为他效力。由于他的重臣在这个特殊领域能力有限，所以他起用了一小部分专家并委以要职。然而，这仅是一个特殊项目背景下的特例，重臣的职业生涯一直是与传统经籍知识紧密相关，而并非取决于对技能的掌握。《御制律历渊源》的编纂也并不在于改变这种现状，而只满足于有限地拓展专业知识。

专业知识与皇家刊物

总览何国宗和梅毂成在康熙统治期间参与编辑的书籍及这些书籍主要编辑者的名单，可以看出这个团体并不是由数学科学专家构成的。何梅二人作为御前校对编制了三本奠定程颐（1033—1107）和朱熹（1130—1200）哲学正统地位的著作：新版朱熹著作集《朱子全书》（1713）、《易经》的注释《周易折中》（1715），以及对这个流派的概述《性理精义》（1715）。李光地单独指导了后两本著作的编纂并和他人共同指导了第一本著作。[43] 李光地是《易经》专家，而这部经典处处流露出它的数学本质，因此李光地在很多方面包括数学上扮演着专家统领的角色。数学专业知识受到朝廷的重视不仅与皇帝对程朱学派的支持有关，同时也离不开这位杰出的学派代言人的大力提倡。在这三本著作中，还出现了吴孝登、魏廷珍（1666？—1756）及王兰生（1680？—1738）三位的名字。后两位是李光地的门生。他们三位都参与了《御制律历渊源》的编撰。在1721年颁布的诏书中，康熙提到了这个团体五年来"夜以继日"地修订李光地指导的这三部著作。[44] 而这些著作的修订需要运用比数学更加广泛的专业知识，何梅二人的祖承专业使他们在此中涉及的数学领域扮演了最重要的角色。

李光地也被推为另一部同类著作《星历考原》（1713）的作者。此书由康熙资助编辑，但在《四库全书》收录的版本中没有提到任何作者的名字。这部著作的主要目的是让钦天监的官员通过学习《易经》在占卜中的使用，解释如日月食等天文现象。30多年后，另外一本名为《协纪辨方书》（1742）的占卜书籍由何梅二人负责编写完成，乾隆为该书作序。这本书主要是用于统一历法和年鉴中的编历信息。以上两本著作包含了清代可被称为"国家宇宙论"的全部内容。[45]

若要全面概括涉及的所有专业知识，就不能忽视乐律。从技术角度来看，乐律是礼仪中极其重要的一部分。李光地就在1723年写成了一本这方面的论著《古乐经传》，包括五个章节。[46] 在此之后，完成于1746年的《律吕正义后编》有至少120个章节，并有祭孔时所跳舞蹈的插图。[47] 从这里我们可以看出数学科学与礼仪占卜的相关知识是紧密相连的。但是，历史学家谈到文人知识时往往容易忽视这种联系。礼乐占卜也是中国精英文化的一部分，所以清政府也努力把这些内容系统化。

在《御制律历渊源》的编纂中，李光地承认自己能力不及这方面的文人"专家"。除了向皇帝举荐人才，他似乎并未在《御制律历渊源》的编纂中起到其他作用。[48]他在国家编纂工作中的独特贡献并不局限于数学知识方面，他还招聘、培养了一批学者，使他们为皇家文学编纂项目效力。[49]

在所有这些项目中，《御制律历渊源》的特殊性在于它的负责人不是像李光地这样的大文人，而是皇帝的亲生儿子。某些耶稣会会士曾当过这位皇子的老师，从他们那里我们了解到，如果说所有的皇子都学习了数学，胤祉则是他们中最拔尖的，至少他的三位兄弟是跟他学的数学。但他被任命为编者也产生了相应的政治影响。朝廷当时由于对皇太子选定的分歧而形成了不同的派别，而这项任命则是对他极大的恩宠。[50]同他父亲一样，胤祉并不满足于在这项工作中扮演一个象征性的角色，因此父子两人每天都在交流各种技术细节甚至如三角函数表排版上的问题。[51]这样一来，就像在何家及梅家的情况一样，数学科学在皇室中也成为了家族专长。在康熙驾崩后，参与编写《御制律历渊源》的学者名单证实了一点：由于新帝对于其身为数学家的兄弟在皇位继承中产生的敌意，在这些编撰者的名单中，胤祉只处于第二位，而康熙的第十六子，曾经跟胤祉学习数学并和雍正关系要好的允禄（1695—1767）则处于第一位。[52]在乾隆年间，允禄负责部分国家出版项目，特别是《律吕正义后编》。这样，数学知识的运用在皇族中成功地延续了下去，但我们不知道在康熙的孙代中这些知识是否还代代相传。有意思的是，《御制律历渊源》的两位"旨纂修"都是满人皇子而并非汉人高官。这一事实呼应了康熙所谓"汉人于算法，一字不知"的断定，同时这也是他把《御制律历渊源》中的知识确立为满人专业知识的印证。

《御制律历渊源》编辑团队群像

康熙于1713年任命他的三儿编写的书目历经十年才告付梓，这其中他还加进一部天文学著作。《御制律历渊源》在康熙驾崩前不久的1722年完成，次年由雍正为该书作序。1724年，书中加入了参与编写天文学论著的学者名单，但并未涉及编写数学及音乐著作的作者。因此，这个名单就成了我们判断参与者的唯一标准。按照惯例，名单是根据每个人的工作职能及官位等级排序的。每个参与者的官位都明确标出。尽管我们没能全面收集所有人的传记资料，但任务分工及我们所知的其中某些参与者的专业与职业生涯也可以说明一些情况（参见表一）。

首先，47位参与者中，至少有25位出自八旗。[53]这一点表明了数学人才的甄选首先是在清廷征服中原的同盟后代中进行的。在教育方面，皇家想在这些优秀人才面前起到表率作用。但这些精英没有能够成为汇编（何国宗、梅毂成）或分校（魏廷珍、王兰生及方苞）中的一员。以上五人皆为进士，受李光地保护。他们的参与使得《御制律历渊源》被纳入了康熙统治期重要文学项目的行列。需要指出的是，魏廷珍及王兰生参与了上述李光地负责的三部著作的编写，而方苞（1668—1749）则多亏李光地的帮助才能走出戴名世事件的阴影。[54]李光地三部著作的另一位合作者是吴孝登，此人并不是他的门生，但在《御制律历渊源》的校录中名列首位。在他后面出现的是留保的名字，他同吴孝登一样为八旗下的翰林院士。留保与王兰生同时在1721年被康熙提拔为进士。[55]出现在校录第十位的顾陈垿也颇值得我

《御制律历渊源》编者（1724）

职能	数量	八旗成员	进士	1712 年招募人员	李光地推荐人员	天文学家及家属
旨纂修	2	2（皇子）				
汇编	2		2 位翰林学士 **	2	1	1
分校	3		3 位翰林学士（其中 1 位 **）		3	
考测	10	8*	1 位翰林学士	3		2*
校算	15	9*		1		3*
校录	15	6*	2 位翰林学士（其中 1 位 **）	3	1	
总数	47	25*	8 位翰林学士（其中 4 位 **）	9	5	6*

* 最保守数字。

** 进士头衔为钦赐而并非参加考试取得。

们注意。他于 1721 年的考试中被选拔出来参与这个计划，也是这次考试中成绩最优秀的。在考试中的出众表现并未使他得到一个更突出的地位。所有的这些文人中，一些天文学的专业人士及他们的家人[56]在这本著作要求的特殊技能方面如考测及校算上作出了贡献。这一点说明这本著作的完成，需要归功于各种不同技能的综合应用，而不是它们的单纯叠加。

在这些编者中，有十几位是 1712 年至 1713 年作为专业算法人员招募来的，但前面提到，我们并没有这些人的全部名单。这个最保守的数字可以证明从项目招募到完成之间具有某种连续性，尤其是我们可以看到康熙六位门生中的五位都出现在名单中。除了两位汇编，剩下人员中的两位——曾德和明安图——为考测。何国柱位列校算名单之首。陈厚耀应该在编撰期间离开了京城并且在此名单公布前就已去世。这便是他的名字没有在名单中出现的原因。[57]

我们可以通过这个草拟的团队群像看到多种技能的运用在《御制律历渊源》的编撰工作中是必不可少的。就我们所知，御用编者、汇编、考测、校算都深入掌握了数学科学方面的技能。校录的参与并非为了改善文章的内容，而是为了润饰文体。在计划开始初期，国家对举人及以下官衔的综合性官员进行了技能掌握方面的定位。他们的专业知识需要另一部分专业群体来加以完善。这后一部分人中的几位进士可谓是精通皇家出版物的专家，他们的加入使得《御制律历渊源》能同李光地指导的其他著作一样符合皇家出版物的文体标准。我们看到，也许除了陈厚耀，这些《御制律历渊源》的编者并没有贯彻皇帝所鼓吹的要把数学科学知识完美地融入到文人文化中去的精神，因此皇帝就成了这一精神的唯一典范。从这项编纂计划看来，我们认为在清代数学作为"知识"的运用只是临时的，这些编者后来的职业生涯并不含有这些技能要求。然而，在乾隆统治的前期，他们中的佼佼者又被调用去补充康熙时代的著作。而且，何国宗在国子监以《御制数理精蕴》为教材教授数学，这一课程似乎一直延续到 19 世纪。虽然在 1713 年建成的算学馆仅存于编写《御制律历渊源》期间，但馆里有关数学科学的资料仍被保留下来作为教学的依据。在康熙的推动下，清朝成功地把数学科学知识传授给了某些走科举道路的文人。

（谷天婺译，胡葳校）

汉学视阈

注　释

[1] Thatcher Deane, *The Chinese Imperial Astronomical Bureau: Form and Function of the Ming Dynasty "Qintianjian" from 1365 to 1627*, 1989, pp.353-357（华盛顿大学博士论文）.

[2] Man-Keung Siu & Alexei Volkov, "Official Curriculum in Traditional Chinese Mathematics. How Did Candidates Pass the Examinations?" *Historia Scientiarum*, 1999, vol. IX, no. 1, pp.85-99.

[3] Nicolas Standaert, *Handbook of Christianity in China*, Leiden & Boston: Brill, vol. I: 635-1800, 2001, pp.712-718.

[4] Chu Pingyi, "Scientific Dispute in the Imperial Court. The 1664 Calendar Case", *Chinese Science*, vol. XIV, 1997, pp.7-34.

[5] 关于该点，参见 Catherine Jami, *The Emperor's New Mathematics. Western science and imperial authority during the Kangxi Reign (1662–1722)*, Oxford: Oxford University Press, 2012。

[6] Catherine Jami & Han Qi（韩琦），"The Reconstruction of Imperial Mathematics in China During the Kangxi Reign (1662—1722)", *Early Science and Medicine,* vol. VIII, no.2, 2003, pp.88-110.

[7] 同注 3，497~498、682~684 页。

[8] 见《四库全书总目提要》对《寰有诠》（1628）的译论，《寰有诠》是耶稣会会士出版的一部关于亚里士多德宇宙论的著作（参见《影印文渊阁四库全书》，第 3 卷，709 页，台北，台湾商务印书馆，1986）；这本书没有被纳入《四库全书》。在这段的翻译中，谢和耐（Jacques Gernet）把学术译作 "doctrines"，把技能译作 "techniques et talents"（参见 Jacques Gernet, *Chine et christianisme: action et réaction,* Paris: Gallimard, 1982, p.85）。

[9] Isabelle Landry-deron, *Les leçons de sciences occidentales de l'empereur de Chine Kangxi (1662–1722). Textes des journaux des Pères Bouvet et Gerbillon,* Paris: Diplôme de l'École des hautes études en sciences socials, 1995.

[10] 参见《影印文渊阁四库全书》，第 1332 卷，411~412 页；亦可参见韩琦：《君主和布衣之间：李光地在康熙时代的活动及其对科学的影响》，载《清华学报》，1996（4），436~437 页。

[11] 关于李光地及数学科学，参见注 10 中韩琦的文章，或参见 Han Qi, "Patronage scientifique et carrière politique: Li Guangdi entre Kangxi et Mei Wending", *Etudes chinoises,* vol.XVI, no.2, 1997, pp.7-37。

[12] 可以参见 Catherine Jami, "Western Learning and Imperial Control. The Kangxi Emperor's (1662—1722) Performance", *Late Imperial China,* vol.XXIII, no.1, 2002, pp. 34-38。

[13] Han Qi, "Astronomy, Chinese and Western. The Influence of Xu Guangqi's View in the Early and Mid-Qing", in Catherine Jami, Peter M. Engelfrite & Gregory Blue dir., *Statecraft and Intellectual Renewal in Late Ming China. The Cross-Cultural Synthesis of Xu Guangqi (1562–1633),* Leyde & Boston: Brill, 2001, pp. 364-365.

[14] 李光地：《榕村语录　榕村续语录》，第二卷，814 页，北京，中华书局，1995。

[15] 参见注 11 韩琦的文章，24~29 页。关于梅文鼎，参见 Catherine Jami, "Légitimité dynastique et reconstruction des sciences en Chine au XVIIe siècle: Mei Wending (1633–1721)", *Annales,* vol.LIX, no.4, 2004, pp.7014-7727。

[16] 陈厚耀留下了一篇关于这次间接对话的记叙，详见韩琦：《陈厚耀 "召对纪言" 释证》，见《文史新澜：浙江古籍出版社建社二十周年纪念论文集》，458~475 页，杭州，浙江古籍出版社，2003。似乎在直接为皇上效力的内务府人员中，有一部分人同这位宦官一样熟练掌握数学科学，成为皇帝与学者们交流的中间人。

[17] 参见赵尔巽：《清史稿》，第五卷，1668 页，北京，中华书局，1977。八旗是囊括了当时归顺并加入满军的满、蒙及汉人家族的行政区划，有黄、蓝、红、白及有无镶旗之分。

[18] Arthur W. Hummel, *Eminent Chinese of the Ch'ing Period, 1644–1912,* Washington: U.S.Government Printing Office, vol.1, 1943, p.271.

[19] 见《清史稿》，第四十五卷，13367~13368 页；顾陈垿的传记中记载的数学考试中入选的人数为 72，而不是 42。

[20] 见《清史稿》，第五卷，1668 页；关于明安图的资料，见 Catherine Jami, Les Méthodes rapides pour la trigonométrie et le rapport précis du cercle (1774): tradition chinoise et apport occidental en mathématiques, Paris: Collège de France/Institut des hautes études chinoises (Mémoires de l'Institut des hautes études chinoises, vol. XXXII), 1990。

[21] 见《影印文渊阁四库全书》，第 653 卷，631 页；第 654 卷，648 页。

[22] 某些汉人属于八旗，并且某些满、蒙人的汉文名字很难与真正的汉人名字区分。

[23] 该诏书写于康熙五十二年六月十二日，也就是 1713 年 7 月 23 日。参见《圣祖仁皇帝实录》，收于《大清历朝实录》，第 255 卷，13b~14b 页，东京，Daizô shuppan 出版社，1937。

[24] 关于数学教材，可参见注 6 中的文章；或注 5 中提到的我即将出版的著作，第 7~9 章；关于乐律教材，参见王冰：《"律吕纂要"之研究》，载《故宫博物院院刊》，2002（12 期），68~81 页。

[25] 参见《康熙朝满文朱批奏折全译》，北京，中国社会科学出版社，中国第一历史档案馆，1996。

[26] 见《圣祖仁皇帝实录》，第 255 卷，13b；第 256 卷，22a~22b 页。

[27] 陈梦蕾：《松鹤山房诗文集》，《续四库全书》，第 1416 卷，153~154 页，上海，上海古籍出版社，1995~2002。陈世明是《算学举要》（共 14 卷）的作者。两本手稿至今仍保存完好，一本存于浙江图书馆，另一本存于中国科学院的自然科学史研究所。

[28] 关于傅圣泽及他传授给康熙的数学、天文方面的知识，详见：Catherine Jami, "Jean-Francois Foucquet et la modernisation de la science en Chine : la 'Nouvelle méthode d'algèbre'", 1986（巴黎七大的硕士论文）。

[29] Jean-François Fouquet, "Relation exate de ce qui s'est passé à Pékin par rapport à l'astronomie européenne depuis le mois de juin 1711 jusqu'an commencement de novembre 1716", *Archivum Romanum Societatis Iesu, Japonica Sinica,* II, 154, 84p, 1716, p.3.

[30] 参见 Ignace Gaston Pardies, *Elemens de géométrie,* 1st ed. 1671, 2nd ed., Paris, Sébastien Mabre Cramoisy, 1673, p. ii；关于旧制度下的科学院，详见 Roger Hahn, *The Anatomy of a French Scientific Institution. The Paris Academy of Sciences (1666–1803),* Berkeley & Los Angeles: University of California Press, 1971。

[31] 参见注 28 提到的文章，39~44 页。

[32] 关于清朝书院，详见 Benjamin A. Elman, "Social Roles of Literati in Early to Mid-Ch'ing",in Willard J. Peterson, ed., *The Cambridge History of China,* vol. IX, 1st part: "The Ch'ing Dynasty to 1800", Cambridge: Cambridge University Press, 2002, pp. 396-406。

[33] Hellmut Wilhelm, "The Po-hsueh hung-ju Examination of 1679", *Journal of the American Oriental Society,* 1951 (vol. LXXI), pp. 60-76; Lawrence Kessler, *K'ang-hsi and the Consolidation of Ch'ing Rule, 1661–1684,* Chicago: The University of Chicago Press, 1976, pp. 157-166.

[34] 详见注 18 中的书目，第一卷，285~286、569 页。

[35] 关于历法案可参考注 4 文章；关于何国宗，详见韩琦：《"自立"精神与历算活动——康熙之际文人对西学态度之改变及其背景》，载《自然科学史研究》，2002（21），215~216 页。

[36] 见《清史稿》，第五卷，1666 页。

[37] 除去何国宗及何国柱，资料还载有 1713 年乡试中举的何国栋。

[38] 见《影印文渊阁四库全书》，第 505 卷，501 页。

[39] Francisco Rodrigues, *Jesuítas portugueses astronómos na China 1583–1805,* Macau: Instituto cultural de Macau, 1990, p. 33.

[40] 见注 18 书目，第一卷，285~286 页。《皇舆全览图》（1718）是一本由耶稣会士参与编写的、体现 1708 年国家全域的一览图，在欧洲被命名为"Atlas de Kangxi"（康熙地图册）。

[41] 即出版于 1761 年的《梅氏丛书辑要》；关于梅毂成删除的梅文鼎之部分著作，详见注 15 中 Catherine Jami 的文章，708~710 页。

[42] 关于梅毂成，详见韩琦：《"自立"精神与历算活动——康熙之际文人对西学态度之改变及其背景》，载《自然科学史研究》，2002（21），218~220 页。

[43] 关于李光地及其哲学著作，参见 On-cho Ng, *Cheng-Zhu Confucianism in the Early Qing. Li Guangdi (1642–1718) and Qing Learning,* Albany (NY): SUNY Press, 2001。

[44] 见《影印文渊阁四库全书》，第 1299 卷，500~501 页。诏书中没有提到梅毂成，而王兰生则受到特别表彰。

[45] Richard J. Smith, *Fortune Tellers and Philosophers. Divination in Traditional Chinese Society,* Boulder, San Francisco/Oxford: Westview Press, 1991, pp.50-74.

[46] 见《影印文渊阁四库全书》，第 220 卷，2~96 页。

[47] Nicolas Standaert, "Ritual Dances and their Visual Representations in Ming and Qing", *East Asian Library Journal,* vol. XII, no. 1, 2005, pp.130-139.

[48] 见注 14 书目，第二卷，775 页。

[49] 见注 11 文章。

[50] 傅圣泽给出了另外一种解释。在他看来，这是阻止胤祉造事的一种方式。见注 29 文章，4 页。

[51] 见注 12 文章，40~42 页。

[52] 康熙所有的儿子名字的第一个字都是胤。在雍正登基后，避讳"胤"字，于是他所有的兄弟名字中的"胤"字都被改为了"允"字。

[53] 25 这个数字是最保守的估计。出现在名单中的一部分名字很明显是满人或者蒙古族人的名字，其余的一部分则无法确定。但是在另外 22 个我到目前没有找到任何相关资料的人里，也可能有八旗成员。

[54] 见注 18 书目，第一卷，235 页；Pierre-Henri Durand, *Lettrés et pouvoirs: un procès littéraire dans la Chine impériale,* Paris, Éditions de l'école des hautes études en sciences sociales, 1992, pp.179-180。

[55] 见《影印文渊阁四库全书》，第 1299 卷，501 页。

[56] 只有四位参与者作为钦天监的成员被提及，但他们也可能与何家兄弟一样，与钦天监有关联，只是在名单中没有提到。

[57] 见注 16 韩琦的文章。

什么是明清时代日常生活中的"清"与"浊"?（下）

史华罗

史华罗（Paolo Santangelo）/ 意大利罗马大学

五、在中国"清"是否也与性节制相关？

追求"洁净"、拒斥"不洁"这种观念在基督教思想中所起的作用及其与性道德之间的关联，都已经广为人知。[1]同样，类似的现象亦见之于其他宗教。本文在"性道德上的侮辱或诽谤；性禁忌和越轨"和"女性身体和异味"这两部分中，已经列举了许多与这一主题相关的例子。根据高罗佩（van Gulik）的看法，伴随着理学的确立，中国的"性洁净主义"（sexual puritanism）兴起于宋代晚期，并在清代得到了极大的强化。他还提出了这样一个假设：蒙古人的入侵迫使人们把女性隐藏起来，从而促进了性洁净主义的发展。[2]艾伯华（Eberhard）在其研究罪与负罪感的著作中强调，视生理机能和性生活为不洁这种观念也受到了佛教的影响。另外，一些广为流传的道德训诫书在性方面规定了诸多禁忌，使得性事在一年的大部分时间里都被视为不祥。因此，艾伯华认为，至少从中古早期一直到当代，"中国人的性生活应该不会太'自然'，对性的抑制与恐惧一定非常强烈。"[3]为此，他恰当地提出了这样一个问题：在中国文化中（至少自宋代以降），既然生理机能

（尤其性行为）被视为是不洁的、羞耻的，那么，性真的会被中国人认为是完全"自然"的吗？[4]本文在前面已经列举了一些关于"仪式玷污"的例子，以及一些清教式的畏惧性事的例子。除此之外，与"不洁"有关的理念也频繁地出现于17世纪的文献中。例如，陈士斌在《西游记》批注中说到，"阴"由于性关系而变"浊"，背离了"真乙之气"的"洁"。[5]在更早的柳宗元的《李赤传》中，一种类似于嗜粪癖（coprophilia）的激情把主人公迷惑住、控制住，使他陷入这样一种状态——"把世界视为溷厕而予以拒绝，却认为溷厕是天帝的'清都'"[6]。

虽然我们不必走向上述极端，但很清楚的是，对一个女子来说，"清净"这一概念与她的贞节有关。这方面的例子有很多，比如，我们可以看看《金瓶梅》中的这段话，看看其中对性方面的行为举止进行了怎样的评论（"清净姑姑儿"与"淫妇"）：

蕙莲道："我养汉，你看见来？没的扯臊淡哩！嫂子，你也不是甚么清净姑姑儿！"蕙祥道："我怎不是清净姑姑儿？跷起脚儿来，比你这淫妇

好些儿。你汉子有一拿小米数儿！"[7]

　　因此，在中国文化中，精神之爱与身体之爱的区分并不像在西方那么重要，对肉欲之爱的歧视也常常以与西方传统不同的形式表现出来。在中国，爱之形而上学原则仅见于为数不多的作品之中（如《红楼梦》或"才子佳人"型戏剧），而且当然不同于欧洲那种从柏拉图式的哲学思考中发展而来的形而上学原则。[8]中国的大多数洁净主义（puritanism）似乎关联于卫生与社会关怀，而非"罪"的概念。

　　另外，徐诚斌（Francis Hsü）在1948年的实地研究尤其有趣，其中展现了"两性之间的各种疏离"。徐诚斌明确地指出，"性被认为是不清洁的，而且，女人为这种不清洁承受着重负"[9]。德克·布迪（Derk Bodde）写过一篇文章，题为《中华文明中的性》[10]，其中征引了本文前面引用过的那些作者；他的分析给我的印象尤为深刻。布迪提到，古代儒者把性视为自然的需求而予以接受，认为性无异于吃饭。另外，他还提到了道家的房中术。他挑选出的一些重要例证表明，绝大多数"高级"文化中都包含着某些清教式的元素，都有着对性的抑制，中华文明也不例外。早期儒家秉持了清教式的态度，这在许多文本中都很清楚。除此之外，布迪还引用了一些现代人类学研究成果，对这种态度做了进一步论证。他还认为，宋明理学在此方面并不比古代儒家更严苛拘谨。只是，自宋代以降，儒家道德得到更为普遍的接受，宋明理学在这方面也就产生了更大的影响。[11]

　　费侠莉（Furth Charlotte）曾经指出："怀胎和分娩与玷污相关，性别的等级明确界定了肮脏与清洁，而不是像阴阳图一样有着强弱消长的变化。这种性别等级的区分基于一些仪式性的信念，这些信念认为生育能力是危险的，并将女性

血液（尤其是经血与产后出血）列为禁忌，使之成为仪式上必须回避的东西。一些人类学家的实地考察记录表明，在中国民间习俗中，处在经期的女性是不准参加祭神活动的；妇女在产后要隔离一段时间，在此期间其被视为是不洁净的，因而不得参与各种仪式；出于对疾病的恐惧，男性也会避免与产后妇女进行性接触。"[12]传统医学会警告说，怀孕期间的性行为是危险的，而且人们将之与生育过程的污浊及新生儿容易患病联系在一起。[13]生育虽然令人高兴，其本身却包含了脏污。所以，胎盘一定要妥善处理掉，母亲则会被隔离于自己的房间之中，且一个月不能洗头。[14]根据一些医学文本，新生儿在第三天进行的沐浴表明其摆脱了"不洁"，而一些"凉"和"苦"的东西则被认为是能解胎毒的补药。[15]如艾梅岚（Maram Epstein）所说，所谓坐月子的说法即是把此前的分娩期视作异常不稳定阶段，因此需要特别当心那些与"阴"相关的生活细节。其实，生与死的仪式都具有这样的功能：容纳"阴气"所具有的易变、污浊甚至解构的潜能，将其导入安全的正轨，以滋养生命。[16]

　　事实上，考察一下不同种类的材料就可以看到，性禁忌常常出现在与不洁、淫秽相关的描述中。吴北仪（Wu Pei-yi）曾写过一篇重要文章，自一些探讨道德与哲学问题的著作中找出了许多相关例证。在王世贞（1526—1590）撰写的昙阳子（原名王焘贞，1557—1580，一个修道成仙的年轻寡妇）传记中，有关于她面对几次欲望诱惑的描述：第一次，魔怪化身为一个拿着淫书的妇人；第二次，有人试图逼婚；第三次，魔怪化身为她死去的未婚夫[17]；第四次，有人许诺让她拥有美貌。[18]至于对"不洁"的感受，魏禧（1624—1681）记述的一个梦也颇有意味。[19]

　　在进入小说文本之前，我们可以先看看现实生活中的情况。汤斌（1627—1687）的记述清楚

地表明，"清与浊"的对立不仅是象征概念，同时也发生在现实生活中。他在谴责一些人时称他们：

　　宣淫诲诈，备极秽衰，污人耳目。[20]

　　另外，我们也可以发现，一些司法用语也暗示了同样的禁忌，而且这些被编入法规和法律之中。在刑科中，"丑事"（字面意思是可耻、丢脸的事）这个词被用来形容性方面的越轨行为。[21]当有人因为在性方面蒙受了耻辱而自杀的时候，愤怒与羞耻可能被确定为自杀的原因。显而易见，在性方面的冒犯会造成毁灭性的后果。"羞愤"或"惭怒"这些词可以用来形容一些"肮脏"的侵犯所造成的耻辱，对于那些贞烈的女子来说更是如此。甚至连"秽言"、"狎词"、"亵语"都会让她们颜面"染邪"，以至于要用整个生命来"鸣贞"。[22]

　　在佛教经论中，一种特殊的不洁被归属于女人，她们的"五漏"（与"七宝"相对）源于女性之恶德与罪孽，比如嫉妒、轻慢、妄语和淫欲。

　　除了吴北仪前文所列举的例子之外，还有许多其他文本也把性欲归于淫秽。比如，《禅真后史》把奸情与秽臭联系在一起[23]；《聊斋志异》把性关系关联于"天下之至秽"[24]和"俗道"[25]（详见下文引述）；袁枚则谈到了"武后淫秽事"[26]，并把不正当的性关系称之为"污"[27]；还有一个故事（虽然有讽刺的意味）说，一位道学先生在女儿的新婚之夜辗转难眠，因为他一想到二人或许正在"放肆"，便会烦躁不堪。[28]

　　文学作品记录了很多日常生活中的道德困境以及道德选择的两难处境，并质疑了对性别与道德进行严苛区分的必要性。[29]在晚明文学中，时常可以见到对道德严苛主义的批判，这些表达无疑背离了处于主导地位的"理学洁净主义"（Neo-Confucian Puritanism）。不过，需要指出的是，在那个时代，极端的道德主义仍然在延续，一些女性为了捍卫自己在性方面的洁净或者为了尽孝而自杀的事件有增无减（这种极端的道德主义可以看做贞烈，亦可视为愚贞）。[30]

　　人人都记得《红楼梦》第五回中的宝玉之梦：贾宝玉初涉性事，得到了警幻仙子的谆谆警戒，而这场色欲之梦最终变成了一个现实梦魇。在梦中，面对着夜叉海鬼的追捕，宝玉急欲逃离。这场恐怖来袭的原因显然是，宝玉为自己充满欲望的内心而感到愧疚。在对《聊斋志异》第一卷中的一个故事进行评论时，蒲松龄把类似的过程及因果联系总结为这样一条理论：

　　人有淫心，是生衰境；人有亵心，是生怖境。[31]

　　另外，《聊斋志异》中有一个人物说，与女人发生情爱之事是至为龌龊的：

　　男女居室，天下之至秽，我实不为乐。[32]

　　让我们回到《红楼梦》。我们不仅应当注意到，《红楼梦》将性方面的玷污与不洁联系了起来（这是主流观念的一个例证），而且也要看到，在"清—浊"这对反义概念中还存在着另外一些有趣的线索，它们表现了一种反对墨守成规的立场。例如，宝玉对比了女子的洁净与男人的污浊，这是小说中的一个重要元素。[33]这种与正统话语并不一致的洁净与污秽概念可能指向了一股可能的潜流，即我们在讨论理学"天地之气"时曾提及的谢希孟思想之复兴。

　　首先，我们可以看到，女性是"被玷污的"，而不是"具有污染性的"。其次，"洁"这一观念背后的道德价值并不符合儒家学说和一般宗教思想。宝玉在谈及女性品质在婚后发生改变时曾哀叹道："奇怪！奇怪！怎么这些人，只一嫁了汉子，染了男人的气味，就这样混账起来，比男人更可杀了！"[34] 根据宝玉的话来看，导致污染的原因在于男人，而且显然并非源于性关系。这样，我们可以认为，婚姻关系产生了一种玷污，其来自于"成人的世界"，而"成人的世界"是由男性掌管的，这就使女性原初的纯真丧失殆尽。在婚后，女性开始卷入家庭事务与利益纷争，开始介入权力与金钱的争夺，琐碎的利益占据了她们的思想，使她们变得悭吝而自私。

另一种有趣的情况是，有些人（男女皆有）试图通过僧院修行及寻求长生来达到大彻大悟，但他们的经历常常像是一出悲喜剧。贾敬欲图长生，服食丹砂，却死于修炼；妙玉寻求清净，躲进庵院，却遭强人掳走，或被卖入妓院。这的确是一个悖论，一种反讽式的报应：他们的努力、愿望恰与命运相反。[35] "妙玉"这个名字表明了她的清雅，描述了她对洁净的追寻；她一直关注个人的清洁，因而选择了僧尼的生活，这都跟她的名字相符。但是，作者在书中强调了她的极端洁癖，从而清楚地展现了她的含混之处。妙玉让人把刘姥姥用过的茶杯搁在屋子外面，因为既然刘姥姥用它喝过水，它就被玷污了。她还认为，与她自己阶层中的男性成员相比，这个地位卑微的农民妇女更具污染性。可是，她爱上了宝玉，这就成了一种对"洁净主义"的嘲讽。而且，这种迷念（obsession）让她走向了毁灭。所以，有人认为，她的名字也可以读作"缪欲"；小说第五回的那首诗已经明示了她的人格与命运，说明了"洁"与"不洁"之间的矛盾关系：[36]

> 欲洁何曾洁，
> 云空未必空。
> 可怜金玉质，

终陷淖泥中。[37]

本文前面提到了对女性的厌恶，而女性的小便和月经[38] 尤其被认为是肮脏和污秽的，连神灵或鬼怪沾染了它们也会失去法力。在《子不语》中，充满性欲的身体常常被表现为怪诞的，故事的结局也往往充满暴力。例如，在《大毛人攫女》[39] 这个故事中，一个妇人按照当地习惯，晚上出门"野溺"，却悲惨地遭到了一个"大毛人"的强奸。[40] 艾梅岚把这个故事解释成男性欲望与侵略倾向的移置（displacement）。[41] 不管我们是否同意艾梅岚的解释，这段悲惨而血腥的故事让性行为显得异常凶险。其对尸体的描写异常恐怖（"阴处溃裂，骨皆见；血裹白精，渍地斗余"），使读者对性行为感到惊恐畏惧，而性本身也引不起任何快乐纯洁之感。不过，官府最后承认这位女性受害者是纯洁的，这就使弥漫于故事之中的无助、怜悯和恐惧之感得到了平衡。从晚明到19世纪前期，贞节的妇女如果因成功抵制强奸而死，就会得到"旌表"，得以树立牌坊或得到其他正式的纪念。但是，如果死去的女性受害者曾让奸人得手，就不可挽回地被污染了，也就不值得"旌表"了。[42] 蒋兴珍注意到，有时官府也会通过对受害者的"厚为殡殓"来公开挽回其形象，而官吏那溢于言表的怜悯在仪式上弥补了受害者所受到的污染："官吏避开了贞节的问题，在仪式上认可了她的基本人性。官吏巧妙地回避了礼法的实践标准；在故事中，他为另一个人的不幸而流泪，这一回应乃是出于本能的人性。"[43] 换句话说，官府的仁爱之心克服了严格的道德教条和在贞节方面的禁忌。

在《子不语》中，我们还可以见到恶心的形象与性吸引之间的病态结合，这种结合达到了某种超现实主义的程度："根尽，见鲜肉一方；肉下有画一幅，画赤身女子横卧。卑职心恶之，焚其画，以肉饲犬。"[44]另外，书中曾提到，御医的阳具是不干净的：因其外形不佳，"故时觉不净"。[45]

总之，袁枚的作品反映了性事之脏污、诸多性关系的"荒淫"，记载了一些乱伦关系，如荒淫无度的"武后淫秽事"、"交媾秽语"[46]，此外书中还表明，奢靡之欲定会受到惩处。[47]性禁忌和越轨、女性身体和异味，都经常被赋予一种魔力，一种能消除神力（desacralizing）、具有污染性的魔力。虽然袁枚用戏谑的口吻讲述了这些奇谈怪事，但他的作品非常有用。事实上，他所记录的这些故事肯定流传于他所处的时代，而且，这些故事可能会让读者们惊讶或激动。

玷污的另一个来源是死亡（详见下节）。可以说，当死亡与性结合在一起时，污秽也就达到了极端。下面这个故事有着明显的性暗示，并将鬼怪的欲望与亵渎神圣、淫秽猥亵联系在了一起。在故事中，就连道士的法力也无法应付性冲动和欲望的强力：

> 书室后为使女卧房，夜见方巾黑袍者来与求欢。女不允，旋即昏迷，不省人事。主人知之，以张真人玉印符放入被套覆其胸。是夕鬼不至，次日又来作闹，剥女下衣，污秽其符。张公怒，延娄真人设坛作法。三日后，擒一物如狸，封入瓮中，合家皆以为可安。是夜，其怪大笑而来曰："我兄弟们不知进退，竟被道士哄去，可恨！谅不敢来拿我。"淫纵愈甚。[48]

六、死亡肮脏吗？

本文在探讨与"干净"相关的术语时曾提及，在黛玉死后，大观园里弥漫着死亡的阴影。[49]园子荒芜了，人们都不愿再去。袭人担心宝玉会在那里遇到鬼，而宝玉确实听到了黛玉的哭声。与之类似，在《金瓶梅》中，六娘刚死，其住的地方在玳安眼中就已经被污染了。所以，当他说到打扫花园时，其所指的或许不是那里的卫生状况，而是死亡所产生的影响。[50]事实上，除了来自性方面的危险之外，污染的另外一个来源是接触死者（前文提到过几个这方面的例子）。如果我们考虑一下人们的日常生活和诸多信仰的融合，洁净与脏污的概念就会愈发复杂。尤其在文学作品中，我们可以找到表现此类概念的各种形象，尤其是一些象征和幻想的意象。在袁枚的那些"哥特式"（Gothic）故事中，"阴间"总是处于"凡间"的背后，人类会轻易地被阴间所"染"——染上疾病、被玷污、为鬼魂附身（为祟、作祟、魔祟、迷、据、凭、媚、蛊惑、相缠），或得到某些特殊法力。

一方面，阴间世界是尘世生活的反映，其中也有官职、等级和法庭，甚至也有贿赂和腐败[51]；而且，阴间的居民同样也渴求食物、性快感和金钱。不过，他们的欲望对象往往是象征性的。例如，用于葬礼祭仪的纸制冥器和冥币。

> 母骂曰："鬼安得有银？"少年取怀中包掷几上，铿然有声，视之，纸灰也。[52]

另一方面，死亡像普遍的传染病一样，能够轻易地感染活着的人。如果不尊敬死者，乃至亵渎骨骸或尸体（"伤骨"、"掘骨暴棺"），则会激起亡灵的愤怒和反抗。[53]只有诸如道士那样会施法术者，凭借道教咒符或佛教经文，才能对付这些阴界的力量，与之争斗，"解禳"或"禳解"。我们可以看看这个典型的故事：

> 湖州东门外有周姓者，其妻踏青入城，染邪归。其家请道士孙敬书诵《天蓬咒》，用拷鬼棒击之，妖附其妻供云："我白天德也。为祟者，我弟维德，与我无干。"孙书符唤维德至，问："汝

与周家妇何仇？"曰："无仇。我路遇，爱其美，故与结缘。方爱之，岂肯害之！"问："汝向住何处？"曰："附东门玄帝庙庙侧，偷享香火已数百年。"孙曰："东门庙是玄帝太子之宫。当时创立，原为镇压合郡火灾，故立庙离宫东首。汝何得妄云玄帝庙耶？"妖云："治火灾当治其母，不当治其子，犹之伐木者当克其本，不克其枝。汝作道士而五行生克之理茫然不知，尚要行法来驱我耶？"拍其肩大笑去。周氏妻亦竟无恙。[54]

人们对死亡的恐惧更多地表现为对死者的畏惧，对死者所怀有的危险企图的畏惧，即找替身。在志怪小说中，一个常见题材就是鬼魂如何寻找另一个人来代替自己的处境。[55] 事实上，人们常常会认为，那些巫术魔法（"妖符邪术"）能够穿越阳冥两界，既正当又不合法，既安全又危险。这就是"子不语（怪力乱神）"的原因。根据人类学的研究，在各种文化之中都有出于相同目的的仪式，以重获失掉之洁净，清除污染之影响，只是形式不同而已。

所有文化中都存在这样一种观念：人的内在本质要么是洁净的，要么是污秽的。在中国文化中，我们也可以找到一些为了重获失去的洁净而举行的仪式活动，它们既关联于"神圣"的领域，也关联于社会与文化的领域。广为人知的"修斋"之术（self-purification techniques）源于道家学说，被认为是介于"斋醮科仪"与"羽化成仙"之间的一种活动。袁枚《子不语》中有一个例子可以说明此类"修斋"之术，即本文上篇在"关于'清'的一些基本概念和汉语词汇"这一部分中提到的"饮水之法"。

在《子不语》中，《鬼送汤圆》[56] 这个故事挑战了关于"驱魔"的一般观念。故事中，一个死去学生的鬼魂去拜访他的先生，送上一碗汤圆来表示感激，但他却不知道，鬼的食物不宜于生者。先生吃下汤圆后即染上大病，险些丧命。不仅如此，先生返乡之后，死亡的污染也影响到其家人，乃至邻里（"邻家结发之妻新缢死者"）。虽然来自四面八方的鬼魂并无恶意，却挤满宅院，令先生和其家人不得安生。在任何仪式和祈祷均告无效之后，鬼魂们主动告知一个解决方案——去请老僧宏道。于是，"往请宏道。甫到门，众鬼轰然散矣。病亦渐安。"至于学生的感谢为何会产生这种后果，以及众鬼为何出现，为何如此行为，袁枚在最后的评语中进行了解释：

> 袁子曰：同是念经放焰口，而有验有不验，此之谓有治人，无治法也。不知鬼食之不宜人食，而以奉其先生，此之谓愚忠愚孝也。[57]

然而，在袁枚那里，"洁"与"不洁"处于对立与混杂之中，"不洁"远远没有仅仅被歧视为"他者"。"他者"内在于每一个人，脏污首先来自于体内。为此，袁枚提到了一种灵魂二元论——"魂善而魄恶"。这也就是说，任何存在物都含有阴暗与危险的潜在方面，死亡所产生的玷污就证明了这一点。在《子不语》记录的一个故事中，一人前去与亡友告别，祭拜之际，尸身渐变，狰狞恐怖，几不能识。作者解释这一现象说：

> 人之魂善而魄恶，人之魂灵而魄愚。其始来也，一灵不泯，魄附魂以行；其既去也，心事既毕，魂一散而魄滞。魂在，则其人也；魂去，则非其人也。世之移尸走影，皆魄为之，惟有道之人为能制魄。[58]

《鬼市》这个故事也提到了对死人之玷污的恐惧，其描绘的是吃鬼魂食物的另一种后果。在故事中，夜间鬼市上买的热面条、热米饭，变成了让人恶心的动物。看上去，鬼市无异于一般夜市，店肆之中，"食物正熟，面饭蒸食，其气上腾"。主人公感觉饥饿，便买了些食物，很快就吃掉了。然而，不出几个时辰，"顿觉胸次不快。俯而呕之，而蠕蠕然在地跳跃。谛视之，乃虾蟆也，蚯蚓蟠结甚多，心甚恶之，然亦无他患。又数岁乃卒。"[59] 呕吐是对恶心之物最本能的内脏反应，是身体对毒害之物的排斥和防御。虽然袁枚没有明确告诉我们，这个人的死亡是否与此事直接相关（"又数岁乃卒"），或许，此事只是一场噩梦，但这些食物令人恶心的变形仍然让我们想起了死亡之"亵秽"。

在《情史类略》中，我们也可以看到在凡人世界与死者世界之间的对比。在该书中，"邪秽"一词被用来形容与阴暗、恶毒、死亡、邪恶和鬼魂相关联的世界：

> 人乃至盛之纯阳，鬼乃幽阴之邪秽。今子与幽阴之魅同处而不知，邪秽之物共宿而不悟，一日真元泄尽，灾眚来临。[60]

相对而言，血液所产生的污染比较费解。虽然兄弟结义和秘密结社都要歃血盟誓，虽然男子之血有时被表现为充满生气，血液通常还是会被视作污浊之物。特别是与暴力和死亡联系在一起时，血液显然表示污秽。在《聊斋志异》的一个故事中，一官吏试图禁止鬼魂在河边捣乱作祟，便告诫道："只宜返罔两之心，争相忏悔；庶几洗髑髅之血，脱此沉沦。"[61] 这句话虽然出自小说的虚构，却非常富有意味，其表述了一个从污秽之境（必定来自于谋杀流血之罪）中获得净化和赎救的有序过程：首先是"改过"（"返罔两之心"），然后是"忏悔"，再然后是"净化"（"洗髑髅之血"），最终脱身鬼魅之域，或许得以投胎转世（"脱此沉沦"）。

血液被解释为肮脏，是否是因为它从人的身体中流出呢？我认为，血液是一个独特的意象。它与至为污秽的月经类似，且常常关联于暴力和死亡，因而本身就是肮脏污秽的，所以有"拿些秽血来"[62]。

七、一些主要说明

在最后这一节中，我将讨论一些与"清—浊"概念直接或间接相关的不同类型例子，以及它们之间的类似性与关联性。从此出发，我们可以理出这样一条逻辑线索：首先是物质性的污染，诸如粪便、秽物、腐坏的食物；然后是抽象和象征层面的污染，即一些词汇的含义扩展到了其他层面，如性道德、对死亡的恐惧、"神圣"与"亵渎神圣"、对某人的评价及其在社会中的形象。有时候，这种关联仅仅是词源学意义上的关联，而且这些词汇已经失去了其原初含义。

为了理解与"洁净"类似概念所具有的含义与作用，有必要去考察一些表达"洁"与"不洁"的基本反义词，比如"清"与"浊"、"涤"与"秽"、"干净"与"肮脏"或"污染"。"洁"与"不洁"这类观念仍然普遍存在于任何社会的日常生活之中，即便它们已经高度概念化，涵盖了对现实和道德信条的最详尽阐释。

这类观念在中国同样普遍，而且也涵盖了不同的领域，从物质层面一直到象征和仪式的寓意层面。然而，与其他文化相比，中国人对这类观念的体察有所不同，且常常与一种特殊的"神圣"观和宗教模式相关联。这种宗教现象的特殊模式并不在本文的讨论范围之内。但在体察"清—浊"、"净—污"的二元区分时，我们可以考察到这些差别的"症候"。与"亵渎"相关的诸种概念隐含了"圣洁（holy）"和"神圣（sacred）"之义，这种思想跟西方文化中的相应概念并不完全一致。在中国，即使是物质的、身体的洁净观念也要受到这些概念的影响。例如，人们赞扬性节制，并不是基于"精神—物质"这种二元区分，反而是出于对性别职责的考虑——对男性来说是长寿和修身；对女性来说是贞洁。通过考察那些包含污秽之意的表述方式，我们发现中国人对性的描绘带有一种阴暗的色彩。看来，中国人并不认为性的领域是自然的，就如告子所言："食色性也。"艾伯华注意到，在中国，人们对生理机能和性有一种不干净的感觉，对性有若干禁忌；徐诚斌则说，"性被认为是不清洁的，而且，女人为这种不清洁承受着重负"。[63] 这个问题包含着多种复杂因素的相互作用，因而很难作出一个概括。而且，袁枚在《子不语》中的体察就体现出了这种复杂性。他的立场明显是含混的（至少从我们当代的视角来看）：一方面，他赞同自由的性生活，另一方面，与性有关的阴暗与恐惧仍然出现在他的故事之中。另外，他对女性的境遇也有着同样的矛盾心态。因而，这种中国的"洁净主义"（puritanism）与西方的"清教主义"（puritanism）是不同的，因为，在中国传统中，"肉体"并没有被归之于"邪恶"的领域。与此同时，中国传统又把肉体"去浪漫化"了。再进一步说，在中国与性有关的现象必须被纳入一种以"社会"为导向的情绪性框架之中来加以考虑。[64]

尽管作进一步的概括会有风险[65]，我们还是可以试着提出一些结论：在中国文化中，人们恐惧死亡、恐惧沉溺于爱之激情，而这种恐惧催生了不洁的感受。本文在探讨过程中提到了许多观念，这些观念可以追溯到人类生命的核心关键词：死亡与（性）爱。另外，还有许多其他主题也与不洁之感相关，比如说精神错乱，其表现为与众不同、举止异常、行为乖张、反叛社会。这意味着，就爱欲（eros）和死亡（thanatos）这两个基本话题（这也是神圣性的来源）来说，某些禁忌是中华文明和其他文明所共有的。在中华文明中，终极现实显然也在其基本的含混性中得到了体察：

出生、生命和死亡本身是一种污染，而污染应该得到控制。

从许多古代文献中，我们可以清楚地看到中国传统特有的清浊观、红颜祸水观以及性道德观，而且我们不难发现，这些观念都与一些"身体上的"厌恶反应相连。例如，如果某些东西在象征的意义上被感受为"肮脏与污秽"，人们就会产生"可憎"、"恶心"、"排斥"这类感觉。尤其值得注意的是那些超越了真实、再现现实生活的文学作品，如一些论及怪异现象及通灵关系的小说，它们给我们提供了有趣的视角，让我们得以窥见人的内心世界。与其他文献相比，这类文献较少公开提及禁忌以及厌恶的感觉。显然，像许多其他文化一样，中华文明也把洁净的一些方面与性节制关联起来："淫秽"经常带有性方面的含义，而且与"不祥"、"不吉"、"亵渎"等禁忌相关。"秽"这样的词语（无论单独使用还是组成复合词）指代引起排斥或反感的东西，如变质的食物和粪便，但也可以延伸到隐喻的层面，去指代淫秽的行为或下流的字眼、无礼的态度以及龌龊的感觉。

通过对比分析这些与"清—浊"、"净—污"相关的反义词组，它们的意义及相关事物的意义就变得更清楚了："秽物"（变质的食物与粪便）之"秽"获得了一种寓意，象征了道德上的低下与卑劣（"淫秽"）——尤其是性禁忌与越轨、或对人类遗骸之神圣性的亵渎，而"秽溺"（不尊敬）与"形秽"（自卑感）则反映了这种寓意的社会影响。另外，与"清—浊"这对反义词相关的范畴直接关涉到一种个人道德完善之途或处理人际关系之道，尤其与自我修养和内在约束的道德功用有关。

本文没有论及佛教和道教，仅仅提到了几部常见文学作品中的相关情况。例如，"莲花出污泥而不染"这一佛教形象可以从多种角度加以解释。莲花象征了圣洁纯净的人格，即所谓"出泥莲花"或"青泥莲花";然而,这个意象也可以隐喻一种"包容"的原则,或许,它还隐含了一种"歧视"的意味。泰州学派文学家梅鼎祚(1549—1615)通过巧妙运用"污秽/清洁"、"污秽的泥块/清洁的莲花"的强烈反差,看似矛盾地将这些完全对立的概念混合在一起,以此来颂扬某些妓女的才能和美德。[66]

洁净观念中的禁欲主义思想肯定有佛教的渊源,我们可以在文学作品中找到许多相关的表述,如"纤尘不染"、"红尘不染"、"一尘不染"、"不染红尘些子秽"。另外,《红楼梦》中有段话(如前文所引)用"白玉"与"污泥"之间的对比来形容尘世的洁净与堕落之间的差异,这也明显受到了佛教的影响。在佛教经论中,特定的不洁也被归之于女性。在道教的修炼行为之中,对洁净的追寻也是显而易见的,如在本文引过的一段话中,有个居士教导人们"饮水之法"。[67]

在中国文化中,"清—浊"这对范畴对社会和政治生活也产生了重要影响。在明初浙东学派那里存在着一种清教式的忧思,其重要性在于,它促进了新王朝意识形态的建立并巩固了帝国专制政治体制。浙东学派成员多为明太祖的谋士,他们曾警示世间大恶,并倡议中央集权,以维护社会秩序。不过,我们也不必高估浙东学派清教式倾向所起的作用,因为在其他学派和思潮中也可以找到类似的东西。相比之下,"清—浊"这对范畴似乎对社会阶层的划分有着更为深远的影响。例如,理学思想区分了清与浊的不同心性之气,这就在形而上的层面上确证了等级秩序并划分了性别角色。此外,"贱民"之所以遭受歧视,也与他们所从事活动的不洁性以及他们(或他们的祖先)的不道德行为密切相关。

天地之气的清洁性可以说是确证社会等级与歧视的一个因素,但在涉及异邦时,不管是划分地界还是区分族裔,"洁净"观念似乎并没有起到

非常重要的作用。在古代中国,对其他"社会—政治"实体的区分主要还是基于文化观念之上。依据这种观念,对异邦的歧视主要来自它们未能获得"文化融入"或接受"上邦文明",而不是因为它们不洁净。例如,"蛮夷"常常受到歧视,但在这种歧视中,洁净观念仅仅与他们的外表和气味有关,或者与他们可能会"错乱天气"、"污辱善人"的习俗有关,而这些并不是根本性的。[68]

总体而言,与其他文化类似,"清"与"浊"的观念在中国文化中同样蕴意深广、引人深思。无论在上层还是下层文化社会,这些观念都有着丰富的含义和作用。然而,这些观念渗透在中国人的个人生活与社会秩序之中,这是中国传统之神圣与道德体察的特别之处。儒家学说建立了一个日神的世界,可是,对"清"与"浊"这类概念的探索却使潜藏于这一世界中的酒神因素浮现了出来。[69]

(时霄译,张靖、耿幼壮校)

注 释

[1] 在所有宗教中,洁净与不洁的观念总是与仪式相关。在仪式中,一个人要保持身体、衣着、器具的洁净,避免接触不洁之物和某些特定的动物,而且还要戒食某些种类的食物。犹太教有许多洁身仪式,这些仪式涉及月经、生育、性关系、梦遗(keri)、异常体液、皮肤病、死亡和动物献祭,还包括在排泄、进餐和行走方面的约束。伊斯兰教的洁身仪式尤其集中于为祈祷仪式所做的准备,其主要形式是小净(冲洗部分身体)和大净(冲洗全身),而且,在许多情况下(尤其是流血、射精和呕吐),洁净的状态会被破坏掉。在基督教中,洗礼是洁身仪式的一种形式;另外还有其他次等的形式,比如,基督徒通常要通过用指尖蘸圣水、然后画十字圣号来清洁自身,这代表了一个传统:在进入教堂进行礼拜之前,要进行清洗。不过,对这三种宗教而言,与摆脱身体上的脏污而获得的清洁相比,更重要的是灵

汉学视阈

魂与内心的清洁、在道德上摆脱恶行而获得的清洁。在所有不洁之事中，性方面的越轨是最为严重的，所以，在早期基督教中，婚姻被视为"欲望的良药"（remedium concupiscence）。

[2] Robert Van Gulik, *Sexual Life in Ancient China: A Preliminary Survey of Chinese Sex and Society from ca. 1500 B.C. till 1644 A.D.*, Leiden: Brill, 1961, pp. 237, 245-246。甚至在唐代的叙事文本中，如 Nienhauser（倪豪士）所论，女主人公也无法获得满意的性爱，因为女性的性爱具有一种内在的危险性，她们或者学着消除了自己的性别特征（比如李娃），或者给自己招来了灾祸、让自己受到了蔑视（比如河间和莺莺）。参阅 Nienhauser William Jr., "Female Sexuality and the Double Standard in Tang Narratives: A Preliminary Survey", in Eva Hung, ed., *Paradoxes of Traditional Literature*, Hong Kong: The Chinese University Press, 1994, pp. 1-21。

[3] Wolfram Eberhard, *Guilt and Sin in Traditional China*, Berkeley and Los Angeles: University of California Press, 1967, p. 81.

[4] 参阅 W. Eberhard 1967, pp. 64-65；Derk Bodde, "Sex in Chinese Civilization", *Proceedings of the American Philosophical Society,* 1985,129（2）pp. 161-172。另参阅拙著 P. Santangelo, *Il" peccato" in Cina. Bene e male nel neoconfucianesimo dalla metà del XIV alla metà del XIX secolo,* Bari, 1991, pp. 213-226。

[5]《西游记》，第三卷，548~551 页，台北，国学基本丛书，1968。关于中国把女人视为不洁与危险这种观念，参阅 E. Ahern, "Sexual Politics of Karmic Retribution", in E. Ahern and H. Gates, eds., *The Anthropology of Taiwanese Society,* Stanford, 1981, pp. 269-277。

[6] William Nienhauser, "Female Sexuality and the Double Standard in Tang Narratives: A Preliminary Survey", in Eva Hung, ed., *Paradoxes of Traditional Chinese Literature,* Hong Kong, The Chinese University Press, 1994, p. 7.

[7]《金瓶梅》（本文参照崇祯本《新刻绣像批评金瓶梅》），第二十四回。

[8] 参阅 R. Flacelière, *L'Amour en Grèce, Paris,* 1960, p. 222；M. Vegetti, *L'etica degli antichi,* Bari, 1990, pp. 6-9,

73-106, 130-138。

[9] Francis Hsü, *Under the Ancestors' Shadow. Kinship, Personality and Social Mobility in China,* Stanford: Stanford University Press, [1948] 1971, pp. 61-73, 147-154, 209, 241-242.

[10] Derk Bodde, "Sex in Chinese Civilization", *Proceedings of the American Philosophical Society,* 1985, 129 (2), pp. 161-172.

[11] Bodde 1985, p. 167.

[12] Furth Charlotte. "Concepts of Pregnancy, Childbirth, and Infancy in Ch'ing Dynasty China", *The Journal of Asian Studies,* 1987, 46（1）, pp. 28-29.

[13] 费侠莉（1987, pp. 14-15）提到了两种导致流产的危险，即愤怒与欲望——女人的肚子里如果堆积太多的"火"，就可能导致流产。

[14] Ahern Emily M., "The Power and Pollution of Chinese Women", in Margery Wolf and Roxane Witke, eds. *Women in Chinese Society,* Stanford: Stanford University Press, 1975, pp. 171-173.

[15] Furth 1987, pp. 20-21.

[16] Epstein Maram, "Engendering Order: Structure, Gender, and Meaning in the Qing Novel Jinghua yuan", *Chinese Literature: Essays, Articles, Reviews* (CLEAR), Vol. 18, 1996, pp. 101-127。屈佑天（James Watson）描述说，在广东人的葬礼中，女人扮演着主要角色，而且他还强调了女人的生育力与死亡污染之间的联系。参见 Watson James L., "Of Flesh and Bones: The Management of Death Pollution in Cantonese Society", in *Death and the Regeneration of Life,* Maurice Bloch and Jonathan Parry, eds. Cambridge: Cambridge University Press, 1982, pp. 155-186。

[17] 据《明代传记丛刊》，第 151 册，综录类 55,《弇州山人续稿碑传（二）》，189~190 页，台北，明文书局，1991。【译注】译者发现，本文在原文中把第二、三次的次序弄颠倒了，故而在译文中调整了过来。

[18] 传记中所描写的不朽与享乐之间的冲突，参阅王世贞：《弇州山人续稿》，世经堂刊，万历五年（1577），重刊于台北：文化出版社，1970, 78:6a~b（《昙阳大师传》），3799~3800 页；另可参阅 Ann

Waltner, "T'an-yang-tzu and Wang Shih-chen: Visionary and Bureaucrat in the Late Ming", *Late Imperial China*, 1987, 8（1）, pp. 105-133 (especially 112-113), and http://mingching.sinica.edu.tw/record/waltnerpaper.pdf。

[19] 魏禧在记述这个梦的时候，多次谈到了他自己对不洁的感受：他梦见自己在性方面犯了错误（与两个僧人谈论淫亵之事），并为此感到羞耻，同时，他还害怕被人发现，害怕受到惩罚；非常有趣的是，在梦中，"灵官"惩罚了僧人，这时候，他看到了僧人的血，于是跑进厨房，"取水出洗面"（参阅《魏叔子文集》，第六卷，2818~2829页，台北，商务印书馆，1973。转引自 Wu Pei-yi, *The Confucian's Progress. Autobiographical Writings in Traditional China*, Princeton: Princeton U.P., 1990, pp. 228-229）。

[20]《苏州府志》，第三卷，25~27页。

[21]《刑科题本》，清·乾隆一年，第125包，第77号，第一历史档案馆（北京，故宫）馆藏，未刊资料。

[22] Paola Paderni, "The Language of Anger and Shame in Juridical Sources: Further Considerations on Women Suicides in 18th Century China", in *Love, Hatred, and Other Passions: Questions and Themes on Emotions in Chinese Civilization*, eds. Paolo Santangelo with Donatella Guida, Leiden and Boston: Brill, 2006, pp. 382-393.

[23] 性欲与脏邪之气在《禅真后史》（济南，齐鲁书社，1988，第一回，6页；第五十五回，429~431页）中的关联，参见 K. McMahon K. R., "Two Late Ming Vernacular Novels: *Chan Zhen yishi* and *Chan Zhen houshi*", in *Ming Studies*, 23, 1987。在《禅真后史》的故事中，主人公瞿琰征战蛮夷、救治"蛊妇子"，其中有着抗拒色欲诱惑的寓意：在救治"蛊妇子"的故事中，主人公以传统的方式运用了道教的符咒与万能药物；"蛊妇子"腹中发出了响声和秽臭，最后还排出了不同颜色的液体，又泄下一堆秽物，比如棉絮似的东西、"有头有尾有足"的蟾蜍（蟾蜍代表了淫欲之魔）。参阅《禅真后史》，第五十五回，428~431页。在西方，对男人的道德品质来说，有几种恶德是最为危险的，《灵魂的争斗》（*Psychomachia*）和许多中世纪寓言诗（allegorical poems）都表现了这一点。许多寓言诗表现了人类美德与恶德之间的争存，其原型或可溯源于普鲁登修斯（Prudentius）的《灵魂的争斗》。中世纪时期，人们带着最强烈的兴趣去阅读这些作品。无可否认的是，中国同样存在这类作品——起源于《西游记》这部连环画一般的、充满隐喻的历险游记；然而，至于产生这类作品的原因，中国和西方则是不一样的（参见 Plaks, *Four Masterworks*, pp.234-276, 504）。在基督教世界的欧洲，即使对于不那么饱受煎熬的人来说，作出选择也是非常艰难的，以至于他要通过一种对命运（被认为是"天意"（Providence））的信仰，把自己的选择交托于具有偶然性的事件。

[24] "娶三日，谓人曰：'男女居室，天下之至秽，我实不为乐！'"（《乐仲》，见《聊斋志异》，卷十一，1540页，张友鹤辑校，聊斋志异会校会注会评本，上海，上海古籍出版社，1978。）

[25] 在享受了情爱的欢愉之后，"女曰：'妾固知君不免俗道，此亦数也'"。当她开始怀孕的时候，她说，"尘浊之物，几于压骨成劳！"（《聊斋志异》，卷九，《云萝公主》，1270页。）

[26] "将《旧唐书》所载武后淫秽事大半删除。"（《武后谢秸先生》，见《子不语》，卷八，《袁枚全集》，卷四，王英志等点校，南京，江苏古籍出版社，1993。）

[27] "为人子侄而欲污其伯父之妾，可乎？"（《子不语》，卷二十三，《风流具》，460页。）

[28] 参阅《笑林广记》，卷一，11页，转引自 Howard Levy, *Chinese Sex Jokes in Traditional Times*, 台北，1974, p.93。

[29] 比如，参见 McMahon K. R., "A Case for Confucian Sexuality: The Eighteenth-Century Novel *Yesou Puyan*", *Late Imperial China*, 1988,9（2）; Joseph Lau, "The Saint as Sinner. Paradoxes of Love and Virtue in (The Predestined Couple)", *Tamkang Review*, 1970,1,(1), pp. 183-192; Mark Elvin, "Female Virtue and the State in China", *Past and Present*, 104, 1984; Paola Paderni, "Le rachat de l'honneur perdu. Le suicide des femmes dans la Chine du XVIII siècle", *Études chinoises*, 1991,10(1-2); Emily M. Ahern, *The Cult of the Dead in a Chinese Village*, Stanford, 1978, pp. 269-277; E. Ahern, "Sexual Politics of Karmic Retribution", in Emily. M. Ahern and Gates Hill, eds., *The Anthropology of Taiwanese Society*, Stanford 1981; Matsuda Shizue, *Li Yu: His Life and Moral*

23 ●　　　　　　　　　什么是明清时代日常生活中的
"清"与"浊"？（下）

Philosophy as Reflected in His Fiction, Ph. D. Dissertation, Columbia University, 1978。对于莺莺这一典型人物，参阅 W. Nienhauser，"Female Sexuality and the Double Standard in Tang Narratives: A Preliminary Survey"，in Eva Hung, ed., *Paradoxes of Traditional Chinese Literature,* Hong Kong: The Chinese University Press, 1994, pp. 1-20; Stephen H. West and Wilt L. Idema, "Sexuality and Innocence: The Charactization of Oriole in the Hongzhi Edition of the *Xixiang ji*"，in ibidem, 1994, pp. 46-48; James Robert Hightower, "Yüan Chen and 'The Story of Ying-ying'"，*Harvard Journal of Asiatic Studies,* 33, 1973; Stephen H. West and Wilt L. Idema, *The Moon and the Zither: Wang Shifu's Story of the Western Wing,* Berkeley: University of California Press, 1991.

[30] 参见 T'ien Ju-k'ang（田汝康），*Male anxiety and female chastity,* Leiden: Brill, 1988; Elvin, "Female Virtue and the State in China"，*Past and Present,* 104, 1984, pp.144-148。该文章有趣地记述了一个女人在订婚、结婚、守寡和名誉方面遇到道德选择上的两难之境时，将如何作出决断。

[31]《聊斋志异》，卷一，《画壁》。

[32]《聊斋志异》，卷十一，《乐仲》，1540 页。

[33] 参见 Lucien Miller, *Masks of Fiction in Dream Of The Red Chamber: Myth, Mimesis, and Persona.* Tucson: Univ. of Arizona Press 1975, p. 173。他注意到，小说中的女性扮演了洁净的角色。

[34]《红楼梦》，第七十七回，北京，中华书局，1998。

[35] 参阅 Louise Edwards," Women in Honglou meng: Prescriptions of Purity in the Femininity of Qing Dynasty China"，*Modern China,* Vol. 16, No. 4 (Oct., 1990), pp. 407-429。

[36] Yang Michael, "Naming in *Honglou meng,*" *Chinese Literature: Essays, Articles, Reviews* (CLEAR), Vol. 18, 1996, (pp. 69-100), p. 82.

[37]《红楼梦》，第五回，86 页。

[38] 参见 "秽血" 这个词，见前文所引，《子不语》，卷十八，《山娘娘》，334 页。

[39]《子不语》，卷七，《大毛人攫女》。

[40] 参见 Chiang Sing-chen Lydia（蒋兴珍），*Collecting the Self: Body and Identity in Strange Tale Collections of Late Imperial China.* Leiden: Brill, 2005, pp. 176-194。

[41] Maram Epstein, 1999, pp. 6-36。蒋兴珍的解读有所不同："在袁枚的故事中，这种集体性的场景揭示了故事中所有男性角色普遍的痛苦及无力感：故事中的丈夫抓不住他的妻子，无能为力地看着她被拖走；村民无法阻止这次抢劫，十分悲痛；地方官吏也为之流泪，无法解决这个问题；猎户们也没有抓到那个毛人……在《大毛人攫女》这个故事中，人们对这位妇女深感怜悯、惊讶和悲伤，这就承认了她是一个纯洁的遭难者——她横遭此难，没有选择的余地，要怪也只能怪女人出门小便这种地方习俗以及她迷人而有些暴露的女性身体。"参见 Sing-chen Lydia Francis, "What Confucius Wouldn't Talk About: The Grotesque Body and Literati Identities in Yuan Mei's *Zibuyu*"，*Chinese Literature: Essays, Articles, Reviews* (CLEAR), Vol. 24, 2002, pp.150。

[42] Sommer Matthew H., *Sex, Law, and Society in Late Imperial China,* Stanford, Stanford UP, 2000, pp. 69, 78-79.

[43] Sing-chen Lydia Francis, 2002, pp.151.

[44]《子不语》，卷七，《尹文端公说二事》。

[45]《子不语》，卷二十四，《控鹤监秘记二则》，488 页。

[46] "临平孙姓者新妇为魅所凭，自称'山娘娘'，喜敷粉着艳衣，白日抱其夫作交媾秽语。"（《子不语》，卷十八，《山娘娘》，344 页。）

[47] "律载：鸡奸者照以秽物入人口例，决杖一百。"（《子不语》，卷六，《常熟程生》。）

[48]《子不语》，卷十七，《娄真人错捉妖》，316 页。

[49]《红楼梦》，第一百零八回，1577 页。

[50]《金瓶梅》，第六十四回。

[51] 比如，在阴府中，宫殿的守卫会向来访者"伸手索贿"。（《子不语》，卷十八，《锡锞一锭阴间准三分用》，337 页。）

[52]《子不语》，卷十八，《赠纸灰》，345 页。

[53] 比如，《子不语》，卷十八，《道家有全骨法》，339 页。

[54]《子不语》，卷十八，《白天德》，336 页。

[55] 在这一点上，缢死鬼和溺死鬼是非常常见的。在《子不语》中，参见《蔡书生》（卷一）、《钉鬼脱逃》（卷二）、《朱十二》（卷八）、《鬼有三技过此鬼道乃穷》（卷四）、《陈清恪公吹气退鬼》（卷四）、《狐仙自缢》（卷十四）、《认鬼作妹》（《续子不语》，卷十）；《水鬼帚》（卷二）。另参见《聊斋志异》中的《水莽草》（卷二）和《商妇》（卷七。其中，蒲松龄疑惑地说道："俗传暴死者必求代替，其然欤？"但没有对此给出解释。）

[56]《子不语》，卷二十二，《鬼送汤圆》，433页。

[57] 同注 [56]。

[58]《子不语》，卷一，《南昌人士》。

[59]《子不语》，卷二十三，《鬼市》，473 页。

[60]《符丽卿》，见《情史类略》，卷二十，669~670页，沈阳，春风文艺出版社，1986。

[61]《聊斋志异》，卷三，《谕鬼》。

[62]《白娘子永镇雷峰塔》，《警世通言》，卷二十八，台北，世纪书局，1991。

[63] 除了 Eberhard 1967, pp. 64-65, 81，亦可参见 Bodde, 1985, pp. 161-172 和拙作 Santangelo 1991, pp. 213-226，参见 Francis Hsü, *Under the Ancestors' Shadow. Kinship, Personality and Social Mobility in China,* Stanford: Stanford University Press, [1948] 1971, pp. 61-73, 147-154, 209, 241, 242。吴北仪在那篇考察道德和哲学文本的重要文章中挑出了一些其他的例子；本文中也列举了一些文学作品中的例子。

[64] 导向"社会"的情绪性，参见孙隆基：《中国文化的深层结构》，西安，华岳文艺出版社，1988（香港，一山出版社，1983）；Lung-kee Sun（孙隆基），"Contemporary Chinese Culture: Structure and Emotionality"，*The Australian Journal of Chinese Affairs,* No. 26，1991, pp. 1-41。对爱的社会性体察，参见拙作 P. Santangelo, *L'amore in Cina, attraverso alcune opere letterarie negli ultimi secoli dell'impero,* Napoli, Liguori, 1999；史华罗，《中国之爱情——对中华帝国数百年来文学作品中爱情问题的研究》，北京，中国社会科学出版社，2011。

[65] 至于进行总结所具有的风险，我可以以食物为例。中式烹饪丰富多样，涵广纳深，可以使用任何原料；有人或许会认为中国人在食物方面没有任何禁忌。然而，如果我们考察一下以自我完善为目的的宗教斋食，就会发现，根据道教和佛教的学说，为了获得洁净的状态，肉类、谷类和一些其他食物是分别要被禁止的。众所周知，洁净的禁欲主义内涵肯定有源于佛教的因素，而且这也可见于许多文学作品。

[66] 参见本文第一章。

[67]《子不语》，卷十六，《折叠仙》。

[68] 总体地考察一下对蛮夷之人的描述，我们可以总结出以下几个特征：在原始文化环境与栖居地方面，蛮夷之人"法制疏略"，住所和衣食都非常"粗犷"，生活在大漠之中，"沙日月"。在外表方面，他们"相貌奇古"，"言貌殊异"，"个鼻凹儿跷，脸皮儿包，毛梢儿魃"，而且体味"腥膻"。其食物与中国文化不同，反映于他们畜牧养殖而非集约种植的经济类型：他们"烧羊肉，马乳酒"。至于他们的脾气与天性，则是具有"駤悍之气"，"痴"，"粗莽好斗"，"蹲夷踞肆，与鸟兽无别"。他们的性格与行为则是"无信，易动难安"，"蹲夷踞肆"，"错乱天气"，"污辱善人"；"有余者，猛悍也"、"其不足者，智巧也"。他们嫉妒"南人偏占锦乾坤"，"望中原做了黄沙片地"。他们的生活"无人伦上下之等也。无衣冠礼文之美也"。参阅拙作 P. Santangelo, *Materials for an Anatomy of Personality in Late Imperial China,* Leiden: Brill, 2010, pp. 195-211。

[69] "日神—酒神"这种二元区分，参见 Friedrich Nietzsche, *Die Geburt der Tragödie aus dem Geiste der Musik* (1872), *Philosophy in the Tragic Age of the Greeks.* Translated with an introduction by Marianne Cowan. Washington, D.C.: Regnery Publishing, Inc., 1962。对于"日神—酒神"在中国社会中的等效概念，则可以作为汉学学者进一步的研究课题。

什么是明清时代日常生活中的
"清"与"浊"？（下）

19 世纪欧洲百科全书中的中国文学

雷乔治

雷乔治（Georg Lehner）/ 奥地利维也纳大学

汉学视阈

Horizons of Sinology

【译者按】19世纪的英法德文献告诉我们，"文学"（literature, littérature, literatur）至19世纪末依然是"博学"、"学识"等概念的同义词。德国汉学家肖特（Wilhelm Schott, 1802—1889）撰写的《中国文学论纲》（1854）被誉为西方第一部中国文学史著作，主要记述和探讨的其实是经史子集等汉语文献。当然，那个时代的汉语"文学"概念，也不是我们今天所理解的含义。本文所考察的中国文学，自然根植于19世纪的文学概念。一般而言，百科全书包容各种辞书和工具书的成分，供人查检相关知识和事实资料，是衡量特定时代和国家学术水平的标志之一。19世纪欧洲百科全书中的中国文学知识，无疑是那个时代欧洲对中国文学之认识水平的折射，具有较高的参考价值。同时，各种百科全书中的中国文学条目，亦可反映出19世纪的欧洲时代精神即欧洲中心主义对中国的成见，并制约了欧洲的中国语言文学研究。20世纪之前的欧洲百科全书表明，当时西方的中国文学知识是极其有限的。

引 言

有关中国语言文字以及中国书籍的最早信息是在16世纪中期以后传入欧洲的。欧洲对中国文学的接受，起始于17世纪末、18世纪初，也就是在最早的拉丁语译文刊行之后。本文所谓的文学，均为"四部"之书。《中国贤哲孔子》（*Confucius Sinarum Philosophus*, 1687）出版之后，即刻引起欧洲人对中国哲学的广泛接受。[1] 杜赫德（Jean-Baptiste Du Halde, 1674—1743）在其《中华帝国全志》（*Description … de l'Empire chinois*, 1735）中刊印了马若瑟（Joseph Henri de Prémare, 1666—1736）翻译的元杂剧《赵氏孤儿》；该作后来被伏尔泰改编为《中国孤儿》（*L'Orphelin de la Chine*, 1755），享誉西土。[2] 第一部被译成欧洲语言的中国小说是《好逑传》，据说这部小说最早是一个英国商人在广州着手翻译的，时间是在18世纪初；该作后来由珀西（Thomas Percy, 1729—1811）修订出版。纽伦堡博学家穆尔（Christoph Gottlieb Murr, 1733—1811）又将该作从英文转译成德文，1766年在莱比锡刊行；1766年另有一个法文译本问世。[3]

卫匡国（Martino Martini, 1614—1661）的《中国上古史》（*Sinicae Historiae Decas Prima*, 1658），让欧洲人了解到中国丰富的历史编纂学传

统。德经（Joseph de Guignes, 1721—1800）主要根据《文献通考》撰写的《中国文献要义》（*Idée de la littérature chinoise,* 1774），记述了中国史纂概貌。[4] 冯秉正（Joseph Anne Marie Moyriac de Mailla, 1669—1748）翻译了《通鉴纲目》，并补写了宋至清初的历史，合为《中国通史》十二卷，刊行于1777年至1785年间，该书受到欧洲人的广泛接受。[5]

欧洲初识中国文学，以及后来对中国文学的进一步认识，亦受益于一些普及知识的书籍，比如百科全书和大型辞书，还有19世纪以降的百科类书。它们起初面向学者，属于书斋知识，后来则面向受过教育的人，或曰知识阶层。18和19世纪那些对后世产生深远影响的百科全书类的工具书，发源于法国、英国和德国以及这些语区，因此，本研究仅考察这三个语区的百科全书。

法英德百科全书都程度不同地介绍了中国文学知识。法语和德语百科全书中的相关条目为"中国文学"，而英语百科全书一般是在"中国"条目中记述中国文学，这与英语百科全书的编排法有关，它在每个条目下设有分类详解。在本文所考察的时期内，三个语区对中国知识的不同记述和介绍，与其研究中国文学的不同造诣关系不大。

一、中国文学的意义和规模：总体评估

尽管19世纪有许多欧洲学者研究中国文学，但是中国文学对欧洲读者的影响却很有限。19世纪80年代末，迈尔（Joseph Meyer, 1796—1856）主编的《教育阶层百科全书》（*Conversations-Lexikon für die gebildeten Stände*）第四版中写道："我们对中国文学的认识依然处在初级阶段。我们的文化建立在希腊—罗马和希伯来文化的基础上，印度人和波斯人同我们有着亲缘关系；我们与阿拉伯人早在中世纪就有精神交往，其影响一直延续至今。相反，中国艺术和知识从其发端到最新发展，对欧洲精神养成来说完全是陌生的。其崇拜者的圈子如此狭小，实在不用诧为奇事。"[6]

各种百科全书对中国古籍的数量均予以足够的重视。在埃施（Johann Samuel Ersch）和格鲁贝尔（Johann Gottfried Gruber）开创的《科学与艺术大百科全书》（*Allgemeine Encyklopädie der Wissenschaften und Künste*）中，汉学家肖特在其撰写的条目中强调指出：欧洲对中国的成见，制约了中国语言和文学的研究，因此，只有很少学者从事中国文学研究。"不足为奇，至今只有很小一部分中国文学得到我们应有的重视，我们甚至不了解其整体概貌。"[7]

《布罗克豪斯思百科全书》第七版中写道："中国人的文学卷帙浩繁。"[8] 在皮尔勒（Heinrich August Pierer, 1794—1850）开创的《皮尔勒大百科词典》（*Pierers Universal—Lexikon*）第二版（1841）中，汉学家嘎伯冷兹（Hans Conon von der Gabelentz, 1807—1874）与他的朋友——该百科词典后来的主编勒贝（Julius Löbe, 1805—1900）共同撰写了"中国文学"条目，作者指出："中国文学是一种古老的文学；与其他亚洲文学相比，它是非常丰富的。"《布罗克豪斯百科全书》第九版（1843）、迈尔《教育阶层百科全书》首创版（1845）以及拉鲁斯（Pierre Athanase Larousse, 1817—1875）主持编修的《拉鲁斯百科全书》，都称中国文学"无疑是东方最广博的"。[9]

波蒂埃（卜铁，Jean-Pierre Guillaume Pauthier, 1801—1873）为《世界人物百科全书》（*Encyclopédie des gens du monde*）所写的"翰林"条目、毕欧（Edouard Biot, 1803—1850）为《19世纪百科全书》（*Encyclopédie du dix-neuvième siècle*）所写的"中国语言文学"条目以及迈尔《教育阶层百科全书》首创版中无名氏撰写的"中国语言、文字和文学"

条目，都试图用数据来说明问题：乾隆谕旨纂修的《四库全书总目》由于刻板不同，共有 116 卷或 122 卷。上述几部百科全书还记述了乾隆时期的官修图书工程。[10]

当时欧洲对中国文学的研究，完全依托于欧洲图书馆馆藏的中国书籍，《皮尔勒大百科词典》第二版中这样写道："欧洲对中国文学的认识，只局限于图书馆中不多的一些中国书籍，尤其是巴黎、柏林和慕尼黑图书馆所藏之书。"[11] 最早在 16 世纪进入欧洲的中国卷帙，主要的去向是梵蒂冈图书馆和西班牙埃斯科里亚尔图书馆。这些书籍原先纯属欧洲近代早期的好奇之物，即学究的好奇。18 世纪以降的百科全书在论及欧洲的中国典籍时，也会说到这种学究的好奇，并一再提及 17 世纪末从中国运至巴黎的 49 册书籍。[12]

二、百科全书所记述的中国文学著作

直至 19 世纪 20 年代，百科全书涉及的中国文学著作，基本上囿于四书五经。《爱丁堡百科全书》（*Edinburgh Encyclopaedia,* 1808/30）认为，傅尔蒙（Etienne Fourmont, 1683—1745）发表于 1737 年的《巴黎皇家图书馆汉籍书录》，以及上文提及的德经的《中国文献要义》，都是详细了解中国文学的重要参考材料。[13]

随着汉语语言文学研究逐渐专业化，这种状况发生了根本性变化。柯恒儒（Julius Klaproth, 1783—1835）编制了《柏林皇家图书馆中文、满文书籍索引》（*Verzeichniss der chinesischen und mandshuischen Bücher der Königlichen Bibliothek zu Berlin,* 1822），雷慕沙（Jean-Pierre Abel Rémusat, 1788—1832）撰写了《亚洲札记》（*Mélanges Asiatiques,* 1825/1826），马礼逊（Robert Morrison, 1782—1834）创作了《中国杂录》（*Chinese Miscellany,* 1825），这些学者的研究使得后来百科全书中论述中国文学的相关段落，总共可以罗列

约 190 部中国文学著作，其中包括"经典"文本。若是算上其他一些（下文将要谈到的）作为参考资料而被援引的文献，被提及的中文著作已有 200 余种。

肖特依据柯恒儒的《书籍索引》为《科学与艺术大百科全书》撰写的条目，提供了一个中国文学综览，从古代经典到历史、舆地、诗歌、小说、辞书以及"某种形式的混合文献、类书和杂书"[14]，这在德语百科全书中还是第一次。肖特关于中国语言、文字和文学的百科全书条目又在 15 年后被译成法语，收入《天主教百科全书》（*Encyclopédie Catholique*）。[15]

比较早期《布罗克豪斯百科全书》的不同版本，可以看出与中国文学有关的条目在篇幅和质量上的显著提高。在第四版、第五版、第六版和第七版中，"中国语言、文字和文学"条目的信息相当有限。[16] 比如，第七版的相关条目只有 17 行字。除《书经》外，只提及《通鉴纲目》《大清律例》、乾隆皇帝的"沈阳颂歌"《盛京赋》（1743）[17]，以及《禹碑》。另外还专门提及《京报》："北京每周出版一份写在绸缎上的规格非凡的报纸，可被视为中华帝国的年鉴；皇帝时常亲自审阅。"[18]

《布罗克豪斯百科全书》1833 年开始刊行的第八版，不再单独设立"中国文学"条目，这一内容包含在"中国"条目之中，且与《布罗克豪斯百科全书》中的其他条目一样，不标明作者姓名。"中国"条目共有 57 行字，也就是刚好超过一页（这个版本每页 53 行）。与第七版不同，第八版罗列了"四书五经"的所有书名，另外还提到当时能够见到的汉语书籍的欧洲语言译本。史书部分中能够见到司马迁的《史记》、司马贞的《史记索隐》，以及司马光的《资治通鉴》和马端临的《文献通考》。哲学著作中提到《孝经》和《道德经》。天文学、生物学、数学和医学书册被

列入"重要"文献。总括性的文字述及"汉语、满文和其他文字"的"多卷本"百科全书、百科词典和文法书。关于中国戏剧和小说，文中只提及当时已有译本的作品。或许借鉴了雷慕沙的《亚洲札记》，该条目最后指出："许多印度著作也被译成汉语，主要是为佛教徒而翻译的。"[19]

1840年代的德语百科全书，例如《皮尔勒大百科词典》第二版[20]、《布罗克豪斯百科全书》第九版[21]、迈尔《教育阶层百科全书》首创版[22]，它们对中国文学的介绍，要比那个时期的英语和法语百科全书更为详尽。这一发展是从《皮尔勒大百科词典》第二版的"中国文学"条目开始的。语言学家嘎伯冷兹和勒贝共同撰写的条目，对《布罗克豪斯百科全书》第九版和迈尔《教育阶层百科词典》首创版来说具有示范意义。他们必须正视雷慕沙所说的事实，即"不能按照欧洲准则来排列中国文学著作"[23]。

嘎伯冷兹和勒贝将整个中国文学分成如下类别：（A）甲级经典著作；（B）乙级经典著作；（C）其他一些哲学、宗教和伦理著作，包括佛教和基督教著作；（D）辞书和语言类著作；（E）诗歌文学；（F）小说文学；（G）历史小说；（H）市井小说；（I）戏剧文学；（K）地理志和民族志；（L）纪行；（M）法典；（N）统计书；（O）史籍；（P）邻国史籍；（Q）年表；（R）钱币志；（S）自然史籍；（T）医书；（U）数学书；（V）天文志；（W）艺术、手艺等书；（X）类书和汇编；（Y）文学史；（Z）选集；（Aa）少儿读物（其中提及《三字经》和《千字文》）。这种划分似乎经受住了考验，17年之后的《皮尔勒大百科词典》第四版对此几乎未作改动，只是"邻国史籍"和"年表"被归入"史籍"。

德国的这种中国文学划分形式，终究属于欧洲的划分体系。与之相反，毕欧的《19世纪百科全书》则严格按照中国传统的"四部"进行划

分。[24]出版家维甘德（Otto Wigand）主持编修的《维甘德百科全书》（*Wigand's Conversations-Lexikon*, 1845）中的"中国语言和文学"条目对中国文学著作的划分，远比布罗克豪斯、皮尔勒和迈尔更为实用。而1866年开始刊行的拉鲁斯《19世纪大百科全书》（*Grand Dictionnaire Universel du XIXe siècle*）的"中国"条目中所提及的中国著作，其数量已大大超过了19世纪40年代德语百科全书中的记载。[25]

三、欧洲对中国"严肃文学"的基本认识

迈尔《教育阶层百科词典》首创版对中国"严肃文学"作出如下毁灭性的断语："至于严肃文学，或许没有哪一个东方民族能够拿出比中国人更多的作品，尽管也没有哪个民族像中国人那样缺乏诗性天赋。他们早熟而刻板，缺少诗性创造所需要的清新才气。"[26]

这一评价缘于欧洲对中国文学史知识的缺乏。拉鲁斯《19世纪大百科全书》声称，尽管中国人也有大量文学史著作，但这（在欧洲人眼里）是远远不够的；除了些许作品评述外，它们主要是著作编目。在该条目中国文学部分的末尾，我们甚至可以见到如下武断结论：中国文学史著作还未问世。这一方向的唯一（但也不尽人意的）尝试，是肖特撰写的《中国文学论纲》（*Entwurf einer beschreibung der chinesischen literatur*, Berlin, 1854）。[27]《大英百科全书》（*Encyclopaedia Britannica*）第十一版中依然记录：汉语中还没有一部中国文学史。[28]

四、中国诗

在雷斯（Abraham Rees, 1743—1825）1802年至1820年期间主持编修的《百科全书》（*Cyclopae-dia*）中，Versification（诗律，诗法）条

汉学视阈

Horizons of Sinology

目也观照了中国诗的缘起。伏羲作过捕鱼诗（"on the piscatorial art"），神农则在其诗作中描写了土地的丰腴。古代的一种普遍现象亦见于中国：秉政者/立法者也是吟诗者。中国人的宗教、政治和伦理思想很早就体现在诗歌之中。这一传统一直延续到少昊。该条目接着写道：后来，统领和歌者的功能分离了。直到孔夫子出现，中国又有了歌者。[29]《爱丁堡百科全书》对中国诗着墨较多，并同样探讨了中国诗的起源。就"诗"这个字的组合而言，它表示"寺庙之言"（"words of the temple"），让人揣想这个文学体裁的神性起源（divine origin），尤其是其祭祀（for sacred uses）之用。该条目的作者还指出，中国士大夫对诗的评价并不高，只视之为一种消闲形式。严格地说，汉语中没有真正意义上的诗："它只是倚重类比，指称一种特定形式的文学创作。"[30]《爱丁堡百科全书》"中国"条目中的例证，取自巴罗（John Barrow, 1764—1848）的《中国之旅》（*Travels in China,* 1804）。另外，该条目还提及乾隆皇帝的写诗抱负：韦斯顿（Stephen Weston, 1747—1830）发表于1810年的英译乾隆诗《征服苗子》（The Conquest of the Miao-tse）、一首沏茶诗以及《盛京赋》。[31]

《盛京赋》的文字，早在1773年就见于欧洲百科全书。德菲利斯（Fortunato Bartolomeo de Felice, 1723—1789）在瑞士伊弗东刊行的《百科全书》（*Encyclopédie*）中，已有"赋"的条目："赋"是中国诗中的一个门类，格调庄重而高尚。德经于1770年在巴黎发表译作《颂歌》（*Éloge*），将"赋"这一诗的形式介绍到欧洲，并认为中国的"赋"能与品达（Pindar, 约公元前522—前438）的颂歌媲美。伊弗东《百科全书》认为，时人还可进行更多比较，比如腓特烈大帝（Friedrich der Große, 1712—1786）的《普鲁士颂》，中国人会视之为"赋"。[32]

迈尔在《教育阶层百科全书》中写道，乾隆皇帝被看做"近代最出色的诗人之一"[33]。《维甘德百科全书》中国文学条目的作者埃里森（Adolf Ellissen）也盛赞乾隆的文学成就："新近最受欢迎的诗人之一……是著名的乾隆皇帝（1735—1795），他是当政清朝的第四任君主，诗集有14卷之多。他的茶歌，他赞美沈阳山水的《盛京赋》（沈阳，满文音为谋克敦（Mukden），是满人先祖位于辽东的古都），他颂扬清将班弟、兆惠、富德征服厄鲁特-卡尔梅克叛军，平定准噶尔（1754—1757）的诗作，他于1785年为京城乾清宫举行的'千叟宴'写下的诗行，由钱明德（Le. P. Amiot, 1718—1793）介绍到欧洲，然而译笔蹩脚，前两首诗刊载于一部专集（1770），后两首诗收入其编著的《北京传教士关于中国历史、科学、艺术、风俗习惯录》。"[34]

在埃施、格鲁贝尔的《科学与艺术大百科全书》中，肖特关于"中国文学"的文字极为简略："中国人的诗亦见之于各种古代典籍，不乏非常古老而卓越的作品。之后，中国有过许多擅长作诗和育人的诗人，甚至还有小说家和戏曲家。"[35]毕欧为《19世纪百科全书》所写的条目与迈尔《教育阶层百科词典》首创版中的"中国语言、文字和文学"条目，都具体介绍了中国诗："中国诗艺术的主要规则，有时押韵有序，有时交替押韵。古时韵律无常，后来出现的押韵规则，体现于五字句或七字句的音调。"[36]

迈尔在《教育阶层百科词典》中这样写道："古诗似乎常见四行诗节，每行四字；现在每行五字或七字最为常见；韵律非常随意。表达之美完全取决于选字；字能恰好切合思想，便是美之极点。因此，中国人主要是为眼作诗，而非为耳。"[37]几年之后，欧洲人对中国诗的一些基本规则的认识大为提高。《布罗克豪斯百科全书》第十一版中这样写道：

古代民间诗歌之简单的押韵艺术，已经不够用了；人们开始在单个诗行中用韵，并且做出多种交叉押韵。现在的诗行通常由五字或七字组成；"和谐"（韵）规则在唐代形成，一句诗行中的有些字必须同另一句诗行中的有些字保持特定的关系。一句诗行的含义不能同另一句诗行的含义重叠。严格意义上的诗，其主旨不会超出教诲的、描述的、婉约的、讽刺的范畴。[38]

嘎伯冷兹和勒贝在《皮尔勒大百科词典》第二版中提及《全唐诗》，称这部康熙皇帝谕旨编修的唐诗总集中出现的诗人"是评价后世诗歌的准绳"[39]。《布罗克豪斯百科全书》第九版极为粗略地论及中国诗，指出诗歌在中国"未被忽略"，其"大量卷帙"将会"逐渐被西方认识"。该版还提到李白和杜甫。[40] 而在第十四版中，二者不仅被称做"诗杰"[41]，而且还各有专门条目。《维甘德百科全书》对中国诗作了较为详细的评述：

在中国浩繁的诗歌文学中，《诗经》之后享有盛誉的是李太白和杜甫的诗作。唐第七代皇帝肃宗时期是李太白诗歌创作的鼎盛期，他死于代宗时期，也就是 762 年，或如民间传说，李白骑鲸归天。年岁稍小的著名诗人杜甫应举不第，然而诗艺精湛，亦死于代宗时期，即 770 年。享誉中国的还有诗文总集《昭明文选》，选录了先秦至南朝梁代的诗文辞赋。遐迩闻名的《全唐诗》收录了繁荣昌盛的唐朝（618—907）诗歌作品，其中一些诗歌已经通过翻译在我们这里流传。

该条目最后介绍了《全唐诗》序言的内容，并提及另外的一些中国诗人的名字，如柳宗元（773—819）、苏轼（1037—1101）、黄庭坚（1045—1105）等。[42]

《布罗克豪斯百科全书》第十四版中"中国语言和文学"条目，还论及欧洲对中国诗的研究："几乎所有时代都有中国诗的里程碑，即便欧洲对此所知不多。"[43] 在这一条目中，中国诗的发展也被理解为原初形式的流失：

在这些诗的本真的原生性与后世理智的、生硬的艺术之间横着一条鸿沟。古老的、更多民歌性质的诗所具有的那种简朴的韵律艺术，不再令人满意。人们开始在单个诗行中不断交叉韵律，当然，这已经多少见之于《诗经》中的某些颂辞（颂）。[44]

五、中国小说

1830 年前后，德国读者开始对中国小说越来越感兴趣，不同的工具书都提及这种状况。《最新时代与文学百科全书》（Conversations-Lexikon der neuesten Zeit und Literatur）中的"中国文学"条目的佚名作者提到这一发展的背景：

德国读者近期对中国小说的关注，并不像对待其他东方文学那样缘于语言兴趣，至少在我们这里不是如此；对于中国的那些迷人的小说，至今还没有一部德语翻译作品，即根据原文或依托于东方语言研究翻译出来的作品。迄今，我们仅出于对题材和事物的兴趣，接触那些基于原文的法语和英语译文，然后进行转译。[45]

让·皮埃尔·阿贝尔·雷慕沙将中国小说《玉娇梨》译成法文，译者导言中的相关文字，无疑是时人了解中国小说的基础。除了论述各种小说题材外，该文还谈及中国小说的结构：

中国人的小说，部分是叙事体，部分是

诗体，有些则从头到尾是对话体，完全如同剧本。……小说各章称为"回"。[46]

《布罗克豪斯百科全书》第九版对汉语小说文学的意义和价值作出如下判断：

各种小说……多半诗意贫乏，呈现的都是些最平常的生活关系，尽管如此，它们忠实而形象地描写出人民的所有感受、思想和行为方式，极为生动地把我们带进家庭生活，这是观察细腻的游客也无法觅见的东西。[47]《布罗克豪斯百科全书》在以后的一些版本中指出，中国小说的文化史意义超过文学意义。[48]

在这一背景下，皮尔勒、布罗克豪斯、迈尔等百科全书指出，在中国人自己眼里，"有些小说高于其他所有小说"。《布罗克豪斯百科全书》提及"四大奇书"："四部很厚的小说，但还不很有名。"接着，该条目提及"十才子书"："写得很通俗，里面还有上述有些小说的节选。"《布罗克豪斯百科全书》和迈尔《教育阶层百科全书》对《今古奇观》和《龙图公案》中的一些短篇小说的评价是，它们"诗性极浓，非常典雅"[49]。《皮尔勒大百科词典》第二版对中国小说的划分更细一些，"四大奇书"被称作"历史小说"，"十才子书"则为"市井小说"。[50]

《布罗克豪斯百科全书》第十四版中指出，肖特进一步将中国小说分成三类：历史小说，幻想小说，市井小说。他把《三国志》和《水浒传》归入"历史小说"。"幻想小说"讲述"神异鬼怪故事及其对人的命运的影响"；例如：儒莲（Stanislas Julien）1834年以《白与蓝，或两个蛇仙》（Blan-che et Bleue, ou les deux couleuvres fées）之名译成法语的《白蛇传》即属此类。关于第三种类型的小说，《布罗克豪斯百科全书》写道："市井小说或家庭小说比其他类型的小说客观得多，忠实地呈现出中国人特性的正反两面，以及这个国家的公共生活和家庭生活。"除《好逑传》和《玉娇梨》之外，《平山冷燕》亦属这类。[51]

同《布罗克豪斯百科全书》第十四版相仿，数年之前的迈尔《教育阶层百科词典》第四版也记述了中国小说，并在"市井小说"名下提及另一部小说：

《金瓶梅》讲述了一个富有的好色之徒的故事，它其实不是一部完整的小说，而是一段编造的生平。若是完全可译的话，那简直是一部中国生活的百科全书。作者肯定是个少有的天才：细腻而深刻的性格刻画，对各色各样的社会圈子和人生知识之逼真的描写，令人折服的、高超的笑话，间或透着确实感人的诗意和闲情逸致。然而，除了不少冗长的段落，该作（这会阻碍这部作品之欧洲译本的出版）有一个不折不扣的癖好，即不知廉耻地、赤裸裸地描写那最肮脏的东西。所有这些都使这部作品不同凡响。[52]

德语百科全书简述了有关小说的内容，而拉鲁斯主编的1860年代版《19世纪大百科全书》仅提及一些小说的书名。关于中国小说的价值，该百科全书写道，中国小说"是中国人的思想、情感、风俗和生活方式的细腻而忠实的写照，并让人窥见私人生活的秘密，这是那些最著名的、极有天赋的旅行家的洞察力无法企及的"[53]。

六、中国戏剧

19世纪前25年编修并大量刊行的《爱丁堡百科全书》指出，中国戏剧既不注重时间、地点、情节的统一，也不区分悲剧和喜剧。[54]当时欧洲人所掌握的中国戏剧知识，主要来自德庇士（John Francis Davis, 1795—1890）译元杂剧《老生儿》(*Laou seng urh, or an heir in his old age*, London, 1817) 中译者导言的论述。《最新时代与文学百科全书》指出："中国戏剧中时常插入曲词或唱段，德庇士的译本对曲词做了一些删节。"[55]

《皮尔勒大百科词典》第二版强调了这一中国文学门类的丰富性：

> ……剧作是对话体的主人公身世叙述（故而谓之为"记"，即记叙）配以歌曲，神话叙事和滑稽故事等，均缺乏戏剧艺术，离题的片段中断剧情。尽管如此，人们还是可以赞赏中国戏剧之真正的民族特色，它来自中国人的诗性观赏方法本身。[56]

与《皮尔勒大百科词典》不同，《布罗克豪斯百科全书》在"戏剧诗性"方面强调一种亚洲境内的传输。就戏剧诗性而言，"中国人没有本土作品，而是通过佛教从印度传入的"。《布罗克豪斯百科全书》第九版指出，中国戏剧满足不了"戏剧的较高要求"。对这种中国戏剧的风格，该文作了如下评述：

> 论其风格，部分是简单叙述，部分是诗句形式，是每个登台者都能说出的台词。另外，每部戏中都有一个歌手，按照熟悉的曲调演唱，类似于希腊悲剧中伴唱的歌队，但是粗糙不堪。[57]

《皮尔勒大百科词典》第二版试图对中国戏剧表演特色作一个简要的描述：

> 中国戏剧中有一部分面具表演，比如整套化装的动物会，通过造型、动作和声音来模仿相应的动物；另有一部分是木偶戏，用欧洲中世纪的表演方法来演出童话；还有一部分是真正的戏剧，主角是人。[58]

《维甘德百科全书》则写道，中国戏剧通常由序幕（"楔子"）和四场（"折"）组成，最后一场往往会出现出人意料的转折。[59] 该文作者埃里森还论述了中国戏剧的历史发展：

> 中国戏剧艺术的历史发展可分为三个阶段：传奇、戏曲、元本。传奇始于唐玄宗（唐朝第六代皇帝）时期，在公元 720 年前后；戏曲发展于宋朝，从公元 10 世纪至 13 世纪；元本亦称杂剧，兴盛于元代，这是延续至 1368 年的蒙古王朝。[60]

《布罗克豪斯百科全书》和《维甘德百科全书》都断言，直至 19 世纪中期，所有通过翻译被介绍到欧洲的中国剧作，均出自《元人百种曲》[61]，毕欧在《19 世纪百科全书》中称之为最丰富的元代杂剧选集。[62] 对于元杂剧的意义，《维甘德百科全书》将之与欧洲戏剧作了比较："对中国人来说，元杂剧百种中的戏曲家至今也是这一艺术之无法超越、不可企及的楷模，就像莎士比亚之于英国、歌德和席勒之于德国一样。"[63]《布罗克豪斯百科全书》第十四版中说，巴赞（Antoine Bazin, 1799—1863）"完整分析并部分翻译"了元杂剧，"就情节的发展、布局的设置和场景的安排而言"，中国戏剧同欧洲戏剧具有同样的特征。[64]

拉鲁斯《19 世纪大百科全书》对《元人百种曲》的记述，同样依托巴赞对中国戏剧的研究。拉氏根据欧洲观点对元杂剧（多半包括作者姓名）作了分类。该文附有关于中国戏剧的参考书目。另外还指出，中国文学中常有各种因袭作品，比如纪君祥的《赵氏孤儿》来自司马迁的

汉学视阈
Horizons of Sinology

《史记》。[65]

从各种百科全书对中国文学的结论性评论中可见，欧洲匮乏的中国文学知识这一事实与当时盛行的负面中国形象密切相关。迈尔《教育阶层百科全书》中"中国语言、文字和文学"一文的佚名作者的结论是：

人们在这一简要概述中可以看到，中国文学中的所有杰作都是古代作品。晚近时代不仅没有进步，而且有着非常明显的倒退。整个生活消损在空洞的形式之中，国家遏制创造力，推崇盲目依傍，怎会不出现如此状况？人们只会步伟大祖先之后尘，注疏、解诂、收集、节选。故此，晚近作家三五成群，只在印证席勒之言：国王造大屋，忙坏马车夫。[66]

结　语

欧洲百科全书对中国"严肃文学"的陈述，总是依托于"四部"的梗概性记述框架。从百科全书中的各种条目可见，人们在 19 世纪 20 年代及 30 年代初期对中国小说兴趣颇浓。对于中国戏剧的认识，起初主要来自 1792 年和 1793 年在华英国使团成员的报道；19 世纪 30 年代及 40 年代，法国汉学家的戏剧研究越来越受到重视。论述中国诗歌的文字，开始主要依托英国人寄自广州的研究成果，后来也借助法国的相关研究。德语百科全书中的中国文学知识，起初是建立在法国刊行的中国图书编目的基础之上。19 世纪下半叶，肖特撰写的《中国文学史论纲》（1854）常被引用。

欧洲百科全书中的中国文学条目的发展变化，不但说明了欧洲学者对这个专题的研究越来越多，也显示了中国文学研究参考书目的变化和增长。此外，中国文学条目也体现出 19 世纪欧洲常见的中国形象的影响。这些形象不但见于一般出版物，也出现在一部分由汉学家撰写的文章之中，以及一部分以这些文章为依托的欧洲百科全书条目之中。

（方维规译）

注　释

[1] 这部由柏应理（Philippe Couplet）在巴黎以拉丁文出版的著作，包括柏应理"序言"，殷铎泽撰《孔子传》，以及 17 位耶稣会士合译的《大学》、《中庸》和《论语》。参见 Iso Kern, *Die Vermittlung chinesischer Philosophie in Europa*（中国哲学在欧洲的介绍），*Grundriss der Geschichte der Philosophie in Europa,* in: Jean-Pierre Schobinger (Hg.), *Grundriss der Geschichte der Philosophie,* begründet von Friedrich Ueberweg, v?llig neubearbeitete Ausgabe, 1 Bd.: *Die Philosophie des 17. Jahrhunderts,* Bd. 1: *Allgemeine Themen – Iberische Halbinsel – Italien,* Basel 1998, S. 225-295。

[2] 论欧洲对《中国孤儿》的早期改编，参见高第（Henri Cordier）编撰的《西人汉学书目》（*Bibliotheca Sinica*），第 1787~1789 栏。

[3] 参见 Martin Gimm, *Hans Conon von der Gabelentz und die Übersetzung des chinesischen Romans Jin Ping Mei*（嘎伯冷兹与中国小说《金瓶梅》的翻译），Sinologica Coloniensia 24, Wiesbaden: Harrassowitz, 2005, 45-46, Anm. 88。

[4] Joseph de Guignes（德　经），*Idée de la littérature chinoise en général, et particulièrement des historiens et de l'étude de l'histoire à la Chine*（中国文献要义），in: *Histoire de l'Académie Royale des Inscriptions et Belles-Lettres, avec les Mémoires de Littérature tirés des Registres de cette Académie depuis l'année M.DCCLXIX,* tom. 36, Paris: Imprimerie royale, 1774, S. 190-238。

[5] 关于这些译作对欧洲了解中国古代历史的意义，参见 Michael Loewe, Edward L. Shaughnessy (Eds.), *The Cambridge History of Ancient China. From the Origins of*

Civilization to 221 B.C., Cambridge: Cambridge University Press, 1999。

[6] Joseph Meyer（迈尔主编），*Das große Conversations-Lexikon für die gebildeten Stände*（教育阶层百科全书），4. Aufl., Bd. 4, S. 30: "Chinesische Sprache und Literatur"（中国语言与文学）.

[7] Johann Samuel Ersch, Johann Gottfried Gruber（埃施、格鲁贝尔主编），*Allgemeine Encyclopädie der Wissenschaften und Künste*（科学与艺术大百科全书），Section I, Bd. 16, 1827, S. 369: "Chinesische Literatur"（中国文学，Wilhelm Schott 著）；另见 *Edinburgh Encyclopaedia*（爱丁堡百科全书），Bd. 6, S. 276: "欧洲的中国文学知识依然所知无几。"

[8] Brockhaus（布罗克豪斯），7. Auflage, Bd. 2, S. 630.

[9] Joseph Meyer（迈尔主编），*Das große Conversations-Lexikon für die gebildeten Stände*（教育阶层百科全书），I 7,2, 1845, S. 338: "Chinesische Literatur"（中国文学）。另见 *Wigand's Conversations-Lexikon*（维甘德百科全书），Bd. 3, 1847, S. 310: "在整个东方，中国文学无疑是最丰富的，也是地域、种族和历史意义上最重要的。"这些文字亦见之于 *Brockhaus*, 14. Aufl., Bd. 4, 1894, S. 225: "Chinesische Sprache, Schrift und Litteratur"（中国语言、文字和文学）；另参见 Pierre Larousse, *Grand Dictionnaire Universel du XIXe siècle*（19 世纪大百科全书），Bd. 4, 1869, S. 131, Sp. 3: "Chine"（中国）。

[10] A. de Saint-Priest, *Encyclopédie du dix-neuvième siècle*（19 世纪大百科全书），Bd. 7, 1845; Joseph Meyer (Hg.), Das große Conversationslexikon für die gebildeten St?nde, Bd. 7, 2. Abth. , 1845, S. 335-342.

[11] Pierer, *Universal-Lexikon*（皮尔勒大百科词典）2. Aufl., Bd. 6 (1841) 450; 2. Aufl., Bd. 6, 1841, S. 448.

[12] 1697 年 5 月，耶稣会士白晋（Joachim Bouvet, 1656—1730）从中国回到巴黎，自称是康熙皇帝的特使，将随身携带的 49 册中国书籍作为康熙皇帝的礼物送给法王路易十四。见 *Deutsche Encyclopädie*（德国百科全书），3, 1780, S. 666。

[13] *Edinburgh Encyclopaedia*, Bd. 6, 277 Anm.

[14] 参见 *Allgemeine Encyclopädie der Wissenschaften und Künste*，同注 7。

[15] Georg Lehner（勒纳），"Le savoir de l'Europe sur la Chine: transferts culturels franco-allemands au miroir des encyclopédies (1750—1850)"（欧洲的中国知识：体现于百科全书的法德文化传输（1750—1850）），*Revue Germanique Internationale*，7, 2008。

[16] *Brockhaus,* 4 Aufl., Bd. 2, 1817, S. 489-491; 5. Aufl., Bd. 2, 1820，S. 540 f.; 6 Aufl., Bd. 2, 1824, S. 503 f.; 7. Aufl., Bd. 2, 1827, S. 629 f.: "Chinesische Sprache, Schrift und Literatur"（中国语言、文字和文学）.

[17] 参见 Mark C. Elliott（艾略特），"The Limits of Tartary: Manchuria in Imperial and National Geographies"（鞑靼的局限：帝国地域和国族地域中的满洲里），*Journal of Asian Studies*,59,3, Aug. 2000, S. 603-646 (614-617).

[18] *Brockhaus,* 7. Aufl., 1827, Bd. 2, S. 630.

[19] *Brockhaus,* 8. Aufl., Bd. 2, 1833, S. 604-616 : "China"；612 f.

[20] *Pierer,* 2. Aufl., 6, 1841, S. 448-454.

[21] *Brockhaus,* 9. Aufl., Bd. 3, 1843, S. 395-400: "Chinesische Sprache, Schrift und Literatur".

[22] Joseph Meyer (Hg.), *Das große Conversations-Lexikon für die gebildeten Stände* I,7,2, 1845, S. 335-342.

[23] Pierer, *Universal-Lexikon*, 2. Aufl, Bd. 6, 1841, S. 448.

[24] *Encyclopédie du dix-neuvième siècle,* Bd. 7, 1845, S. 477.

[25] Larousse, *Grand Dictionnaire Universel du XIXe siècle,* Bd. 4, 1869, S. 131-133: zur chinesischen Literatur（论中国文学）.

[26] Joseph Meyer (Hg.), *Das große Conversations-Lexikon für die gebildeten Stände*, I 7,2, 1845, S. 341.

[27] Larousse, *Grand Dictionnaire Universel du XIXe siècle,* Bd. 4, 1869, S. 133, Sp. 2.

[28] *Encyclopaedia Britannica*（大英百科全书），11th ed., Bd. 6,1910, S. 222.

[29] Abraham Rees（雷斯），*Cyclopaedia*（百科全书），vol. XXXVII, L2v: "Versification"（诗律）.

[30] *Edinburgh Encyclopaedia,* Bd. 6, S. 277.

[31] *Edinburgh Encyclopaedia*, Bd. 6, S. 277。关于《盛京赋》，参见同一条目的注释，以及书中的相关条目：Stephen Weston（韦斯顿），"The Conquest of the Miao-tse"（征服苗子），London: Baldwin, 1810；另参见 Cordier（高第），Bibliotheca Sinica（西人汉学书目），Sp. 1791。

[32] Yverdon-Ausgabe（伊弗东），Encyclopédie（百科全书），20, 1773, S. 303-304。关于可以追溯到《文选》（公元五世纪）的中国"京城颂歌"传统，参见 Elliott, *Limits*, S. 615。

[33] Joseph Meyer (Hg.), *Das große Conversations-Lexikon für die gebildeten Stände* I,7,2, 1845, S. 341: "Chinesische Sprache, Schrift und Literatur"（中国语言、文字和文学）。

[34] *Wigand's Conversations-Lexikon*（维甘德百科全书），Bd. 3, 1847, S. 316。

[35] Johann Samuel Ersch, Johann Gottfried Gruber, *Allgemeine Encyclopädie der Wissenschaften und Künste*, Section I, Bd. 16, 1827, S. 372。

[36] *Encyclopédie du dix-neuvième siècle*, Bd. 7, 1845, S. 480。

[37] 同注 33。

[38] *Brockhaus*, 11. Aufl, Bd. 4，1865, S. 436; *Brockhaus*, 14. Aufl., Bd. 4, 1894, S. 228: "Chinesische Sprache, Schrift und Literatur"。

[39] Pierer, *Universal-Lexikon*, 2. Aufl., Bd. 6, 1841, S. 450。

[40] *Brockhaus*, 9. Aufl., Bd. 3, 1843, S. 399。

[41] *Brockhaus*, 14. Aufl., Bd. 4, 1894, S. 228: "Chinesische Sprache, Schrift und Litteratur"（中国语言、文字和文学）。

[42] *Wigand's Conversations-Lexikon*, Bd. 3, 1847, S. 314 f。

[43] 同注 41。

[44] 同注 41。

[45] *Conversations-Lexikon der neuesten Zeit und Literatur*（最新时代与文学百科全书），Bd. 1, S. 413-415: "Chinesische Romane"（中国小说）。

[46] 同上注，415 页。

[47] *Brockhaus*, 9. Aufl., Bd. 3, 1843, S. 399。类似观点亦见之于 Meyer, *Das große Conversations-Lexikon für die gebildeten Stände* I 7,2, 1845, S. 342。

[48] *Brockhaus*, 11. Aufl, Bd. 4, 1865, S. 436。

[49] 同注 47。

[50] Pierer, *Universal-Lexikon*, 2. Aufl., Bd. 6, 1841, S. 650。

[51] *Brockhaus*, 11. Aufl., Bd. 4, 1865, S. 437; *Brockhaus*, 14. Aufl., Bd. 4, 1894, S. 228。这部百科全书的引语，直接录自 Wilhelm Schott, *Entwurf einer Beschreibung der chinesischen Litteratur*, Berlin, 1854, pp. 117-118。

[52] Joseph Meyer (Hg.), *Das große Conversations-Lexikon für die gebildeten Ständ*, 4. Aufl., Bd. 4, S. 33; Gimm, *Jin Ping Mei*, S. 126, 其中注 316 猜测，该条目的作者是嘎伯冷兹。《皮尔勒大百科词典》（第二版，卷六，1841 年，450 页）以及《维甘德百科全书》（卷三，1847 年，316 页）都已提及《金瓶梅》。《布罗克豪斯百科全书》第九版（卷三，1843 年，400 页）加入《金瓶梅》讲述"富有的生药铺店主西门庆的铺张生活"之句。关于"四大奇书"的出典及其评价，显然是受到库尔茨的影响，参见 Heinrich Kurz, *Über einige der neuesten Leistungen in der chinesischen Litteratur. Sendschreiben an Herrn Professor Ewald in Göttingen*（论中国文学中的几个最新成就——致哥廷根大学埃瓦尔德教授），Paris: Königliche Druckerei, 1830, S. 6, Anm. 1。关于库尔茨的中国文学记述，参见 Gimm, *Jin Ping Mei*, S. 43-44。

[53] Larousse, *Grand Dictionnaire Universel du XIXe siècle*, Bd. 4, S. 132。

[54] *Edinburgh Encyclopaedia*, Bd. 6, S. 279。

[55] *Conversations-Lexikon der neuesten Zeit und Literatur*, Bd. 1, S. 577 f: "Davis, John Francis"（德庇士）。

[56] Pierer, *Universal-Lexikon*, 2. Aufl., Bd. 6, 1841, S. 450。

[57] *Brockhaus*, 9. Aufl., Bd. 3, 1843, S. 400: "Chinesische Sprache, Schrift und Literatur"。

[58] 同注 56，427 页。

[59] Wigand, *Conversations-Lexikon*, Bd. 3, 1847, S. 315。

[60] 同注 59。关于这一历史发展的较为详细的论

述，参见 Grand Dictionnaire Universel du XIXe siècle (1869) Bd. 4, S. 132, Sp. 4。

[61] 同注 59。

[62] *Encyclopédie du dix-neuvième siècle,* Bd. 7, 1845, S. 480.

[63] 同注 59, 316 页。

[64] *Brockhaus,* 14. Aufl., Bd. 4, 1894, S. 228.

[65] Larousse, *Grand Dictionnaire Universel du XIXe siècle,* Bd. 4, 1869, S. 133.

[66] Joseph Meyer (Hg.), *Das große Conversations-Lexikon für die gebildeten Stände* I 7,2, 1845, S. 342.

卜弥格与基歇尔

张西平

张西平 / 北京外国语大学

汉学名家
Renowned Sinologists

一、基歇尔和他的《中国图说》

阿塔纳修斯·基歇尔（Athanasius Kircher, 1602—1680）（见图1）是欧洲17世纪著名的学者、耶稣会士。他1602年5月2日出生于德国的富尔达（Fulda），1618年16岁时加入了耶稣会，之后在德国维尔茨堡（Würzburg）任数学教授和哲学教授。德国三十年战争期间，他迁居到罗马生活，在罗马公学教授数学和荷兰语。他兴趣广泛，知识广博，仅用拉丁文出版的著作就有40多部。有人说他是"自然科学家、物理学家、天文学家、机械学家、哲学家、建筑学家、数学家、历史学家、地理学家、东方学家、音乐学家、作曲家、诗人"[1]，他"有时被称为最后的一个文艺复兴人物"[2]。

基歇尔著述繁多，1667年他在阿姆斯特丹出版的《中国图说》可说是他一生中最有影响的著作之一。《中国图说》拉丁文版的原书名为"*Chia Monumentis qua Sacris quà profanis, Nec non variis Naturae 8c Artis Spectaculis, Aliarumqe rerum memorabilium Argumetis illustrata*"（见图2、图3），中译名为《中国宗教、世俗和各种自然、技术奇观及其有价值的实物材料汇编》，简称《中国图

图1　基歇尔

说》即"*China illuserata*"。[3]

这部书共分六个部分，第一部分介绍西安出土的大秦景教碑，分为六章，分别从字音、字义、解读三个方面全面介绍了大秦景教碑，并公布了一幅在西安出土的大秦景教碑的手抄临摹本。这

图 2 《中国图说》拉丁文版

是 17 世纪欧洲出版物第一次公布这么多的汉字，碑文的汉字和拼音对欧洲早期汉学产生了重要的影响。

第二部分介绍的是历史上西方人前往中国旅行的各条路线。这一部分共十章，囊括从马可·波罗以及元代来华的方济各会传教士柏朗嘉宾（Jean de Plan Carpin）、鲁布鲁克（William Rubruk）、鄂多立克（Odoric）来华的路线和见闻到明清间来华的耶稣会士白乃心（Jean Grueber, 1623—1680）、吴尔铎（Albert d'Orrille, 1622—1662）返回欧洲时的西藏之行，基歇尔将所有这些游记加以汇总，勾勒出直至他生活的 17 世纪中叶历史上从西方通向中国的所有旅行路线。同时，他也

对中国、中亚、南亚的许多风俗人情、宗教信仰作了详细介绍。

第三部分介绍了中国及亚洲各地的宗教信仰。这一部分共七章，除了介绍欧洲人已熟悉的印度婆罗门教及其在南亚大陆的传播外，重点介绍了日本和中国的宗教信仰。他在这一部分中向欧洲的读者特别介绍了中国的儒、释、道三种教派。

如果说前三部分是在一种东方学的框架中讨论中国，那么，之后的其他三部分则是对中国的专题介绍。第四部分共有十一章。从中国的地理位置、自然环境到中国人的生活风俗，基歇尔都作了详细的介绍。基歇尔怀有文艺复兴时期人的那种强烈的好奇心，他在这一部分对中国的动物

图 3 《中国图说》拉丁文版插图

卜弥格与基歇尔

（飞鸟、河鱼）、矿产这些细节也作了极为生动的描述。

第五部分他向欧洲展示了中国的庙宇、桥梁、城墙等建筑物。虽然只有一章，但却妙趣横生。

第六部分他介绍了中国的文字，共分五章。基歇尔是个语言学家，他成书于1643年的《复原的埃及语》（*Lingua Aegyptiaca restitute*）和1652年的《埃及的俄狄浦斯》（*Oedipus Aegyptiacus*）为西方的埃及学奠定了基础。这里，他首次向西方人展示了中国文字的各种类型。

基歇尔的《中国图说》（第一版）1667年在阿姆斯特丹出版后，在欧洲引起了很大的反响。它神奇的内容、美丽的插图、百科全书式的介绍，给欧洲人打开了一扇了解东方的大门，一条通向中国精神世界的道路。书籍出版后，一时洛阳纸贵，第二年就出了荷兰文版[4]，1669年出版了英文版，1670年出版了法文版[5]，它的内容后来被许多书籍广泛采用。[6]这本书不仅为当时的欧洲学者所看重，如莱布尼茨案头就有这本书，并对他的东方观产生了影响，同时它还为一般读者所喜爱。书中插图精美，因此许多藏在欧洲图书馆中的这本书都被撕去了不少插图。关于这一点，法国学者艾田浦（René Etiemble）的话很有代表性，他说："《耶稣会士阿塔纳修斯·基歇尔之中国——附多种神圣与世俗古迹的插图》的法文版出版于1670年，尽管编纂者是一个从未去过亚洲的神父，但此书的影响，比金尼阁的《游记》影响还要大。"[7]《中国图说》1986年英文版译者查尔斯·范图尔（Charles D.Van Tuyl）说，"该书出版后的二百多年内，基歇尔的《中国图说》在形成西方人对中国及其邻国的认识上，也许是有着独一无二地位的最重要的著作"[8]。基歇尔的这本书是考察西方早期汉学史必须研究的著作[9]，它是西方早期汉学发展史链

条上的一个重要的环节。

卜弥格（见图4）在罗马学习时是基歇尔的学生，先后返回欧洲的卫匡国（Martino Martini, 1614—1661）、白乃心也都是基歇尔的学生，《中国图说》中关于中国的文献和材料基本上是卜弥格、卫匡国、白乃心三人提供的。[10]

二、卜弥格在《中国图说》中发表的 关于大秦景教碑的一封信

基歇尔在《中国图说》一书中对卜弥格的材料引用得最多，有些学者认为，"基歇尔这部伟大的著作——为基氏在同时代的学者中赢得了荣誉，而且是基氏其他任何一部著作所不能比拟的荣誉——所吸取和利用的卜弥格的材料是那么的

图4　卜弥格

多，以至它的基础部分都属于卜弥格了。"[11]

基歇尔对卜弥格文献的引用首先表现在他在《中国图说》中收录了卜弥格的一封关于大秦景教碑（见图5）的长信。

卜弥格返回欧洲之前，曾德昭就在他的《大

中国志》一书中最早对西安所发现的这块景教碑作了报道。

基歇尔说，曾德昭是第一个亲眼目睹碑文的神父。这个判断是正确的。[12] 他在罗马见到了曾德昭。他说："当这位巡游者在罗马时，他把他所看到的一切都讲给了我听。"[13] 接着，基歇尔在罗马又见到了卫匡国，卫匡国亲自给他讲解碑文，并在他自己的《中国新图》一书中介绍西安的这一重大发现，基歇尔在书中也引用了卫匡国的介绍。基歇尔最后见到了卜弥格，对我们今天的中国研究者来说，《中国图说》中公布的卜弥格的一封信是我们研究卜弥格的珍贵的史料。

卜弥格关于景教碑的信是这样写的：

纪念天主教信仰的石碑是在中国的一个特殊地方发现的，它用大理石制成，上面刻有中文和被称作"埃斯特伦吉洛"（Estrongelo）的叙利亚文，以及迦勒底神父的签名，这个石碑刻于约一千年前。

不久前，阿塔纳修斯·基歇尔神父在他的《普罗兹罗莫斯·科普图斯》中将碑文译成拉丁文，随后中国教区的曾德昭把它译成意大利文。他亲眼看见过这个纪念碑，这些译文每行辅以中文对照，但是来自中国神父的叙利亚文刻文，迄今尚未被接受。我很高兴把基歇尔的拉丁文译文（伴以中文）发表出来，并有叙利亚文的铭刻，以及基歇尔的注释与中文资料，作为对天主教信仰的丰富证明。总之，我向全世界的人们展示公元782年刻有中文的这个石碑。任何人由此可以看到：现代天主教的教义早在一千年前的公元636年就已在世界的另一边被宣讲了。碑文的原拓本一份保存在耶稣会罗马学院的博物馆中，另一拓本则存放在专门的档案库中。我还带回一本和石碑同一时期的中国学者和官员所写的书，印在书中的字体，其优美程度可同石碑上的字媲美。

书的引言劝说所有的中国人到泰西（The Great West）去拜访圣师（The Masters）（正像他们所称的耶稣会士），去聆听这些人对教义的讲解，判断是否就是一千年前被中国古人和中国皇帝已经接受的准则。石碑被发现前耶稣会士在中国印刷的其他著作也有着同样的看法。这本书只不过讲述了大理石碑是如何被发现的。

圣方济各·沙勿略（St.Francis Xavier, 1506—1552）[14] 在上川岛去世后，可敬的利玛窦神父（Matteo Ricci, 1552—1610）[15] 和其他耶稣会士把基督福音带到中国内地，并在少数几个省修建住房与教堂，上帝的信仰在陕西省的传播也取得了进展。1625 年，一位耶稣会士被王微进士请到他在三原的家，给 20 个人施洗，耶稣会士还和这位进士一块去看石碑。这块石碑是几个月前在西安府附近的盩厔（Cheu Che）发现的，当时他们在那里为一堵墙挖地基。这堵人报告了石碑的发现，后被其他神父证实，这些神父在西安修建住所和教堂，和他们一块劳动的还有基督教徒以及他们的亲戚。他们说这个石碑有 5 掌宽，它的顶部呈角锥形，较宽的两个边有两掌长，较窄的一边是一掌长。顶端雕刻成一个神圣的十字架，上面刻有浮云。十字架的支架像水仙。中文刻字的左边和下边刻有叙利亚神父的叙利亚文名字。即使今天的中国教徒也常常拥有几个名字，一个是他们原来的中国名字，另一个是受洗名，通常以某个圣徒的名字为自己起名。地方长官听说石碑的事情，深为这件罕见的事情所震动，并把它看成是一个征兆，因为他的儿子在同一天死了。他还令人写了一篇赞美的文章以庆贺石碑的出土，并用大理石制作了一个石碑的仿制品。他下令将石碑和仿制品供奉在僧人居住的崇仁（Tau Su）寺院里，这个寺院距离西安府一英里。

随后的若干年中，天主教在中国的许多其他遗物也被发现了，而这正是上帝想明示众人的时间。因为此时，通过耶稣会所进行的对信仰的宣讲已遍及全中国。过去的和现在的对同一宗教信仰的证据同时出现，福音的真理对每一个人都应是不言自明的。类似的十字架的形象于1630年在福建省被发现。1635年异教徒在甘肃省看见奇异的神光。同样的，1643年在福建省和泉州（Cyuen Chen）的山上也发现了一些十字架。不仅如此，当可敬的利玛窦神父第一次进入中国时，他听到了"十字教"（Xe Tsu Kiao）这一名称，也就是"十字架学说"（The Doctrine of the Cross）的意思。中国早期的基督教徒被称作"十字架学说的信徒"（Disciples of the Doctrine of the Cross）。在三百年前鞑靼人第一次侵入中国时，基督教徒人数大增，而在马可·波罗来到契丹（或中国）的时代，那里曾有回教徒、犹太教徒、景教徒以及其他异教徒。

不能肯定的是圣多默还是其他一些使徒向中国人宣讲的福音。金尼阁神父（Nicolas Trigaut, 1577—1628）[16] 从马拉巴尔（Malabar，圣多默的基督教徒称之为塞拉（Serra））教堂收集证据。据说这位圣徒曾在那里讲道，也在梅里亚玻以前被称作卡拉米纳（Catamina）的地方宣讲过，此地现在被葡萄牙人称作圣多默。[17] 在有关圣多默的资料中，可以看到："由于圣多默的布道，中国和埃塞俄比亚皈依真理；圣多默使天国插上了翅膀，降落在中国。"[18]《赞美诗》说："埃塞俄比亚、印度、中国和波斯为了纪念圣多默，向你的圣名提供爱慕之意。"一部老的宗教经典说："让大的教省，也就是说中国、印度和帕塞斯（Pases）的大城市，都一致赞同。"[19] 同样，当葡萄牙人到达时，管理塞拉教会的这个人声称他是掌管印度和中国的大主教。可是在仔细考虑证据（在金尼阁到来后才弄清楚）后，人们还不能就此下结论说圣多默本人曾把福音带到中国。可是当可汗（Heu Han）家族统治这三个王国时，基督教信仰

遍及全国的证据非常明了。第三个证据就是现在被称作南京的地方。在江苏省一条河的岸边，人们发现了一个重约3 000磅的铁十字架，十字架上铭刻的文字说，它始建于公元239年的中国，而基督教徒与宣教士应在1 400多年以前就生活在华南的中国人中间。岁月流逝，忘却的基督教义又被来自大秦（Taeyn）[20] 的犹太人（Judea）或叙利亚人（Syria）在陕西传播开来了，在公元636年，唐朝统治时期，正如石碑上所言。当宣教士的名字被中国教徒采用时，圣多默或任何其他圣徒的名字却不被使用。因而事情已很清楚：那些树碑以永恒纪念基督教流传中国的人应该提到圣多默或其他圣徒，那些来自大秦的传教士不知道圣多默或任何其他使徒是否向中国人传过教。因此，人们不能作这样的猜想。说得更准确些，从证据看尚不能下这样的判断。最可能的是：来自圣多默教堂（也称巴比伦（Babylon）的教堂，当时受马拉巴尔统治）的神父，正如以后葡萄牙人所发现的，被派出宣教，去建立一个主教辖区，把信仰带给中国人。这是中国基督教徒使用古代叙利亚语言的缘由，这种被称为"埃斯特伦吉洛"（Estrangelo）的古代叙利亚语言曾为叙利亚和巴比伦人长期使用。宣教士为何称赞圣多默易于解释，是由于这位圣徒的功绩，圣多默教堂派出的第一批传教士来到中国并转化了中国信徒，中国信徒的转变的功绩也因此归功于他。尽管如此，因为在有关传教的记录中没有提到圣多默或任何其他圣徒，我们不能断定他和任何其他圣徒曾在中国传教。

许多世纪后，人们发现长老约翰的基督教徒是同鞑靼人一块或在他们以前不久来到中国的，我认为他们就是十字架学说的崇拜者。这些来自犹太人（更可能是叙利亚——迦勒底或马拉巴尔）的基督教徒比鞑靼的基督教徒在中国停留的时间更长，因而他们要求他们的追随者被称作"光明

学说或金朝（Kin Kiao）的信徒"。我也相信这些传教士不是犹太人，而是叙利亚人，正如他们的叙利亚语言和叙利亚姓名所显示的。他们说自己来自犹太人是因为他们宣讲的理论是从那里诞生的。我们现在把叙利亚神父来自何处以及叙利亚文石刻的问题留给基歇尔神父和他涉猎广泛的评论文章。他在这方面做的事更值得信赖，我把我们的同事——年轻的中国贵族陈安德的一篇书法作品留给他。陈安德从一本在全帝国流行的、由著名的中国学者印刷的书中亲手临摹了中文汉字，我逐字将其译成拉丁文，并标注上符号。这本书是碑文的准确的印本，被放置在我们的博物馆中珍藏。一起陈列的还有我亲自手写的一份证明，以及来自中国的其他文献。1635 年 11 月 4 日于罗马。

卜弥格神父

陈安德，中国人

若瑟，中国人。

景教碑的目睹者，对该碑曾予以描述。[21]

对研究大秦景教碑的出土地点、时间来说，卜弥格的这封信是一篇重要文献。它曾被部分地引用过，其后在《卜弥格文集》中被第一次全文译出，有助于进一步促进关于大秦景教碑的研究。大秦景教碑的出土地点和时间是一个很有争议的问题，卜弥格的这封信也是争论的焦点之一[22]，从评价基歇尔的角度来看，他全文公布这封信在文献学上很重要。[23]

三、《中国图说》公布了卜弥格所做的碑文汉字和注音

关于大秦景教碑的出土时间和地点，卜弥格的说法尚有争议，但他在介绍大秦景教碑的方面贡献很大——第一次在西方公布了大秦景教碑的全部中文内容以及第一次将碑文全部用拉丁字母

注音（见图 6、图 7）。

在卜弥格到达罗马之前，虽然卫匡国已经将碑文的拓本带到了罗马，但在出版物中从未公布过碑文的中文全文。卜弥格到罗马后，将手写的大秦景教碑的碑文给了基歇尔，于是，基歇尔在《中国图说》中全文发表。

这是当时欧洲第一次发表这样长的中文文献。所以，法国汉学家雷慕沙（Rémusat）说，基歇尔所公布的卜弥格的这篇碑文全文，"迄今为止，是为欧洲刊行的最长汉文文字，非深通汉文者不足以辨之。"[24] 这些中文文字对当时欧洲人了解和认识中文产生了长期的影响。

大秦景教碑碑文的注音和释义是《中国图

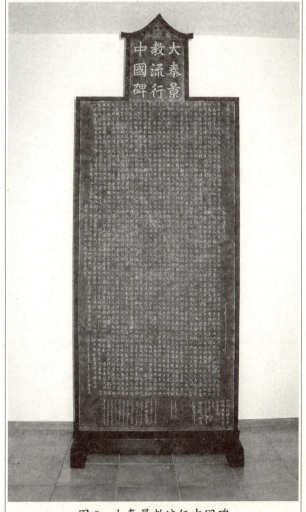

图 5　大秦景教流行中国碑

卜弥格与基歇尔

说》中另一个让当时欧洲人关注的方面,这个工作完全是由卜弥格和他的助手陈安德做的,基歇尔在书中也说得很清楚,他说:"最后到来的是卜弥格神父,他把这个纪念碑最准确的说明带给我,他纠正了我中文手稿中的所有的错误。在我面前,他对碑文又作了新的、详细而且精确的直译,这得益于他的同伴中国人陈安德(Andre Don Sin)[25]的帮助,陈安德精通他本国的语言。他也在下面的'读者前言'中对整个事情作了一个报道,这个报道恰当地叙述了事件经过和发生的值得注意的每个细节。获得了卜弥格的允许,我认为在这里应把它包括进去,作为永久性的、内容丰富的证明。"[26]卜弥格的做法是将碑文的中文全文从左到右一共分为29行,每一行从上到下按

汉学名家
Renowned Sinologists

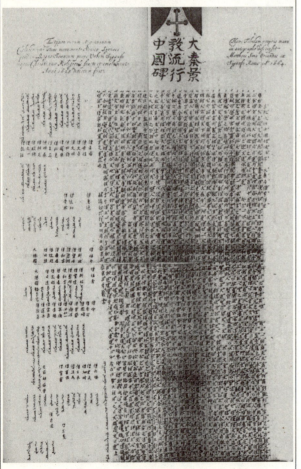

图6 《中国图说》发表的
《大秦景教流行中国碑》原件

CHINA ILLUSTRATA.

INTERPRETATIO I.

Quâ

Characterum Sinicorum, qui in Monumento Sinico continentur, pronunciatio genuina per Latinos. Characteres exprimitur.

	7. Chuẽ	4. Kiaó	1. Tá
	8. Kuě	5. Lieũ	2. Cyñ
	9. Poej	6. Hiñ	3. Kim

Interpretation I, which shows in Latin script the pronunciation of the Chinese characters on the stone

图7 《中国图说》发表的《大秦景教流行中国碑》
的逐字拼音的一部分

字的顺序标出序号,每行中有45~60个不等的汉字。碑文全部共有1 561个汉字。这样碑文中的中文就全部都有了具体的位置(行数)和具体的编号(在每行中的从上至下的编号)。在完成这些分行和编号以后,卜弥格用三种方法对景教碑文做了研究。

其一是对碑文的逐字注音;其二是对碑文的逐字释义;其三是对碑文在逐字释义的基础上的内容解释。书中逐字注音和逐字释义碑文时,将它们的中文和拉丁文的注音、释义分开,之间完全靠编号来一一对应。

据我了解，这很可能是在欧洲公开发表的第一部关于中文的字典，尽管该字典的排列将中文和拉丁文分开了。这既是卜弥格对欧洲汉学的贡献，也是基歇尔的《中国图说》对欧洲汉学的贡献。

卜弥格对大秦景教碑的释义部分从汉学的角度看也有其学术的价值：

其一，卜弥格为使西方人理解大秦景教碑碑文的内容，在碑文释义中加入了一些解释，由此向西方的一般民众介绍关于中国的基本知识。例如，以下是他在拉丁文版中的一段碑文释义："太宗文皇帝光华启运，明圣临人。大秦国（卜弥格解释：这是东罗马帝国）有上德曰阿罗本，占青云而载真经，望风律以驰艰险。贞观九祀（卜弥格解释：636年）[27]，至长安。帝使宰臣房玄龄（卜弥格解释：这是宰臣的名字），惚仗（卜弥格解释：这个仗是红的，表示接受了皇帝的派遣）西郊，宾迎入内。翻经书殿，问道禁闱。深知正真，特令传授。贞观（这是皇帝的年号）十二年（卜弥格解释：639年[28]）秋七月。"[29]

其二，他在碑文解释中所注的纪年具有重要的学术意义。因为，当时没有一个欧洲人知道中国的历史纪年，卜弥格第一次介绍了这种纪年。中国的纪年在后来的入华耶稣会士的汉学著作中成为一个重要的问题，并对欧洲文化和思想史产生了重要的影响。

沙不列认为："唯卜弥格汉学肤浅，而其同伴华人，学识亦甚疏陋，所以，其译文不及一七一九年刘应神甫注释之文远甚。"[30]这个批评有合理之处，因为刘应的汉学水平是比较高的[31]，而且，其译文又在卜弥格之后，他吸取了前人的成果，可以做得更加完善。但卜弥格的独特贡献在于：他对大秦景教碑的解释进一步促进了欧洲对中国的认识，特别是他对汉字的逐字注音对欧洲汉学是一个重要的贡献，这在欧洲毕竟是第一次。波兰汉学家爱德华·卡伊丹斯基在研究卜弥格的注音特点后认为："卜弥格用拉丁字母拼写汉字有时并没有遵照葡萄牙人制定的那些原则，例如他在一些地方总是用波兰文常用的'sz'和'cz'来拼写汉字，而不是按葡萄牙语的发音，用'x'和'ch'这些字母。"[32]虽然罗明坚（Michel Ruggieri,1543—1607）和利玛窦（Matteo Ricci，1552—1610）最早编制了中文和欧洲文字的词典《葡汉辞典》[33]，但在欧洲并未公开发表。卜弥格的这部词典应该是最早在欧洲发表的中文和拉丁文对照注音和释义的词典。由此，欧洲的汉学家，可以根据这个注音表，来研究中文的发音特点。正如爱德华·卡伊丹斯基所说："后来的汉学家（如门采尔或米勒，今天看来，他们还是最早的汉学家）根据这些汉字的编号，便可将它们编成按字母顺序查阅的词典。"[34]

卜弥格所做的第二部分——逐字的释义，存在一些不足。因为从语言学的角度来看，用一两个拉丁词来解释一个中文字，这几乎是不可能的，而且，大秦景教碑的中文本身并不是一部字典，中文每个字的字义是作为一句话中的字而显示出其字义的，单独地抽出一个字，用拉丁文加以释义是很难的。从语言学的角度来看，这样的做法本身就是有问题的。[35]第三部分对整个碑文的意译，现在看来，虽然在理解上存在不少问题，但从解释学的角度是可以理解的。

《中国图说》出版三年后，1670年，又出了法文版。法文版中增加了拉丁文版所没有的两部分内容：一是法汉对照词典，一是汉文教理书《天主约要》。沙不列在谈到这个问题时说："法文本《插图书的中国》[36]录有《教理问答》*Sinicus catechi smus*与《汉文字典》各一部，有人疑出卜弥格手。此虽未经诸考据家之证实，然吾人亦无法驳之。《耶稣会作家书录》著录有《汉文字书》

一部，未题撰人名。至若卜弥格所撰之《教理问答》，此《书录》[37]列在遗而不传诸书之内。但波兰著名目录学家爱斯崔彻（Estricher）在波兰都城出版的插图本《宇宙大百科全书》之中，硬断定此书与字典均出卜弥格手。"[38]沙不列转述法国汉学家傅尔蒙（Fourmont）的观点认为，这部法汉字典的内容是根据中国的《说文解字》撰写的。伯希和在《通报》的 1934 年刊上撰《卜弥格补证》一文，对沙不列的这些观点做了修正和补充。他认为《教理问答》"确非卜弥格之著作，其标题曰《天主约要》，此乃苏若望（Joao Soerio, 1566—1607）[39]神甫所撰，好像初印于 1601 年，此后常有重印本。……至若将罗马字注明汉音，并译为拉丁文的，也许就是卜弥格。……所载之《汉法字典》亦非卜弥格之著作。"同时，伯希和对沙不列所转述的傅尔蒙的说法给予了纠正，他认为，这部字典"或者采有《说文》在内，然而《说文》同这部《汉法字典》毫无关系。因为这部字典所辑的是近代语言的词句，按照当时传教会所用的葡萄牙字母编次而成，首一字曰 ça，就是汉语'杂'字之对音"[40]。

1670 年法文版《中国图说》中的《汉法字典》的作者究竟是谁？它是如何被编入《中国图说》的法文版中的？这两个根本问题都未得到解决。关于这个问题有以下几种意见：

第一，卜弥格所写。如上文所引，波兰著名目录学家爱斯崔彻断定此书与字典均出卜弥格手，支持这个观点的还有波兰的波列斯瓦夫·什钦希尼亚克（Boleslaw Szczesniak）和当代波兰汉学家爱德华·卡伊丹斯基（Edward Kajdański）。[41]

第二，利玛窦、郭居静（Lazare Cattaneo, 1560—1640）所写。这是伯希和的观点，根据是《中国图说》第二部分的第十章"我们的神甫使中国人改变宗教信仰的方式"中，基歇尔列举了在

中国的耶稣会神甫们所写的中文书的书目，其中编号第 12 的内容是"《中文字典》供耶稣会会员使用。此书我有一本，如果有钱，我乐意为更多的人出版它"[42]。伯希和认为，"如此看来，《中国图说》法文译本中所载无汉字的字典，说是利玛窦的这部字典，亦有其可能"[43]。

第三，利玛窦、郭居静所作，由白乃心带回欧洲。这是当代汉学家马西尼的观点，他认为，"当白乃心从中国返回欧洲后，首先把利玛窦的字典给了基歇尔，然后又给了法文版的翻译者。"[44]

这是中西语言交流史上一个非常重要的事件，如果找回这个文献，我们对传教士们在中国语言学上的研究会有更深入的了解，也会对研究中国语言学史产生重要的影响。至今，我们仍不能确定《中国图说》法文版的《汉法字典》的作者和利玛窦所编的字典的最后下落。但无论如何，我们还是要感谢《中国图说》法文版翻译者——莎冈（Françoise S.Dalquié）[45]，正是他发表了如此重要的字典，同时，也应充分肯定基歇尔在《中国图说》的拉丁文版中发表的卜弥格对大秦景教碑的中文所做的注音词典。[46]

四、卜弥格在《中国图说》中对南明王朝的报道

卜弥格对基歇尔《中国图说》的另一个贡献就是他向基歇尔介绍了南明王朝的有关情况。卜弥格写作的关于中国历史的文献有《中华帝国简录》、《中国事物概述》[47]、《中国天主教状况与皇室皈依略记》。但基歇尔最看重的是卜弥格作为南明王朝的使臣，带着庞天寿写给罗马教宗、耶稣会会长等一系列罗马要人的信。所以，在《中国图说》中他将这些信件全部发表了。在东方，这些文献最早是被日本学者发现，并开始研究的。1910 年，张元济在欧洲考察时发现了这批文献，

其后《东方杂志》的主编杜亚泉以高劳的名义撰写了《永历太妃遣使于罗马教皇考》在《东方杂志》上发表。自此之后，关于这一事件的研究论文浩如烟海。[48]但如果我们追踪这段历史，则必须回到《中国图说》。

基歇尔《中国图说》的价值在于，它早在1667年就以拉丁文的形式公布了这篇重要的文献，此时南明的永历王朝已经垮台，卜弥格也在八年前（1659年）殁于越南和广西交界之地。

如果从汉学的角度看，我们不仅需要了解中文原始文献的基本含义，同时也需要从拉丁文、法文的角度看卜弥格等人对中文的翻译。通过我们对这两种语言形式的文献的对比，方可看出传教士汉学的一些特点。

卜弥格在罗马整整等了三年多，教廷终于消除了对他身份的疑虑，1655年12月18日，亚历山大七世接见了他，并给了他教宗写给王太后和庞天寿的信，同时，他回中国时也带了耶稣会会长给王太后的信。此时，卫匡国到了罗马，教廷已经知道南明王朝为期不长。因此，教宗写给南明朝的信"不着边际"、"措词空洞"，不痛不痒也是很正常的。很可能是卜弥格离开罗马时将罗马方面写给南明王朝的这些回信给他在罗马的保护人基歇尔看了，基歇尔抄录后在《中国图说》上公开发表了这三封信[49]，三年后的1670年在《中国图说》的法文版中，这些信又被翻译成法文。从历史学的角度来考察基歇尔在《中国图说》中发表的这些信，我们不仅看到了卜弥格整个欧洲之行的最后结果，同时也看到教廷在不同时期对待中国的不同态度，这些文献因而是有价值的。过去我们读到的这些信是从法文版翻译成中文的[50]，这是冯承钧先生几十年前翻译的。

教宗亚历山大七世致南明永历王皇太后复信内容如下：

对吾爱女致敬并为祝福

从汝等书函之庄严，获知天主仁慈之浩大，盖其拔汝等于谬误蒙昧之中，而以光明垂照，使汝等认识本来真理；而此真理（即天主）施其仁慈，感其效果，从未间断，纵在盛怒中亦然；是以汝虽罪女，彼从未不宵临视；尤因汝求其宽仁，而不愿求报复与征战。今日何仁能测其权利之大，能参透其秘密之深，能见世人未识之广大疆域，而为恶魔之欺骗挟持者，今竟能服从耶稣基督之权利欤。当世人向余等言及此大国时，吾辄信此为寓言，非因广漠阻隔，偶像遍及，而使吾人无所知也。更有何人能言此荒海大山广漠险道阻隔之区，而其辽远一似别有穹苍星宿者，竟能使真理进入；是为别一世界，而为宁求灵魂之救赎，而不愿金银与印度之一切宝藏者所能苴止，缘其民不信正道，海边有山环绕，法律严峻不合公道，不许外人进入，此外险难尤难胜计。然天主竟许有人自动前往，不望金银，超越此类险阻，犯冒危险死亡，而为汝等将说真理，置汝等救赎之途，吾爱女，此诚一大恩宠也；职是之故，此种恩泽应常承认，追忆不忘，俾能传之子孙，使后辈亦知属望天主，对于所受恩宠，永矢不忘，对于所受训诫，永保守之。吾人闻知已有数人随汝与当定领洗，将来并有多少人仿从，虽甚欢欣，第若皇帝能将全国伪神之教悉皆毁灭，则吾人欢欣更大。吾人今以父执之情抱持汝等，极愿赐予陛下所求之祝福，自今以后祈祷天主，使汝国统一，永享太平；愿汝等心情信念永远与余等相偕。

一六五五年即吾人在位之第一年十二月十八日作于罗马圣伯多禄宫，铃用宝玺。[51]

1655年12月18日教宗亚历山大七世致庞天寿复信内容如下：

爱子，致敬并祝福

吾人闻知仁慈广布，自东至西，自南至北之天主，忽以圣教之光照临一至富至强之中宫，俾领圣洗，备受恩宠，尤在耶稣基督之教从未传播之地，国家危难之时，使汝厕其子弟之列，将有一日置汝于吉祥统御永无穷尽的国王宫内，乐何如也。恩泽既大，欢欣必深，今见天主仁爱施以恩宠，汝应感之。则汝应尽其所能，俾此善始而能善终，使人得言赞汝之词一录入福音之内。世界虽然宽广，莫非福音之说与圣教之光所被之地，其势之强盖无足以抗其流行者，缘其能逾最可怖之山岳与最可畏之沙碛，能制胜海洋之傲慢，而达于最野蛮之区。吾人今以至诚接待汝，盖道途虽远，事务虽繁，隔阻之水虽广，既不能消汝之热忱，一切危难既不足妨汝信奉真主之教；所以吾人极愿赐汝所求之福，愿汝永保有之。

一六五五年即吾人在位之第一年十二月十八日作于罗马圣伯多禄宫，钤用宝玺。[52]

耶稣会总会长答皇太后的信：

耶稣会总会长高斯温·尼格尔上大明中国睿智大皇帝书：忆昔会士利玛窦趋赴大明中华，进呈天主图像及天主母图像于今先祖睿智万历皇帝，得蒙俯赐虔心收纳，并敬谨叩拜。嗣是中邦钜公，奉行天条者不乏其人。又有帝王亲当敝会士多人，褒扬圣道。近皇太后遣敝会士卜弥格来此，得知寰宇对陛下崇敬圣像，均表敬仰。深信陛下不久必能师法皇太后，倾心圣教，恭领圣水。亟愿至尊天主赐四溟升平，止沸定尘，一如昔时唐太宗文皇帝、玄宗至道皇帝、高宗大帝、建中圣神文武皇帝时代，使大明皇图璀璨，德合天地。耶稣会全会为此祝祷，为此不断虔求天主。谨请敝会瞿、卜二会士与其他将赴中夏敷扬圣教者，托庇于陛下，并愿为大皇帝陛下竭诚效忠。1655 年 12 月 25 日吾主耶稣基督圣诞瞻礼日

肃。罗马。[53]

此信原稿为拉丁文，顾神父将其翻译成中文，由于拉丁文手稿比较潦草，顾神父在辨认上颇为困难。后黄一农又在顾神父的基础上对文中的词句和翻译做了进一步的研究。[54]

五、卜弥格在《中国图说》中的插图

基歇尔的《中国图说》以插图著名（见图 8—图 19），这本书之所以在当时和整个 18 世纪受到读者的普遍欢迎，重要的原因就是有插图，它向西方世界展现了一幅中国社会生活的画面。卜弥格是为《中国图说》提供插图最多的人之一。

《中国图说》的第二部分第九章"中国的历

图 8 《中国图说》中的康熙帝插图

图9 《中国图说》中的汤若望插图

法修整和由此带来的好处"的最后，基歇尔附了五幅大图（见图8—图12），一组十一幅小图（见图13、图14）。

图10 《中国图说》中的利玛窦和徐光启插图

康熙和汤若望这两幅图肯定是白乃心所画。因为他是汤若望从北京派出返回欧洲的，他离开北京时汤若望已成为钦天监的监正。

图11 《中国图说》中的中国女人插图

图12 《中国图说》中的中国女人插图

卜弥格与基歇尔

利玛窦和徐光启这幅有名的画像，我分析应是卜弥格画的。因为当时明清之间正在战争之中，白乃心从清人占据的北京返回欧洲，不可能画明朝的人物。当时在罗马的还有卫匡国，主张教廷放弃对南明的支持。因此，只有卜弥格可能画这幅画，表明对明朝的一种肯定。

这两幅中国妇女图可以肯定是卜弥格所画。这是着汉族服饰的两名女子，在图旁文字中基歇尔介绍了中国皇宫的皇后和妃子的情况，他说："皇帝和皇子们选妃子时，只注重女人的外表美丽与否，而不论她是否贵族出身。高官不向往与皇族联姻，因为做了皇帝的嫔妃非常可怜无助，她们被限制在宫中，再也见不到她们的家人。有些妃子是由政府官员挑选的，少数是由皇帝自己选

图14 《中国图说》的明朝人物插图，最上面的一幅描绘的可能是永历和皇太后

的，只有皇帝原配妻子一人被视为是合法的。皇帝和皇子可以有九个妃子，以及三十六个更低级的妃子，所有这些人都是皇帝的嫔妃。最终他们拥有数不清的姬妾，既不是皇后也不是妻子，只是供皇帝和皇子随意取乐的。"[55]波兰汉学家卡伊丹斯基认为，这两幅图中的人物很可能是南明朝的妃子。

图13、图14是一组图：第一幅是作者的自画像；第二幅是中国的文人；第三、四幅是浙江和福建的妇女；第五、六幅图是广西和贵州的士兵；第七幅是中国的皇帝和皇后，这很可能是永历皇帝和王太后，因卜弥格在永历朝生活过，见过他们；第八、九幅是陕西和河南的妇女（看起

图13 《中国图说》中的明朝人物插图

来更像大臣），因为卜弥格去过西安看大秦景教碑，肯定路过河南；第十、十一幅是湖广和四川的农民。

插图中所有人物衣着均为明代的服饰，因此，不可能是白乃心所画，而是卜弥格所画。

图 15 《中国图说》中的茶树插图

图 16 《中国图说》中的植物插图

另外，卜弥格对中国的植物很有研究，他出版了《中国植物志》，因此，《中国图说》中有关植物的几幅图也是卜弥格所画，这些图向西方展示中国的自然和物产（见图15—图19）。

基歇尔在书中专门介绍了茶叶，他说："被称作'茶'（我们把它的发音读作 Cia）的植物不仅在中国有，也逐渐被引进到了欧洲。它在中国的许多地区，以及鞑靼地区都能见到。茶叶被广为种植并且有着巨额的利润。可是，最优质和最有名的茶都来自中国的某些省，特别是江南的杭州。茶的叶子加以热水浸泡，并且饮用它，这在中国到处可见。不仅中国如此，印度、鞑靼、西藏、蒙古，以及东洋所有的居民都是这样。他们不是每天喝一次茶，而是想喝就喝。它的确很提神，要不是耶稣会传教士经常邀请我品尝，我本人也很难相信。它能利尿，能使膀胱胀大，热腾腾的蒸汽还能使大脑感到轻松。自然已经给了文人最高贵、最便捷的良药，可以帮助他们长时间地从事大量的劳动。虽然开始饮用时，它的味道很清淡，有苦味，可是为时不久，它就使你感到愉快，养成难以离开它的嗜好。虽然土耳其的咖啡和墨西哥的巧克力有同样的效果，但茶更好些，因为它更温和。当天气暖和时，巧克力使人感到它给的热力过多；咖啡则使人怒气上升。茶永远无害，它的奇异效果不止一种，甚至每天可饮上百次。《中国地图》一书对这一植物有准确的描述，它说：这小小的叶子类似科里亚利亚漆树（也叫'盐肤木'）的叶子。虽同是茶，但其品种繁多。它不是野生，而是人工培植的。茶不是大树，是矮小的灌木丛植物，它有许多铺展开来的分枝。它的花看上去没有什么不同，只是它的白色会逐渐变成黄色。夏季到来时，它首先散发出花的芬芳并略有香气。接着变成绿色的浆果，然后变黑。它柔软的绿叶被采摘下来，制成茶叶。人们分几次采摘，每次都很仔细很认真地采摘，然后放在铁锅里以微火对叶片进行蒸煮，此后盖上一个轻轻的网，放到微火上，直到烘干，接着把干茶叶堆起。经营者把茶叶放到桶、罐等容器中，使它们远离潮湿的地方。当茶叶放到刚开的水中时，不一会儿，它们就恢复本色，将叶片伸展开，使水有颜色和茶味，它们的味道并不都是不愉快的。它呈绿色。中国人认为喝热茶能产生力量与效果。他们常常不分昼夜地饮茶，并用来接待客人。茶叶的品种很多，而且价格差别很大。中国人之所以得痛风和结石症的较少，主要得益于饮茶。饭后饮茶，可消除任何消化不良症。茶也被用来清除体内残存物，舒畅心情，并使那些

图 17 《中国图说》中的白藤或攀岩植物插图

图 18 《中国图说》中的大黄插图

图 19 《中国图说》中的菠萝蜜插图

想保持头脑清醒的人驱赶睡魔。中国人根据它的产地给茶命名。最好的茶叶是六安松龙茶（音译，Sunglocha），也是以它的产地命名的。"[56] 这里基歇尔说的《中国地图》一书就是卜弥格的著作。

这里，我们要作个说明。这些插图虽然全部引自卜弥格的《中国植物志》，但基歇尔并不是照搬，他自己做了改动。菠萝蜜树这幅（见图 19）就很明显，图中的人都戴清代的帽子，而在卜弥格的原图中是没有的。[57]

六、从《中国图说》看早期西方汉学的特点

基歇尔和卜弥格都是耶稣会士，在我看来，此时西方对中国的认识处于"传教士汉学阶段"。从《中国图说》这个具体的个案，我们可以发现传教士汉学有以下几个特点：

第一，传教士开始比较真实地将中国介绍到西方。和《马可·波罗游记》所代表的西方"游记汉学"相比，传教士长期生活在中国，特别是在耶稣会士利玛窦确立"合儒易佛"的路线后，他们开始读中国文化的典籍，从而在精神层面上

对中国有了更深的了解。这个时期传教士们向西方介绍的中国绝大部分是真实的。以卜弥格为例，他介绍的大秦景教碑内容、南明王朝、中国的地理和植物等情况基本上都是真实的，正是这些真实的知识推进了西方对中国的认识，并使之日益精确化。

第二，传教士们由于自身的信仰和文化背景，在介绍中国时总是自觉或不自觉地受到自我文化身份的影响。以卜弥格为例，在卜弥格带到罗马的南明王朝给教廷的信中，他们把慈炫（教名"当定"）称为皇太子，但"我们发现系于永历四年的现实，慈炫（当定）不应被称为皇太子，因为他直到永历五年十月始被册立为东宫。此次遣使赴欧应是由内廷中奉教之人所主导的半官方行为，皇太后和庞天寿也许期盼借其个人崇高之身份地位，争取欧洲教会领导人的同情与支持，因此有意在函中夸大慈炫的名分，虽然慈炫成为皇太子本就众望所归。此外，身为司礼太监的庞天寿，亦被卜弥格抬举成内阁中唯一的阁老，希望以此使人相信遣使一事乃得到永历帝的同意[58]"。法国汉学家伯希和也有同样的看法，按理说卜弥格回欧洲时已知广州被清兵占领，但他回罗马后一直未说此事，这是因为他想"保全他的面目，故作此言"。[59]

第三，西方在接受耶稣会从东方传来的消息时也会根据自己的需要对这些消息做加工。任何一种文化在接受另一种文化时都不免受到自身文化的影响，解释学已经告诉了我们这个道理。这在16—18世纪的西方中国观中表现得比较明显。以基歇尔的《中国图说》为例，我们就可以清楚看到这一点。

例如，基歇尔在理解卜弥格介绍的中国文字时，就从他的基督教文化观出发作了过滤。他说："在洪水泛滥的三百年后，当时诺亚后代统治着陆地，他们把他们的帝国扩展到整个东方的版图，中国文字的第一个发明者是皇帝伏羲，我毫不怀疑伏羲是从诺亚的后代那里学会的。"他把中国人看成是诺亚的后代。其实，当时并非基歇尔一个人这样想，基书出版两年后的1669年，英国人约翰·韦伯（John Webb）出版了《有关中华帝国的语言有可能是最早语言的历史论著》（*An Historical Essay Endeavoring a Probability That the language of the Empire of China is the Primitive Language*），这本书根据的是《圣经》"创世记"第11章第11节中的一段话，"耶和华降临要看看世人所建造的城市和塔，耶和华说：'看哪，他们成为一样的人民，都是一样的言语。如今既作起这件事来，以后他们要作的事，就没有不成就的了。我们下去，在那里变乱他们的口音，使他们语言彼此不通。于是，耶和华使他们从那里分散在全地上，他们就停工，不造那城了。因为耶和华在那里变乱天下人的言语，使众人分散在全地上，所以那城名叫巴别（变乱之意）"。

据此，约翰·韦伯认为在创造巴比伦塔时，人们的原始语言是汉语，即汉语是在耶和华乱了人们的语言前世界通用的原始语言。这说明当欧洲人第一次面对汉字时，他们只能根据自身的文化、自身的历史来解读汉字，解读中国。他们的文化是基督教的文化，《圣经》是基督教文化之母体，他们的历史观当时仍处于基督教的历史观中。由此出发，他们将中国文字、中国文化纳入到自身的话语系统。

但当我们这样说时，我们并不完全同意后现代史学的观点，因为在他们看来，任何对其他文化的理解和接受都是一种"集体想象"，比如，像后现代主义者巴特（Roland Barthes）所说的，"历史推论在本质上是意识形态经营下的一种形式，或者更正确一点，是想象的惨淡经营"[60]。

应该看到欧洲早期汉学中的想象、幻觉部分

一直是有的，如上面对基歇尔的分析，但这种想象和幻觉的成分是与他们对中国精确认识的不断增长交织在一起的。我们既不能说欧洲早期汉学完全是意识形态的产物，是虚幻的，毫无真实性可言，也不能说此阶段的汉学研究完全依据真实材料，毫无虚幻成分。

这一点在基歇尔的《中国图说》中表现得很清楚，我们研究者的任务是分析哪些成分、哪些内容是意识形态的产物，是想象的，哪些内容是精确知识的推进。即便是想象部分，我们不仅不能否认它的价值，还可以从想象入手探究欧洲早期汉学的另一面：在欧洲文化变迁史中的作用。

"因此，对西方早期汉学必须作具体的分析，不能一概而论。在西方对中国的认识历程中，真实知识的增长和想象部分之间的比例，不同的时期也是不一样的。对此应作历史性的具体分析，勾画出二者之间的互动与消长，不能一概认为西方的东方知识统统是幻觉。

推而广之，任何历史研究者，不可能不进行推论，因为史学的基本方法是在史料基础上进行叙事与解释，史学家无论采取其中哪一种方法，都会受其时代意识形态的影响。也就是说，后现代主义的史学观所揭示的历史研究中的意识形态因素当然是对的，但不能由此而把历史研究看成是史学者主观的推论，史学研究完全是意识形态的结果，历史从此失去真实性。"[61]

基歇尔的《中国图说》堪称欧洲早期全球化时代最有趣的一本书，它反映了欧洲人走出地中海以后，在广阔的世界里所得到的知识和观念，这本书是当时扩展欧洲人东方观念最重要的一本著作，成为欧洲人最初认识中国的一幅图像。[62]然而，基歇尔所获得的这个殊荣在很大程度上应归功于卜弥格。

注　释

[1] G.j.Rasen Dranz, *Ars dem leben des Jesuite Athanasius leicher 1602-1680*, 1850, vol 1, p. 8.

[2] 同上。

[3] 朱谦之先生在《中国哲学对欧洲的影响》一书中对此书做过介绍，但他将该书第一版出版时间说成1664年是有误的。

[4] 书名为：*Tooneel Van China, Door veel, zo Geestelijke Geheugteekenen, Verscheude Vertoningen van de Natuur en Kunst, Verherlykt*。

[5] 书名为：*La Chine D'Athanase Kirchere De La Compagnie de Jesus, ILLUSTRÉE De plusieurs Monuments*。

[6] 参阅 Johannes Nieuhof, *An Embassy from The East India Company of The United Provinces; To the Grand Tartar Cham, Emperor of China, Delivered by their Excellcies Peter de Goyer, and Jacob de Keyzer, at his Imperial of Peking, wherein the Cites, Towns, Villages*, London[s. n.], 1673。

[7] 艾田浦：《欧洲之中国》上册，269页，郑州，河南人民出版社，1992。

[8] 见《中国图说》1986年英文版，序言。

[9] 朱谦之先生的《中国哲学对欧洲的影响》是国内最早对该书研究的著作，朱先生将基歇尔译为"刻射"。

[10] 参阅冯承钧译：《西域南海史地考证译丛》，第三卷，132页，北京，商务印书馆，1962。

[11] [波] 爱德华·卡伊丹斯基：《中国的使臣：卜弥格》，张振辉译，230页，郑州，大象出版社，2001。

[12] 参阅计翔翔：《十七世纪中期韩学著作研究：以曾德昭〈大中国志〉和安文思〈中国新志〉为中心》，176~224页，上海，上海古籍出版社，2002。

[13] 基歇尔：《中国图说》英文版，5页。

[14] 圣方济各·沙勿略，1552年来华，同年12月殁于广东上川岛。

[15] 利玛窦神甫，字西泰，1583年来华，1610年殁于北京。

[16] 金尼阁神甫，字四表，1610年来华，1628年殁

于杭州。

[17] 关于圣多默是否到过小国传教是一个尚无定论的问题。穆尔（A. C. Moule）说："关于圣多默到过中国的传说几乎没有超过'西嫩休姆（SIENSIUM）'（艾伯哲苏斯语），那边的'秦纳斯（ULTERIORES SINAS）'（阿姆鲁斯涪）和《圣务日课》中的模糊词句。"参阅 [英] 阿·克·穆尔：《1550 年前的中国基督教使》，32~33 页。

[18] 使徒们早就在印度和中国宣讲基督教义。奥伊泽比乌斯（Eusebius）说，巴塞洛缪（Bartholmew）是在印度宣讲基督教义（Ecci Hist. V. X. 1-4）。

[19] 参阅 A. Cuey, "Le monument Chretine de Singan-fou: son texte et sa signification", *Memoires de Lacademie royale des scienees, des lettres, et des beaux-arts de Belgigue 53(1859–1898)*, p. 106。

[20] 这里的"大秦"即景教碑中的"大秦"。

[21] 基歇尔：《中国图说》英文版，37~38 页。

[22] 沙不列（Robert Chabrié）在他的《明末奉使罗马教廷耶稣会士卜弥格》一书中认为，卜弥格汉学学术研究"近于肤浅"的结论是不公正的，卜弥格在中国地图的绘制、对中国植物和医学的研究在所有来华耶稣会士中都是很突出的。参阅冯承钧译：《西域南海史地考证译丛》，第三卷，151 页；爱德华·卡伊丹斯基：《中国的使臣：卜弥格》。

[23] 卜弥格的这封信曾于 1656 年在维也纳出版的《中国植物志》一书中公布。信中的罗若瑟，伯希和认为应是白乃心带到欧洲的随从。见冯承钧译：《西域南海史地考证译丛》，第三卷，158 页。关于大秦景教碑的有关讨论请参阅《洪业论学集》，56~63 页，北京，中华书局，1981；计翔翔：《十七世纪中期汉学著作研究：以曾德昭〈大中志〉和安文思〈中国新史〉为中心》，176~224 页。

[24] 冯承钧译：《西域南海史地考证译丛》，第三卷，159 页。

[25] 费赖之说，卜弥格前往罗马时，"天寿道其左右二人随行，一人名罗若瑟，一名陈安德。冯承钧先生认为罗若瑟原作 JOSEPHKO，陈安德原作 ANDRESIN，KIN，兹从伯希和考证之名改正，而假定其汉名为罗为沈。"参阅费赖之：《在华耶稣会士列传及书目》上卷，

275 页，北京，中华书局，1995。此处有误，伯希和认为，"此信札题卜弥格名，并题华人陈安德与另一华人玛窦（Mathieu）之名。安德吾人识其为弥格之伴侣，玛窦有人误识其为弥格之另一同伴罗若瑟。唯若瑟因病未果成行，此玛窦应另属一人。"伯希和认为，在这封信署名时只有卜弥格一个人名，陈安德和玛窦是基歇尔在出版时加上去的人名，他认为 1653 年时陈安德不在罗马，因此，这个碑文不是陈安德所写，而是玛窦，即 Mathieu 所写，此人不是别人，正是白乃心返回欧洲时所带的中国人（参阅伯希和：《卜弥格补正》，见冯承钧译：《西域南海史地考证译丛》，第三卷，203 页）。我认为，伯希和这个结论值得商榷，因为在卜弥格这封信中已经明确指出，碑文的中文是他的助手陈安德所写。

[26] 基歇尔：《中国图说》，英文版，6 页。

[27] 应是 635 年。

[28] 应是 638 年。

[29] 参阅爱德华·卡伊丹斯基：《中国的使臣：卜弥格》，99 页，郑州，大象出版社，2001。

[30] 冯承钧译：《西域南海史地考证译丛》，第三卷，159 页。

[31] 参阅费赖之：《在华耶稣会士列传及书目》上卷，453~459 页，北京，中华书局，1995。

[32] 爱德华·卡伊丹斯基：《中国的使臣：卜弥格》，235 页。

[33] 魏若望（John W. Witek, S. J.）编：《葡汉辞典》，澳门，2011。

[34] 爱德华·卡伊丹斯基：《中国的使臣：卜弥格》，234 页。

[35] 正是基于这样的理解，在从英文版翻译成中文版时，对待无法翻译的这一部分，我们只能将原来的拉丁文解释和后来的英文解释原文照录，使读者知道欧洲人第一次遇到汉文时，他们的反应和处理的方法。

[36] 即《中国图说》。

[37] 即《耶稣会作家书录》。

[38] 冯承钧译：《西域南海史地考证译丛》，第三卷，160 页。其中《教理问答》在法文版的 164~171 页，一面为拉丁字写汉语，一面为法文译文。《汉文字典》载入《中国图说》法文版的 324~367 页，亦用拉丁字写汉语，旁列法文相对应之字。

[39] 费赖之本的中译本名为"苏如望",参阅费赖之:《在华耶稣会士列传及书目》上卷,62页。

[40] 冯承钧译:《西域南海史地考证译丛》,第三卷,233页。爱德华·卡伊丹斯基接受了波列斯瓦夫·什钦希尼亚克的观点,认为法文版中的《汉法字典》只是将《中国图说》中的大秦景教碑碑文的注音和释义按字典形式整理了,显然,这是不对的。参阅《中国的使臣:卜弥格》,234页。

[41] 波列斯瓦夫·什钦希尼亚克说"这是卜弥格的一部真正词典"。爱德华·卡伊丹斯基认为,"在这个版本中,基歇尔发表的中法词典,就是以普通形式出现的。但也可能由于技术问题,这部词典中去掉了汉字"。见爱德华·卡伊丹斯基:《中国的使臣:卜弥格》,234~235页。

[42] 基歇尔:《中国图说》,英文版,112页。基歇尔所说的《中文字典》在柏应理编的关于入华耶稣会士在中国所写的中文书书目中也有记载,标题为"VocabulariumOrdine alphabetico Europaeo more concinnatum ,et per accentus suos digestum",参阅柏应理,*Catalogus Paturm Societatis Jesu,* pp. 102-103。

[43] 冯承钧译:《西域南海史地考证译丛》,第三卷,233页。

[44] Federico Masini, "Notes on the first Chinese Dictionary Published in Europe(1670)", *Monumenta Serica* ,51(2003),pp.283-308.

[45] 对于这个法文的翻译者我们所知甚少,参阅 Federico Masini,*Notes on the first Chinese Dictionary Published in Europe (1670), Monumenta Serica ,51* (2003),pp. 283-308。

[46] 在即将出版的《卜弥格文集》中,我们将1670年出版的法文版的《中国图说》附录的法语和罗马拼音汉字的词典作为附录发表。

[47] 卜弥格的这两部著作在费赖之的《在华耶稣会士列传和书目》中并未列出(参阅其书上卷,278~280页),在沙不列的《明末奉使罗马教廷耶稣会士卜弥格传》中也没有列出(参阅冯承钧译:《西域南海史地考证译丛》,第三卷,151~168页),只在爱德华·卡伊丹斯基《中国的使臣:卜弥格》一书中被提到(参阅此书83页)。

[48] 参阅黄一农:《两头蛇:明末清初第一代天主教徒》,358页,注43、44,台北,台湾"清华大学"出版社,2005。

[49] "自称代表明廷'出使'的卜弥格,于1656年3月搭船离开里斯本,随身携带着两封教宗的复信、六封耶稣会总会长致明廷众人的信、两封葡萄牙国王约翰四世致永历帝和庞天寿的信,而法国国王路易十四(Louis XIV, 1643—1715)据说当时亦曾致函皇太后,其中葡王也许是唯一有具体回应的,他应允将提供明廷军援。"黄一农:《两头蛇:明末清初第一代天主教徒》,383页;参阅《中国的使臣:卜弥格》,128页;E. Malatesta ,"The Tragedy of Michael Boym ,"Actes du Vie Col-loque international de Sinologie, Taipei & Paris: Chantillyi, 1995, p.363.

[50] 冯承钧译:《西域南海史地考证译丛》,第三卷,136~137页。注意法文版的中译本只公布了教宗给纳烈皇太后和庞天寿的两封信。

[51] 杨森富:《中国基督教史》,148页,台北,商务印书馆,1968。此译文与冯先生的译文相差甚大,估计是从此后的英文转译的。他的译文如下:

明皇太后:

请让我以基督的名义问候上帝的女儿,愿他赐你福祉和恩惠。从你的来信,我们得知上帝以他的智慧和真理之光,引导你走出了错误和迷茫。上帝不忘施恩,也不吝惜恩赐。你已经是上帝的女儿,万能的上帝一定会注目于你,他宁愿被称为仁慈的父,无人能阻挡他赐恩于属民。宿敌施用诡计夺取了大片的土地,沙漠和遥远的距离隔开了我们与你们的美丽国家,使它被错误的信仰和崇拜所统治。真理怎么才能穿越如此广阔的海洋和漫长曲折的道路呢?那里的星空都如此不同,海岸对商人都不开放,他们甚至都不以黄金进行贸易,而代之以珍珠和宝石。高山、海洋和法律都使得那里的人如此不敬。你对真理的渴望给了你克服重重困难和阻碍的决心。这样做的益处你——基督的爱女,应该铭记,也告诉你的儿子这样做。把希望寄托在基督身上,不要忘记并且遵从他的教导。我们一直很高兴,你为人们树立了榜样。愿皇子康斯坦丁茁壮成长,他不仅是王国的希望,也是破除迷信的希望。我们诚挚地接受他和其他所有人。我们赐予你们所要求的一切仁慈,我们会代你们向上帝祈祷你的分裂的王国重又合一，你的王国从灵魂上和信仰上与我们一致。

写于 1655 年 12 月 18 日，罗马圣彼得大教堂，上盖教皇的鱼形戒指徽印。

[52] 同上注，149 页。译文如下：

亲爱的庞天寿：

亲爱的信徒，首先你将拥有信仰天主的人应得的福祉。看到你的书信真令人高兴。无论在东西南北的什么地方，天主都会恤悯你，施与大慈大悲。上帝曾给嘎扎（Gaza）的一个受洗的太监降福。上帝现在召唤你，他的爱子，你为众多的尘世事物所缠绕而无暇顾及基督教的信仰，这在圣人们看来是多么愚蠢的啊。上帝召唤你是想让你和他的孩子一样荣耀，像他们那样得以永生不朽。我们想到这样的荣耀内心充满快乐。你知道我们希望你也能如此，他就是你的榜样。因此，竭尽全力去完成你的使命吧，你的王国如此广袤。横亘在我们之间的距离不应成为信仰的障碍，信可以将大山移走，爱导致永生，它们是万事万物的准则。我们深爱着你、你的王国和人民，即使远隔重洋，这种爱不会因困难险阻而消失，也不会减少直至消亡。我们准许你所要求的一切。

于罗马圣伯多禄殿
1655 年 12 月 16 日

[53] 方豪：《中国天主教史人物传》，卷一，311 页，台中，光启出版社，1984。参阅爱德华·卡伊丹斯基：《中国的使臣：卜弥格》，343 页。

[54] 顾保鹄：《中国天主教史上的两个文件》，载《恒毅》，1964 年第 3 卷第 11 期；黄一农：《两头蛇：明末清初的第一代天主教徒》，360~362 页。

[55] 基歇尔：《中国图说》，英文版，101 页。

[56] 同上书，176 页。

[57] 爱德华·卡伊丹斯基说："基歇尔采用《中国植物志》中动植物的介绍和图像是最多的。但应指出的是，基歇尔并不是把这些图像原封不动地拿来印在自己的书上，而是经常对他们的内容加以补充，进行了创造和发挥。但他这么做并没有取得很好的效果，后来甚至还引起了对卜弥格和基歇尔这些图像的真实性的怀疑。"《中国的使臣：卜弥格》，240~241 页。《卜弥格文集》也将发表卜弥格所画的植物图，但并非收入《中国图说》中的那些，这样我们可以对比这些图在欧洲传播中的变异。

[58] 黄一农：《两兴蛇：明末清初的第一代天主教徒》，379~380 页。

[59] 冯承钧译：《西域南海史地考证译丛》，第三卷，206 页。

[60] Roland Barthes, "The Discourse of History", *The Postmodern History Reader*, New York: Routledge, 1997, p.121

[61] 张西平：《基歇尔笔下的中国：兼论形象学对欧洲早期汉学研究的方法论意义》，载《中国文化研究》，2003(3)。

[62] 参阅 Paula Findle ed., *Athanasius Kircher The Last Man Who Knew Everything* , New York: Routledge 2004。

阿列克谢耶夫的中国古典文论研究

秦晓伟

秦晓伟 / 北京师范大学

瓦西里·米哈伊洛维奇·阿列克谢耶夫（Василий Михайлович Алексеев，1881—1951），中文名阿理克，是俄罗斯汉学史上跨越帝俄时期和苏联时期的关键人物。他学识渊博，研究领域颇广，"无论是旧中国或新中国的文化，没有哪一个领域不在他的讲稿、报告或文著中得到反映。"[1] 阿列克谢耶夫在他所涉猎的诸多领域，如中国文学研究、民俗学研究、民间艺术研究及汉语实验语音学研究、中国考古学和古钱币学研究，都提出了许多开拓性的见解。他属于那种"不仅能够巩固前辈学人开拓的领域，加深对其了解，而且还能够扭转其发展方向，重新阐释他们之前的科学"的少数学者，他"所具备的某种全新品质成为科学本身的新属性"[2]。

在汉学研究的诸多领域中，中国古典文学研究是阿列克谢耶夫的主要研究领域。而且，他是俄罗斯汉学史上第一个致力于中国古典文论研究的汉学家。1916年他在彼得格勒出版中国文论研究专著《中国论诗人的长诗——司空图的〈诗品〉》，堪称俄罗斯汉学史上一个具有里程碑意义的事件。这部著作是俄罗斯第一部研究中国古代文论的专业性学术著作，开启了俄罗斯汉学界中国古典文论研究的先河，在西方汉学界也算是较早的古文论研究专著。除司空图的《诗品》之外，阿列克谢耶夫还对其他中国古典文论著作进行过译介和研究，如陆机《文赋》（翻译与研究）、钟嵘《诗品》（翻译）等。他也是较早尝试将中国文论与西方诗学进行比较研究的汉学家。

一、阿列克谢耶夫对司空图《诗品》的研究：《中国论诗人的长诗》

被译介到国内的俄罗斯汉学家的文章中常常提到阿列克谢耶夫研究司空图《诗品》的巨著。李福清（Борис Львович Рифтин，1932—　）是较早对中国学者提及这部著作的俄罗斯汉学家。他在1987年出版的《中国古典文学研究在苏联（小说·戏曲）》一书中，为该书还未向中国学术界推介而感到惋惜。[3] 在1995年发表的《前苏联研究中国文学理论的概况》[4]一文中，他对该书作了较为详细的介绍，并在其他文章和访谈中有所提及。稍后，齐一得（伊佐丽达·艾米里耶芙娜·齐别洛维奇）也简单介绍了这部著作。[5] 孟列夫（缅希科夫，Лев Николаевич Меньшиков，1926—2005）、郭黎贞（戈雷金娜，

Кира Ивановна Голыгина, 1935—) 等也许是鉴于研究领域的差别，仅仅一笔掠过，没有对它进行详细介绍和说明。[6]

最早对阿氏的司空图《诗品》研究著作进行详细介绍的是国内学者李明滨。他在1990年出版的《中国文学在俄苏》一书中专用一节来介绍这部巨著，在1993年出版的《中国文化在俄罗斯》一书中，又将阿氏对司空图《诗品》的研究和关于陆机《文赋》的研究置于同一节进行介绍，并专辟一节对阿列克谢耶夫中西比较诗学研究的观点进行评价，肯定其在中西比较诗学领域的开拓性意义。[7] 李逸津也在他参与撰写的《国外中国古典文论研究》和《二十世纪国外中国文学研究》中对阿氏的这部巨著作了更为详细的评述。[8] 此外，理然与阎国栋也分别在其著述中作过介绍。[9]

俄罗斯汉学家提到这部著作时一般称之为《关于诗人的诗篇》（孟列夫），《论诗人之长诗》（郭黎贞），《中国论诗人的诗篇——司空图的〈诗品〉，译文与研究》（李福清）[10] 等。国内学者一般译为《中国论诗人的长诗——司空图的〈诗品〉》，也有译为《司空图〈诗品〉（翻译与研究）》。前者接近该书的俄文直译，而后者明确体现著作内容与研究模式。李逸津认为，阿列克谢耶夫把自己的专著命名为"中国论诗人的长诗"，而不是"论诗的长诗"，缘于阿氏对司空图《诗品》的理解和认识与中国学者相比存在着巨大差异。中国学者普遍认为，《诗品》是论述诗歌的不同风格、意境及艺术表现手法的著作，而阿列克谢耶夫则认为，《诗品》论述的是"创作主体——诗人方面的问题，具体地说，就是诗人在创作时的不同的灵感状态"[11]。因此，阿氏依据自己对司空图《诗品》的独特理解，将之命名为"论诗人的长诗"。

司空图《诗品》原文不过一千余字，寥寥数页，阿列克谢耶夫的《诗品》研究著作却长达790页。二者在篇幅上的巨大反差往往引发人们

的惊叹与好奇。这与阿氏的著述模式有关，他在《诗品》研究中采用的是翻译和研究相结合的著述模式，这必然比单纯的翻译或单纯的研究要长得多。这种模式是国外汉学发展到一定阶段，对中国典籍从一般性、普泛化的介绍层面逐渐转向专业性、科学性的学术研究层面所产生的过渡性模式，同时也是古典学研究的一种基本模式。另外，这也与《诗品》文字的晦涩艰深，以及阿列克谢耶夫在中国学习汉语的经历密切相关。阿氏于1906年至1909年间曾在中国先生的指导下学习古汉语，以探究艰深的汉字为乐。他常遇到每个字都认识却不明白整体意思的情况。在中国先生的指导下，他掌握了《佩文韵府》的用法。司空图《诗品》的文字极其晦涩，需要借助《佩文韵府》逐字探查和研究。他要求自己"以最大的可信度来阐释这部诗论"[12]，并用几年的时间做了详尽的资料准备工作。这些资料全部纳入著作之中，大大地增加了该书的厚度。

《中国论诗人的长诗——司空图的〈诗品〉》是一部体系严密、撰写认真的学术著作。[13] 全书由评论、翻译和注释、附录和词语索引三部分构成。第一部分评论由四篇构成：第一篇概要介绍《诗品》的创作和接受史，阐述《诗品》的深刻内涵，分析其所使用的艺术技巧，并评价它在中国文学及世界文学史上所占的地位；第二篇主要用比较的方法介绍了《诗品》的不同版本、注家、仿作（如《续诗品》等）及《诗品》的英译本[14]；第三篇介绍了司空图的生平、人品、诗人气质、《诗品》之外的其他诗作，以及前辈诗人陶渊明、李白、韩愈等对司空图的影响；第四篇从方法论的角度阐述研究《诗品》的方法与策略，并对《诗品》英译本的缺点进行了批评，提出如何正确对待前辈学者，合理利用其研究成果的问题。

第二部分翻译和注释分为两篇。第一篇是

　　　　　　　　　　阿列克谢耶夫的中国古典文论研究

对司空图《诗品》极其详细的翻译和注释，针对二十四诗品的每一品作了周详的题解，不仅为了体现原作风貌，逐字逐句直译《诗品》，而且为方便俄国读者理解，进行了意译，此外还有详尽的注释。"每个词、每一句、每一段以至从总体来说每一品都有注释，其篇幅往往比翻译部分大十几或几十倍。……都是在中国古典文学作品里有出处的引文和注文"[15]。第二篇是对《诗品》的三部仿作——黄钺的《画品》、杨景曾的《书品》、袁枚的《续诗品》，各摘取片段加以译注，与《诗品》进行比较。

第三部分包括《诗品》的中文原著，阿列克谢耶夫为研究《诗品》而辑录的大量中文资料，以及人名、书名和词语索引。索引做得极为详细，收录了阿氏在研究过程中用于翻译和解释的词语和成语共一千多条。俄国汉学家齐一得认为，"这部分实际上是一部中俄诗学、哲学及其他名词术语词典"[16]。

阿氏为《诗品》研究设定的目的是：用科学的态度取代中国诗歌研究中的业余爱好者的态度。他在研究中"利用解释术语的方法，列举司空图前后所有文章中的词义，以数学指数的精确度论证了每一个难字的意义。这是汉学史上前所未有的方法"[17]。他的弟子李福清认为其师"仔细分析了司空图使用的术语和概念，考察了中国文学中特别重要的形象和概念的来源，研究了庄子对司空图的影响等。阿氏还对《诗品》进行了比较研究，强调了它在世界文学中的意义"[18]。齐一得认为这部著作"首次显示了他科研工作的基本原则：尊重中国文化，如同尊重任何一种其他民族文化一样；刻苦和系统地进行研究；全面研究资料；对自己和别人的研究成果持批判的态度[19]"。俄罗斯汉学界一致认为这部中国文论研究经典在俄国汉学研究领域具有方法论的重要意义。

对于这部里程碑式的中国古典文论研究著作，中国学者不仅进行了认真细致的解读，而且也给出了客观理性的如下评价。首先，它"具有文学史家的眼光和高度"[20]，作者"把司空图的《诗品》放在中国文学思想发展史中，对它作纵向的史的考察，又对照《花品》、《茶品》、《书品》、《画品》等著作，对它作横向的分析，从而在汉学中第一次令人信服地揭示了中国文艺创作同社会发展的相互关系，以及文学创作过程同中国人民的物质和精神文化整个过程的相互制约作用"[21]。其次，作者站在世界文学的高度考察《诗品》，从文艺理论的角度评价它，认为它可以和贺拉斯、布瓦洛的诗论著作相媲美，这部中国古典文论著作因此成为中西比较诗学的研究对象，从而具有了世界意义。最后，作者对《诗品》的创作主旨与内涵提出了自己的独特理解。他认为《诗品》主要论述的是创作主体，也即诗人的问题，或者说创作灵感的问题。[22]二十四诗品，也就是二十四种"诗歌的灵感样式"[23]，这关涉到诗人的人生态度与内在修养，这种修养来源于"道"，诗的"品"要靠"'道'的具体化"来实现，因此，"'悟道诗人'的理想是中国艺术理论的真谛"。[24]阿氏的这一观点颇具创见。

其实，早在1911年，阿列克谢耶夫在作题为《中国论诗人、其灵感和创作的诗篇》的报告时，就明确提出了中国诗人的创作灵感问题。《论诗人的长诗——司空图的〈诗品〉》作为硕士论文通过答辩，其后答辩稿发表在《国民教育杂志》1917年第5期上，题目是《关于中国文学的定义和中国文学史家的当前任务》。文中他更加明确地主张中国文学研究应该"从作为文学核心的诗人着手"，由此可为这门学科的科学性奠定基础。[25]

阿氏将司空图《诗品》的主旨定位为创作灵感论，对此李逸津提出了异议。他认为，在二十四诗品中，大概有一半谈到了作家的主观修养问题。阿氏把二十四诗"品"全部理解为诗歌的"灵感样式"未必妥当,不过,阿氏"从创作主体自身修养的角度来挖掘《诗品》的内涵,还是部分地说出了原作的主旨"[26]。另外,司空图所说的思想修养,"是在与'道'契合无间的交融中自然而然地达到的某种境界","是通过长期修炼而达到的一种长期稳定的精神气质和人格境界,并非刹那间产生的灵感"。阿氏用"灵感"(Наитие)来概括"修养"不够确切,但俄语Наитие既表示"灵感",又有"天启"的意思,这就同中国古代道家哲学中的"道"建立了某种联系,因此阿氏的这一理解,"在一定程度上是符合司空图原著的基本精神的。"[27]

二、阿列克谢耶夫的中西比较诗学研究

早在司空图《诗品》的研究中,阿列克谢耶夫就已经提出,《诗品》可以与欧洲经典诗论著作相媲美。在后来的研究中,他不停地探索比较诗学的方法与原则,开拓了俄罗斯汉学界中西比较诗学的研究领域。发表于1944年的《罗马人贺拉斯和中国人陆机论诗艺》以及发表于1947年的《法国人布瓦洛及其同时代中国人论诗艺》是其比较诗学研究的代表作。他曾对古希腊的"逻各斯"和中国老子著作中的"道"进行过比较研究,可惜生前没有完成。

《罗马人贺拉斯和中国人陆机论诗艺》共九节。阿列克谢耶夫介绍了陆机其人和他的《文赋》,认为贺拉斯的《诗艺》和陆机的《文赋》具有可比性。然后列举了二者在诗学主张上的差异之处和共同点。最后概述《文赋》的思想内容,肯定其在世界文学史上的意义。

在第1节中,阿列克谢耶夫提出在中国文学史研究领域进行比较研究的必要性。不过,比较研究比专题研究困难得多,其重要原因在于汉学家中所盛行的中国特殊论[28]阻碍了比较的进行。阿氏认为,"比较研究没有任何限制,而且不应该有任何限制。"[29]依据等时性原则,他认为比较陆机和早他三百年的贺拉斯是可行的。在第2节中,阿氏介绍了陆机的生平与时代语境,提及"赋"这种文体的烦难之处,以及《文赋》的产生及接受状况。他旁征博引了后人对陆机及《文赋》的评价,认为"这篇赋因为充满着关于同一主题的五光十色的思想和词藻而大放异彩","可以与古罗马的《诗艺》相提并论"。[30]由此展开二者的比较。

第3~5节主要列举贺拉斯和陆机诗学主张上的差异之处。在文学传承上,贺拉斯有一些希腊前辈,他号召诗人仿效前辈,这与诗人在西方文化中的权威地位相关;陆机虽然有很多"直接与间接的本国古典文学前辈"[31],但由于中国古代诗人没有社会地位,《文赋》中未有提及。在论述对象上,贺拉斯论述的是来自希腊的史诗、悲剧,讨论的是格律和音韵等作诗法问题,而他自己并不从事创作;陆机的时代没有诗剧,陆机所谈论的是有丰厚创作体验并为自己获得声誉的土生土长的"文",是"锦绣般的文学语言,这种文学语言是对那些凭借孔子学说创立了中国书写文化的要言妙论的继承"[32]。因此《文赋》是"作者的心声,而不是专谈诗律的诗论"[33]。在精神气质方面,贺拉斯奉行中和观念,而陆机追求理想境界,"比较喜欢评论理想诗人的理想作品。这种理想的诗人神秘地跟'天'融为一体,其精神完全寄托在所谓'天机'上,寄托在最高的创造性的生命活动上。"[34]阿氏认为,"贺拉斯的'中和'跟儒家的中庸之道(中庸、正道)不相吻合。这种'中庸'乃是至圣者的最高思想境界,是至圣者的道家神秘观念('天机'、'中枢')的等价物。跟至圣者合流的诗人从这种观念出发,用另一世界即'冥府'的眼光观察世界。"[35]在接受对象

上，贺拉斯的读者是所有人，陆机的读者是高雅文士、博学鸿儒。在论述语气上，贺拉斯的长诗更多训诫性质，陆机的《文赋》更温和。

第6~7节主要列举贺拉斯《诗艺》和陆机《文赋》在诗学主张上的相同之处。阿氏认为，在对待古典传统的态度上，二者的共同特点是把古代理想化。贺拉斯教导罗马诗人在苏格拉底的著作中成长，陆机要求当时的中国诗人在孔夫子学说中成长。在诗的风格、结构上，贺拉斯要求诗风质朴、结构和谐、条理分明，与陆机的"朴"、"质"思想在某种程度上相贯通。在诗的功效上，从读者视角出发，二者皆认为好诗的标准在于动人心志，要求诗人带着感情去创作。贺拉斯还强调好诗理应给读者带来教益和乐趣，也即"寓教于乐"。陆机没有太多关注诗的功效问题。从诗人创作方面来讲，二者都肯定诗人同画家一样，有自由发挥想象力和创造力的权利。诗人创造的首要对象是美。关于美的创造因素[36]，二者提出了相似的观点。贺拉斯认为，好的诗作应是天才与技艺的合一[37]；陆机认为，诗人创作必须达到"质"与"文"的和谐，也就是天赋本性、精神意念与文辞的融会。

第8~9节，阿列克谢耶夫综述并评价陆机的诗学思想体系。他认为，陆机讨论的"文"，是一个包括诗歌、散文在内的所有文学形式的范畴，不过，"诗歌和一切韵律优美的作品"是《文赋》的主要探讨对象。诗是"诗人所绘的图画"，是交响乐，是鲜花，和谐统一是诗的理想，"文质彬彬"是诗的化境。[38]诗人是熔天才与技巧于一炉的能工巧匠，是俗世中孤独的超人，是维系天、地、人的宇宙预言家，是孔教真谛的传承者。他认为，陆机的诗学思想，完全源于中国古代的文学和哲学理论，"特别是孔子和老子的理论，即中国文学史上两种长期对立的文学意识：孔子的忠实为人们服务的'用世'思想和老子的怀疑论的'遁世'

思想；而另一方面，《文赋》又决定了后来一切陆机式的中国诗人和诗评家的诗歌创作。"[39]通过平行对比陆机对后世（如司空图《诗品》）的影响与贺拉斯对后世（如布瓦洛《诗的艺术》）的影响，阿氏认为，二者在人类共有的表达能力方面具有共同性。由此，他肯定陆机诗学思想的世界意义。

阿列克谢耶夫的第二篇比较文学论文是《法国人布瓦洛及其同时代中国人论诗艺》。在这篇论文中，他拿法国古典主义理论家布瓦洛的《诗的艺术》同中国明代学者宋濂的《答章秀才论诗书》和袁黄的《诗赋》作比。在诗歌传统上，布瓦洛追随荷马，中国人崇尚《诗经》，他们都同样把古代诗人理想化。但在诗论思想上，二者表现出极大的分野：布瓦洛信奉"合理性"观念，而中国人则强调灵感，以"悟道诗人"作为最高境界。除了对比二者在诗学观念上的异同，阿氏还分析了造成这种差异的原因。首先在于中西古典主义的差异。阿氏认为，"布瓦洛是文艺复兴时代和11至12世纪（中世纪）休眠的产物"，是"地中海式的进步"，"他的《诗的艺术》是欧洲一切时代和国家的诗学"。而中国的古典传统则一直延续并不断得到加强。从未断裂、停滞过的传统使"中国人在很多时候都是自我中心论者"。[40]同是具有古典主义倾向的中西理论家，在具体诗学主张上存在差异的另一个原因在于，文学的商品化在西方发生较早，文学书籍的读者众多，诗人要为稻粱谋，就必须迎合读者的趣味；在中国，读书不是人人可以享受的事情，作为儒家文化的代表，中国文学家不是靠著书立说来维持生计，也就不必顾及读者的趣味。

在俄国汉学史上，阿列克谢耶夫是第一个将中国古代文论同西方诗学进行比较研究的学者。他说，"比较不仅是可能的而且是必需的。汉学中的'中国情调'是放任自流的产物：'中国只是中国人和汉学家的中国'。应该到此为止了！"[41]他将中国文化视为"世界文化链条上非常独特的一个环节"[42]。在对中国古代文论的研究中，他的一个基本指导思想就是"把中国古代诗学纳入到世界诗学体系中来"[43]。他的中西比较诗学研究，注重"从中国诗歌的实际出发，切实地论述中国诗艺"[44]。毫无疑问，阿氏从理论主张到研究实践都称得上中西比较诗学的前驱。

李逸津认为，阿氏的中西比较诗学研究，体现了比较文学研究中苏联学派的特点，即"不把比较的范围局限于影响研究，而是同时兼及类型学研究"，另外还"强调比较文学研究必须紧密联系社会历史背景和美学思潮来揭示不同国家文学的普遍规律和民族特色"[45]。他也指出阿氏的比较诗学研究由于历史原因而存在的局限与不足。在《罗马人贺拉斯和中国人陆机论诗艺》中，"只是从表面层次列举了两个民族文学理论的相同点和不同点，但未能更深一步揭示造成这些异同的社会历史与文化背景原因，未能进一步说明这些不同体现了各民族文学理论的哪些特点和规律性。"[46]在《法国人布瓦洛及其同时代中国人论诗艺》中，这一问题得到了深入的探讨，但由于受所占有资料的限制，选择的比较对象不够典型，"影响了研究的科学性。"他认为，"无论从年代来说，还是从对一代文风的影响来说，用宋濂、袁黄来和布瓦洛作比较，都显得有些牵强。这样得出的结论，就缺乏说服力。……不如选清代桐城派为好。……年代更为接近，其在文坛上的地位与影响也更是足以匹敌。"[47]另外，他还认为，阿氏用司空图的"悟道诗人"去解说所有中国文学家的文论主张，有胶柱鼓瑟之嫌。

三、阿列克谢耶夫中国古代文论研究 方法综论

阿列克谢耶夫比以往的汉学家更注意在汉学研究方法上的创新。在他之前的瓦西里学派的研究方法主要是以文本为主，很少参考西方汉学家的研究成果，并对中国古代经典的注家往往持怀疑的态度而弃之不用。阿列克谢耶夫从他的老师瓦西里耶夫（Василий Павлович Васильев, 1818—1900）那里继承了"追求开阔的视野，广泛的兴趣，追求知识的准确性以及高度重视文本的学风，视文本为结论公正性的最高标准。与此同时，阿列克谢耶夫也曾多次表现出不满足于瓦西里耶夫时代占主导地位的那种死读书的体系和缺乏对事实进行系统化的思想"[48]。大学毕业后阿氏曾被派往英、法、德国游学三年，在此期间他与西欧汉学界建立了密切的联系，并得到法国汉学大师爱德华·沙畹（Emmanuel-èdouard Chavannes, 1965—1918）的亲自指导。1906—1909年，阿氏被派往中国深造。"由中国的先生们教授的汉语课和文学课使阿列克谢耶夫首先掌握了阅读艰深的中国文本的能力，阅读艰深的中文文献需要边读边思考，后来他一直对此保持着浓厚的兴趣。"[49]显然，阿氏直接面对原始文本，以文本作为科学性研究基础的观念，以及他的比较研究的方法论意识，都深深受到他本国的、西欧的和中国的老师的共同影响。

还有一个关键性的因素决定着阿列克谢耶夫汉学研究的方法创新。那就是他对中国以及中国文学的态度和立场。在阿氏的那个时代，西方世界对中国抱持一种中国特殊论的观念，这种观念在汉学家圈子中也很普遍。阿氏在他的《1907年中国纪行》中曾经描述西方人对中国的成见，如"……文学就是孔夫子的那些格言、一个叫'老子'的毫无意义的胡言乱语，总之，没有任何'像样'的东西。绘画没有明暗和景深，千篇一律。……"[50]阿氏认为之所以存在这样的看法，正是因为欧洲人是以欧洲的价值标准来衡量中国的一切。他反思道，"我们永远把自己当成是衡量

事物的绝对尺度，我们认为自己是世界性的。而实际上我们只不过有一些成见而已，此外别无其他。我们对自己的成见熟视无睹，因为我们是伴随着这些成见而长大的。"[51] 他认为，"把中国与欧洲世界隔开的，不是'万里长城'，也不是'汉字'，而是我们对中国文化的不了解。"[52] 由此他提出，"重要的是中国人看到了什么。我们只有在弄懂中国人为何陶醉于我们感到困惑的事物后，才可以作出自己的判断。"[53] 正是以这种客观、理性的中国观作为基础，阿氏才实现了研究中国古典文化的方法论突破。

阿列克谢耶夫在中国古代文论研究上的方法可以概括为：系统论（或综合研究）的方法、比较研究的方法、语言学（或语文学）的方法。系统论或综合研究的方法是他中国古代文论研究的主要方法。这种方法在他研究司空图《诗品》的巨著中体现得最为明显。他一直提倡要对研究对象进行准确而全面的研究，而不能抱有猎奇的心理。在《诗品》研究中，他不仅采用纵向的历史分析法对《诗品》的产生渊源，它对后世的影响，以及作者司空图的生平及其创作思想进行阐说，并运用了跨学科的、横向联系的方法，将《诗品》《书品》《画品》等著作放置一起进行比较研究，通过比较揭示出不同艺术现象之间的内在关联性。

他的这种系统论的方法，扩及不同民族、不同国家之间的研究对象时，就自然而然成为了比较诗学研究方法。也就是说，在他这里，比较研究的方法是在综合研究方法之内的一种。他进行比较诗学研究的前提是他的世界文学观念。他认为，"中国文学在世界文学中的地位，不是一段插话，也不是一套丛书中孤立的一册。如果可以说为欧洲现代文学打下基础的希腊罗马古典文学是具有世界意义的文学，如果可以说在古希腊罗马文学影响下成长和繁荣起来的欧洲各国文学由

于彼此互相影响而变成了世界性的文学，那么，同样可以断言，中国文学是具有世界意义的文学"[54]。因此，在这种观念下，他相信不同文化的人们之间存在共同人性，基于这些共同人性而表现出来的诗性和谐，将融通所有的差异之处、分歧之处。由此看来，他比较研究的出发点应该是"通"而不"同"。

语言学的方法是他在中国文论研究中解读文本的基本方法。这一方面与他的学习经历有关，另一方面也与他作为汉语教师的教学任务有关。在前面提到过，阿氏在中国学习时通过中国先生了解了中国工具书，如《佩文韵府》《康熙字典》以及《四库全书》等的用途，加上他对晦涩难懂的汉字的特殊兴趣，因此，他不仅选择以古代文论作为他学位论文研究的对象，而且还提出了一整套针对中国古代典籍的翻译理论和方法。这也是跨语际学术研究得以展开的前提。因此，从语言学角度来研究中国古代文论成了他以及他所开创的学派汉学研究的基本方法。

阿列克谢耶夫在中国古代文论研究方面的成果和他所使用的方法、他所秉持的立场、他在中西诗学观点的比较中通而不同的学术思路，在今天仍能给予汉学家和中国古代文论研究者某种积极的启发。

注　释

[1] [俄]齐一得：《苏联的汉学研究》，李明滨翻译整理，载《汉学研究》，第一集，117页，北京，中国和平出版社，1996。

[2] 见[俄]M.B.班科夫斯卡娅与[俄]李福清为阿列克谢耶夫《1907年中国纪行》所撰写的"中文版前言"，该书中文版由阎国栋翻译，并由云南人民出版社于2001年出版。

[3] 参见[俄]李福清：《中国古典文学研究在苏联

（小说·戏曲）》，田大畏译，4 页，北京，书目文献出版社，1987。

[4] 载《国际汉学》，第一辑，北京，商务印书馆，1995。

[5] 参见 [俄] 齐一得：《苏联的汉学研究》，载《汉学研究》，第一集。

[6] 参见 [俄] Л. H. 孟列夫：《阿列克谢耶夫院士及其汉学学派》，载《国际汉学》，第十二辑，郑州，大象出版社，2005；[俄] 郭黎贞：《俄罗斯中国古典文学研究概览》，载《汉学研究》，第九集，北京，中华书局，2006。

[7] 参见李明滨：《中国文学在俄苏》，第三章第二节"一部论司空图《诗品》的巨著"，广州，花城出版社，1990；李明滨：《中国文化在俄罗斯》，第四章第三节《诗品》和《文赋》同欧洲文论之比较"，第四节"中西比较诗学研究的前驱"，北京，新华出版社，1993。

[8]《国外中国古典文论研究》由王晓平、周发祥和李逸津合著，由江苏教育出版社于 1998 年出版；《二十世纪国外中国文学研究》由夏康达、王晓平主编，由天津人民出版社于 2000 年出版。这两部著作中的俄苏部分均由李逸津撰写。

[9] 参见理然：《帝俄时期：从汉学到中国文学研究》，载《汉学研究》，第四集，北京，中华书局，2000；阎国栋：《阿列克谢耶夫与俄国汉学》，载《汉学研究》，第四集，及《俄罗斯汉学三百年》，北京，学苑出版社，2007。

[10] 参见 [俄] 李福清、陈建华：《在历史与现实的长河中——关于中俄文化交流的对话》，见《悠远的回响——俄罗斯作家与中国文化》，20 页，银川，宁夏人民出版社，2002。

[11] 李逸津：《国外中国古典文论研究》，367 页。

[12] 阎国栋：《阿列克谢耶夫与俄国汉学》，载《汉学研究》，第四集，115 页。

[13] 参见李明滨：《中国文学在俄苏》，71 页。本部分关于阿氏《诗品》研究专著内容的详细介绍主要参考李明滨、李逸津、理然、阎国栋等学者的研究成果，在此表示感谢。

[14] 这里司空图《诗品》的英译本大概是指英国汉学家翟理斯（H. A. Giles）《中国文学史》（1901）中的司空图《二十四诗品》全译本。

[15] 李明滨：《中国文学在俄苏》，70~71 页。

[16] [俄] 齐一得：《苏联的汉学研究》，载《汉学研究》，第一集，117 页。

[17] 见 [俄]M.B. 班科夫斯卡娅、[俄] 李福清：《1907 年中国纪行》"中文版前言"。

[18] [俄] 李福清、陈建华：《在历史与现实的长河中——关于中俄文化交流的对话》，见《悠远的回响——俄罗斯作家与中国文化》，20 页。

[19] [俄] 齐一得：《苏联的汉学研究》，载《汉学研究》，第一集，117 页。

[20] 李明滨：《中国文学在俄苏》，71 页。

[21] 理然：《帝俄时期：从汉学到中国文学研究》，载《汉学研究》，第四集，105~106 页。

[22] 这在前面讨论这部著作的译名问题时已有提及。

[23] 参见李逸津：《国外中国古典文论研究》，367 页。

[24] 同上书，369 页。

[25] 参见理然：《帝俄时期：从汉学到中国文学研究》，载《汉学研究》，第四集，105 页。

[26] 李逸津：《国外中国古典文论研究》，367 页。

[27] 同上书，368、369 页。

[28] 也就是指中国是中国，西方是西方，二者之间没有共同点、永不能混同的本质主义主张。

[29] [苏]B.M. 阿列克谢耶夫：《贺拉斯和陆机论诗艺》，赵佩瑜、王中玉译，李少雍校，见周发祥编：《中外比较文学译文集》，309 页，北京，中国文联出版公司，1988。

[30] 同上书，312、310 页。

[31] 同上书，313 页。

[32] 同上书，315 页。

[33] 同上书，314 页。

[34] 同上书，315 页。阿列克谢耶夫这里所说的"理想诗人"也就是在《诗品》研究中提出的"悟道诗人"。

[35] 同上书，314 页。此处涉及陆机《文赋》中"伫中区以玄览"一句的翻译。"中区"，也就是区中，宇宙之中，而"玄览"指的是为引起文思而进行深入细致的观察。阿列克谢耶夫这里不仅将"中区"作了神秘化

的理解，而且将"玄览"译作"用另一世界即'冥府'的眼光观察世界"，让人不知所云。李逸津指出，阿氏此处"明显地是拘泥于字句的'硬译'，显得可笑"（见夏康达、王晓平主编：《二十世纪国外中国文学研究》，381页，天津，天津人民出版社，2000）。

[36] 此处阿列克谢耶夫的说法是"关于诗人创作中自然美与艺术美的关系的基本问题"，他下文讨论的主要内容是在创作中"天才"和"技艺"的关系，"质"与"文"的关系（见周发祥编：《中外比较文学译文集》，318页）。显然，他所谓的"自然美"是无须雕琢的，包括天才、灵感、自然本性、精神意念等内容，而"艺术美"是依凭后天训练、教养可以得到的，属于技艺、文辞、修饰方面的内容。这里的"艺术"涵义源于古希腊、罗马传统，即技艺、技术。

[37] 贺拉斯原话为："有人问：写一首好诗，是靠天才呢，还是靠艺术？我的看法是：苦学而没有丰富的天才，有天才而没有训练，都归无用；两者应该相互为用，相互结合。"（参见贺拉斯：《诗艺》，158页，北京，人民文学出版社，1962。）

[38] [苏]B.M. 阿列克谢耶夫：《贺拉斯和陆机论诗艺》，见《中外比较文学译文集》，321页。

[39] 同上书，324页。

[40] 参见夏康达、王晓平主编：《二十世纪国外中国文学研究》，411页。

[41] 转引自 [俄]M.B. 班科夫斯卡娅、[俄] 李福清：《1907 年中国纪行》"中文版前言"。

[42] 参见《1907 年中国纪行》"中文版前言"。

[43] 李逸津：《国外中国古典文论研究》，27 页。

[44] 李明滨：《中国文化在俄罗斯》，63 页。

[45] 夏康达、王晓平主编：《二十世纪国外中国文学研究》，412 页。

[46] 李逸津：《国外中国古典文论研究》，276 页。

[47] 同上书，34 页。

[48] [俄] Л. H. 孟列夫：《阿列克谢耶夫院士及其汉学学派》，黄玫译，载《国际汉学》，第十二辑，41 页，郑州，大象出版社，2005。

[49] 同上书，42 页。

[50] [俄] 瓦·米·阿列克谢耶夫：《1907 年中国纪行》，166 页。

[51] 同上书，38 页。

[52] [俄] 齐一得：《苏联的汉学研究》，载《汉学研究》，第一集，117 页。

[53] [俄] 瓦·米·阿列克谢耶夫：《1907 年中国纪行》，38~39 页。

[54] 转引自 [俄] 李福清：《中国古典文学研究在苏联（小说·戏曲）》，4 页。

隋唐佛道儒三教所依傍的诠释之经典

张立文

张立文 / 中国人民大学

每一次新的时代哲学思潮的转换，哲学核心话题的转变，理论思维形态的转生，其所面临的宇宙、社会、人生的冲突是不同的，其所回应和化解的冲突和危机亦不一样，因而各时代出现的哲学思潮各不相同，且能彰显出时代的精神。从其形成的现实层面来看，哲学思潮就是对回应和化解其所在社会冲突和危机之道的升华，并被时代所认同和人们所接受的哲学潮流。从其表现形式来说，时代哲学思潮的主体是人，是主体人的群体的哲学创新。时代哲学思潮的哲学创新是以语言文字的形式流传下来的，这就为后人体认历史上某一哲学思潮提供了文本的依据。因此可以说，每一次新的时代哲学思潮的转换，相应地有其所依傍的诠释文本的变更。

一、佛教各宗的宗经

哲学创新就是哲学家对天地的关怀、社会的关切、生命的觉解、智慧的追求，从而汇成新的哲学思潮。其新哲学思潮汇聚，关键在新，即创新哲学，即一次新哲学的觉醒。哲学创新往往取返本开新的形式，即返回到每一哲学思潮的元本。雅斯贝尔斯（Karl Jaspers,1883—1969)说：

"人类一直靠轴心时代所产生的思考和创造的一切而生存，每一次新的飞跃都回顾这一时期，并被它重燃火焰。自那以后，情况就是这样，轴心期潜力的苏醒和对轴心期潜力的回归，或者说复兴，总是提供了精神的动力"[1]。他所说的"轴心时代"，约为公元前800年到前200年之间，相当于中国东周（春秋战国，前770—前256）时代，是中国哲学苏醒、百家争鸣、百花齐放、学术繁荣的时代。道家创始人老子（前580—前500年）、儒家创始人孔子（前551—前479)，都生活在春秋时期。佛教创始人悉达多·乔达摩（约前565—前485），与孔老同时代。这是儒、佛、道三教的因缘际会，三家奎聚。

隋唐时儒、释、道三教冲突融合，互动互济，共同营造了时代哲学思潮，智能转生了"性情之原"的核心话题。虽然三教所依傍的诠释文本有异，但都回到了其源头，接引了其活水，而重燃轴心期所产生的思议和创造的火焰。三教殊途同归，百虑一致。

佛教文化作为时代的强势文化，这时获得了充分的发展，无论在创宗立派、体系建构，还是在理论精密、思维创新等方面，都独占鳌头。特别在中国化过程中，其般若智慧的张扬，涅槃妙心的传承，都应天顺人；其心性学说的契合，性情之原的彰显，皆唯变所适。自佛教《四十二章经》汉译后，汉代有安世高和支娄迦谶两支译经系统，其不足之处是大多为节译，翻译名词、术语也有欠准确的地方。汉以后，印度佛教经典源源不断地被大量翻译为汉文，有的经典被一译再译。两晋南北朝时期据《内典录》记载，参与翻译的有125人，翻译佛教经典764部，3 685卷[2]。隋唐时，寺院经济的空前繁荣，有力地支撑了译经活动，一时讲习、注疏、翻译佛经蔚然成风，一些知识分子趋之若鹜，所以有民间佛经多于儒家六经数十百倍的状况。这既说明民间佛教信仰已趋普遍化，也表明民间对于终极关切的精神家园追求的迫切性。

（一）《妙法莲华经》与天台宗

佛教各宗派由于对佛的法旨、精神、形态、手印等等，在觉悟、理解、诠释上各有差分，因此建立了各宗派。各宗派在普遍遵奉经、律、论"三藏"典籍的前提下，选择其中几部经典作为自家的"宗经"，既为自家的依傍文本和立论依据，也为自家建宗立派的合理性和实然性寻求文本的价值根据。就天台宗讲，《妙法莲华经》（简称《法华经》）是其建宗所依傍的经典。《法华经》是释迦牟尼五时[3]所讲最高妙理。释迦认为此时听讲徒众机缘已熟，可听微妙不可思议的妙法，故称《妙法莲华经》，天台宗若以经名宗，则称法华宗。天台宗依傍《法华经》，故天台宗人智𫖮撰《妙法莲华经玄义》《金光明经玄义》《妙法莲华经文句》，湛然撰《法华玄义释签》等，阐发《法华经》思想，以确立本宗"宗经"的价值权威。

成佛是《法华经》的宗旨，亦是其包摄其他佛典和教义的所在。"舍利佛！汝等当一心信解受持佛语。诸佛如来，言无虚妄，无有余乘，唯一佛乘"[4]。十方佛土，无二乘、三乘，会三归一，唯有一佛乘。换言之，佛要使一切众生皆能成佛，唯有讲一佛乘，二乘、三乘得"方便说"，不是真实或实相。你们应当一心一意信奉、了解、受持佛陀的话，诸佛如来所说，无虚妄不实，化一切众生，皆令入佛道。天台宗的宗旨亦主张众生皆能成佛。

众生成佛的根据是众生具有佛性。"无数诸法门，其实为一乘。诸佛两尺尊，知法常无性。佛种从缘起，是故说一乘。是法住法位，世间相常住"[5]。智𫖮诠释说："'是法住法位'一行，颂理一也。众生、正觉一如无二，悉不出如，皆如法住也。'世间相常住'者，出世正觉，以如为位，亦以如为相，位、相常住。世间众生，亦以如为位，亦以如为相，岂不常住。世间相既常住，岂非理一"[6]。众生与佛、出世佛与世间众生，一如无二，同一真如佛性，同住真如法位，同以真如为相，其理一如。

智𫖮对"是法住法位"，又从法有粗与妙加以诠释："法有粗妙，若隔历三谛，粗法也；圆融三谛，妙法也。此妙谛本有。文云：'是法住法位，世间相常住'。唯我知是相，十方佛亦然"[7]。隔历与圆融相对，粗与妙相对，说明"是法"非粗法，是圆融三谛的本有妙谛，是最殊胜、圆满的真理，也即真如、佛性。诸法本具有法性、真如，居住在本具的"法位"上，世间上万事万物诸相的本体，知是真如、法性，都是常住的，即恒常的。智𫖮的"五种三谛说"[8]，归为两种，即"别三谛"与"圆三谛"，也称为"隔别三谛"与"圆融三谛"。两者的分别在于"隔别三谛"的中谛不具足诸法，与诸法"隔历"、"隔别"，所以也称"隔历三谛"；"圆融三谛"的真、俗、中都具足诸法，空、假、中三谛相即，圆融无碍。"圆融三谛"说是智𫖮阐发慧文的"三谛一心"、"一心三观"思想，智能创造地开出三谛。之所以讲是其智能创造地开发，是因为印度佛教讲二谛，中观学派讲"中观"，不讲"中谛"。智颛在真俗二谛上增中谛。他在诠释龙树《中论》"众因缘生法，我说即是无（空），亦为是假名，亦是中道义"[9]时说："'因缘所生法，我说即是空'，此即诠真谛；'亦为是假名'，即诠俗谛也；'亦是中道义'，即诠中道第一义也。此偈即是申摩诃衍诠三谛之理"[10]。真、俗、中对应空、假、中，三谛相即互具，即空即假即中，无异无二，三谛圆融为一实谛。

圆融三谛说，为"佛性即中道"、"心即是佛性"，相互圆通作了说明。中道作为真如佛性，就在心中，转心性修持为佛性显现，这是中国化过程的思议。三谛圆融以空、假、中三观的观法和思议，三者相即，其认知和证悟之道无高低、先后之别，三而一，一而三。观空即观假、中，观假即观空、中，观中即观空、假，悟亦如是悟。这种观法和思议方式，为认知、思维方法方式开出了新路线。

三谛圆融为一实谛。智颛认为，"一实谛者，即是实相。实相者，即经之正体也。如是实相，即空、假、中"[11]。即空即假即中是万物实相，是真实的真理。所谓"诸法实相"，《中论》解释说："诸法实相者，心行言语断，无生亦无灭，寂灭如涅槃"[12]。断灭心思和言语，它犹如寂灭的涅槃，无生无灭，无异无分别。是佛所成就的第一义的不二法门，也是稀少罕见的难解之法。"佛所成就第一希有难解之法，唯佛与佛，乃能穷尽诸法实相。所谓诸法，如是相，如是性，如是体，如是力，如是作，如是因，如是缘，如是果，如是报，如是本末究竟等"[13]。慧思认为，"十如是"为"诸法实相"，以"如是"概括诸法的一切相。"十如是相"是慧文从"一心三观"说上的智能开出。智颛发扬慧文的"十如是相"，从空、假、中诠释《法华经》的"十如是"说，认为《法华经》

是讲"三谛圆融"的，证明自己"三谛圆融"有经典文本的依据。"今经用十法摄一切法，所谓诸法如是相，如是性，如是体，如是力，如是作，如是因，如是缘，如是果，如是报，如是本末究竟等。南岳师读此文，皆云如，故呼为十如也。天台师云：依义读文，凡有三转。一云：是相如，是性如，乃至是报如。二云：如是相，如是性，乃至如是报。三云：相如是，性如是，乃至报如是。若皆称如者，如名不异，即空义也。若作如是相，如是性者，点空相性，名字施设，逦迤不同，即假义也。若作相如是者，如于中道实相之是，即中义也。分别令易解故，名空假中。得意为言，空即假中，约如明空，一空一切空；点如明相，一假一切假；就是论中，一中一切中。非一二三，而一二三，不纵不横，名为实相。唯佛与佛，究竟此法，是十法摄一切法"[14]。"十如是"的三转解读为：一转解读"是相如，是性如……"就空的如名不异讲；二转解读"如是相，如是性……"就点空相性，即空的假名设施讲；三转解读"相如是，性如是……"就中的"如于中道实相之是"讲。三转解读，读出空、假、中三层诸法实相的内涵和意义，令人易于理解，变佛说的难解为易解。此其一。其二，所谓"得意为言"，即要领悟空、假、中三者的意旨，三者虽为三，实相三者相即互具："约如明空"，如即不异，一切皆空，假、中亦空；"点如明相"，一切事相是假名设施，一切皆假，空、中亦假；"就是论中"，中道之理，一切皆是，一切皆中，空、假亦中。三者无自性，所以非一、二、三，三者都是因缘法而起，所以而一、二、三，不纵于空，不横于假，不偏不倚，是为中道。三转解读，把"十如是"纳入三谛圆融，说明三谛圆融的内涵和价值，这种新的三转解读实是创造性诠释法，意蕴新思想的创生。

智颛以十如是，约十法界，把十法界也纳入

空、假、中三谛。十数依法界，能依从所依，入空界；十界界隔，即假界，十数皆法界，即中界，得意为言，即空即假即中，无一、二、三。这样智颉对"十如是"中的"本末究竟等"的诠释，再证三谛圆融，诸法实相。"若作如义，初作皆空为等；若作性相义，初后相在为等；若作中义，初后皆实相为等。今不依此等，三法具足，为究竟等。夫究竟者，中乃究竟，即是实相为等也"[15]。从如义、性相义、中义的空、假、中，从本至末都是究竟平等的。唯有空、假、中三谛圆融具足，相即无碍，为真究竟平等。

天台宗的"宗经"《法华经》，作为其依傍的经典文本，是其建宗立论的根据，理论思维的源头，智能创新的活水。经典文本的依据，不仅使本宗具有合理性，而且还具有正宗性。

（二）《瑜伽》、《唯识》与唯识宗

法相唯识宗创立者是玄奘和其弟子窥基。玄奘西行求佛，历经千辛万苦，到了那烂陀寺，师从戒贤。戒贤的师承传统为无著—世亲—陈那—护法—戒贤—玄奘。无著和世亲兄弟俩属大乘有宗。无著和世亲的主要著作有《瑜伽师地论》《摄大乘论》《显扬圣教论》《大乘庄严经论》《大乘阿毗达磨集论》及《唯识三十论颂》《唯识二十论颂》《摄大乘论释》《辩中边论》《佛性论》、《大乘五蕴论》《大乘百法明门论》《十地经论》等。玄奘承无著、世亲及其师说，而开创唯识宗。"奘师为《瑜伽》、《唯识》开创之祖，基乃守文述作之宗"[16]。两人为唯识宗的祖宗。若没有窥基，玄奘之学就得不到发扬。窥基在《成唯识论述记》中说《成唯识论》曾援引六经十一论。"六经"是《华严经》、《解深密经》、《如来出现功德经》、《阿毗达磨经》、《楞伽经》、《密严经》；十一论是《瑜伽师地论》、《显扬圣教论》、《大乘庄严经论》、《集量论》、《摄大乘论》、《十地经论》、《分别瑜伽论》、《唯识二十论》、《观所缘缘论》、《辩中边论》、《大乘阿毗达磨集论》。"十一论"中以《瑜伽》为根本，其余为枝条，称"一本十枝"。就"六经"而言，唯识宗真正所依傍的，唯有《解深密经》，其余皆是枝叶。"十一论"中《瑜伽师地论》为主要依据文本，《成唯识论》为根本依据文本。因此，唯识宗所依傍的重要经典诠释文本为《解深密经》和《瑜伽师地论》、《成唯识论》。[17]

在"一经二论"中，《成唯识论》是以护法思想为主，融合唯识系十大论师[18]的著作而成。《成唯识论》开卷曰："护法等菩萨造，唐三藏法师玄奘奉诏译"。"稽首唯识性，满分清净者，我今释彼说，利乐诸有情"[19]。依照《瑜伽》六十四云：若欲造化，先敬二师，归敬本师如来及本论主菩萨。"稽首"表示显能敬相，次显唯识性满分清净，以证唯识真如自性。今我叙释论意，即显本论主菩萨造论之意。《成唯识论》有颂、有论、有解，构成一经典诠释系统，其文本的依傍并无超越《成唯识论》之意蕴的。由于《成唯识论》是编译印度唯识系的著作，而窥基的《成唯识论述记》是述记性的解释，欠缺与中国传统文化结合而予以诠释，基本上是照着印度唯识思想讲，而远离中国文化实际和民众精神诉求，虽玄奘、窥基在世时盛极一时，但很快就没落了。可见中国化程度高低深浅，是决定佛教宗派命运长短的关键。佛教宗派中国化程度高者深者，其盛行的寿命就长，信众就多；其中国化程度低者浅者，盛行的寿命就短些，门庭也冷落些，这是历史证明的事实。

然而，玄奘在印度期间，曾参加四次论辩，有与大乘空宗思想的论辩，有与"顺世外道"的论辩，或与小乘正量部论师的论辩，特别是戒日王专为玄奘在曲女城召集的全印"无遮"大会，据说有五印度18个国王为首的官民僧俗约几十万人参与，可谓空前。玄奘"以其所造二论，书于

大施场门"[20]，并按印度惯例，"其有能破一偈，当截舌而谢之"[21]。结果在18日内，无人敢当。这样玄奘在印度"名震五天"，成为当时印度大乘唯识宗的集大成者。他在论辩中，既破反佛教的流派，又破小乘论师，调和大乘空、有两宗[22]，从而使大乘佛教瑜伽行派有宗得以发展，被印度大乘教派称誉为"大乘天"，为印度佛教发展作出了巨大贡献。玄奘抛弃在印度的极高声誉和地位，回国从事翻译佛经和传教活动。在他和窥基的著作中，主要介绍和阐释印度唯识学的三性说（遍计执自性、依他起自性、圆成实自性）、阿赖耶识说（说明一切现象唯阿赖耶识所变现，"万法唯识"）以及真唯识量（真故、极成色，定不离眼识——宗，自许初三摄、眼所不摄故——因，如眼识——喻），使唯识宗在中国得到了发展。

（三）《华严经》与华严宗

华严宗所依傍的诠释文本是《华严经》（《大方广佛华严经》），虽有刘宋初译的六十卷本和唐译的八十卷本，但据以立宗的文本是六十卷本。《华严经》是由诸多单行经依菩萨行思想结集而成，以彰显佛法广大圆满、无尽无碍的因行果德。就佛教修行次序先"地前"菩萨诸行，修习十波罗密；其次是"入地"菩萨诸行；再其次是"佛界"菩萨诸行。由而转凡夫成菩萨、佛的系统。

华严宗之所以以《华严经》为"宗经"，是因为《华严经》是华严宗建宗的根本依据，故以经名宗。华严宗的理论思维、哲学命题体系，皆由诠释《华严经》而来。性起说是华严宗的核心思想之一，就是依《华严经》的《如来性起品》讲的。法藏说："若依圆教，众生佛性，具因具果，有性有相，圆明备德，如《性起品》如来菩提处说"[23]。假如依圆教视阈来看，由性起而展开众生本性、众生是否都有佛性、佛性是因是果等论争。法藏认为，《性起品》中如来菩提已说清

楚，众生佛性，因与果备具，性与相兼有，圆明备德。"性起"就是讲一切众生及诸法都"体性现起"，是如来性的显现，而不待其他因缘而起。"如来菩提"，菩提译为觉悟，与如来智慧有圆通处，众生身具足如来智慧，即是佛的菩提，换言之，即人人具有佛性。

法界缘起是华严宗理论思维逻辑的根基。法藏引《华严经》以释。"明缘起者，如见尘时，此尘是自心现。由自心现，即与自心为缘。由缘现前，心法方起，故名尘为缘起法也。经云：'诸法从缘起，无缘即不起'。沉沦因缘，皆非外有，终无心外法，能与心为缘"[24]。尘是心缘，心为尘因，因缘和合，幻相生起。因尘是心缘，心法生起。因从缘而生，必无自性。为什么无自性？因为尘等现象，不能自缘，须依赖于心，以心为缘起，然而心不自心，心亦有待于缘。法藏引经云："诸法本性空，无有毫末相"[25]。譬如尘相虚无，无自性，所以尘相无体，相即非相，非相即相，相与无相，实无差别。

华严宗认为，一尘缘起是法，是谓入法界。法界有诸多称谓：如"三世法界"、"诸佛法界"、"无量法界"、"清净法界"等。法藏在释《华严经》的"即法界无法界，法界不知法界"时，把诸多谓称法界概括为四法界，性相不存为理法界，不碍事相为事法界，合理事无碍为理事无碍法界，事事无碍法界为四法界。法界与缘起是体用、本末关系，两者即体即用，即本即末，圆融无碍。

华严宗的种性佛性说、六相说、十玄门说、四法界说都以圆融无碍为其理论思辨方法，其文本的依傍是《华严经》。

（四）《楞伽经》、《金刚经》与禅宗

禅宗所依傍的诠释文本初以《楞伽阿跋多罗宝经》（简称《楞伽经》）[26]印心，后以《金刚波若波罗密经》（简称《金刚经》）讲依。北宗神秀

入内道场参修《楞严经》。《楞严经》初是荆州度门寺神秀禅师在内时得本，后因馆陶沙门慧震于度门寺传出"[27]，这与南北两宗依《楞严经》主张顿悟与渐修的论争相联系，所以《楞严经》也成为其依傍的经典文本。其实《楞伽经》也讲顿悟与渐修。"世尊！云何净除一切众生自心现流，为顿为渐耶？佛告大慧：渐净非顿。如菴罗果，渐熟非顿，如来净除一切众生自心现流，亦复如是，渐净非顿……"[28] 又举陶器家造作陶品、大地渐生万物、人学音乐书画等都是渐熟、渐成、渐生、渐净的，不是顿熟、顿成、顿生、顿净的，因为"净除"烦恼（自心现流）是渐不是顿的。这段话显现主张渐修，不主张顿悟。然而，《楞伽经》又说："譬如明镜，顿现无相色相，如来净除一切众生自心现流亦复如是，顿现无相、无所有清净境界。如日月轮，顿照显示一切色像，如来为离自心现习气过患众生，亦复如是，顿为显示不思议智最胜境界"[29]。以明镜、日月为喻，说明顿显一切无相色像和一切色像的清净境界和不思议智最胜境界，又是主张顿悟。前者主张渐修，后者主顿悟，渐与顿《楞伽经》都讲，都有道理，这样南顿北渐之争都可从同一《楞伽经》中导引出来，都有其同一的经典文本依据。

《楞伽经》"如来藏自性清净"说，"此如来藏虽自性清净，客尘所复故，犹见不净"[30]。自性清净的如来藏与真如、实际、法性、法身、涅槃等不生不灭，本来寂静，自性涅槃。由于"如来之藏是善不善因，能遍兴造一切趣生"[31]。如来藏能遍兴造一切世界。禅宗以自性清净心、真心（直心）、自心（净染心、善恶心）作为"识心见性"佛性说的基石。

《楞伽经》三界唯心思想，影响禅宗的"识心"说。《楞伽经》说："如是观三界唯心分齐，离我我所"[32]。此心可谓"自性如来藏心"。《楞伽经》建立八识，"谓如来藏名识藏，心、意、意识及五识身。非外道所说。大慧！五识身者，心、意、意识俱，善不善相展转变坏，相续流注不坏身生，亦生亦灭，不觉自身现"[33]。识藏即藏识，也即阿赖耶识，亦称心识。它是万法的种子，能生起一切法。由此而被禅宗作为依傍的诠释文本。这与《楞伽经》把《一切佛语心品》的心解释为"一心者，名为如来藏"相契合。

菩提达摩依《楞伽经》教理，慧可、道育等印心教理。传至四祖道信，在隋大业十三年领徒在吉州时，"值群盗围城，七旬不解，万众惶怖，祖愍之，教令念《摩诃般若》"[34]。其徒牛头宗法融，一日叹曰："儒道世典，非究竟法。《般若》正观，出世舟航"[35]。后于建初寺讲《大般若经》，听众云集。其与道信有同处，然道信曾申明说法要依《楞伽经》诸佛心第一，又依《文殊般若经》一行三昧，即念佛心是佛，妄念是凡夫。虽依傍两经，但两经念佛心是佛圆融。法融曾受学《楞伽经》，遂大入妙门百八总持。这百八总持即《楞伽经》中的"有八句"，也是两经兼用。

道信付法传衣于五祖弘忍，弘忍曾阐发《金刚般若》意蕴。六祖慧能"一日负薪至市中，闻客读《金刚经》，至'应无所在而生其心'，有所感悟，而问客曰：'此何法也？得于何人？'客曰：'此名《金刚经》，得于黄梅大师'。祖遽告其母以为法寻师之意"[36]。可从"客曰"中得知弘忍讲依《金刚经》。当五祖弘忍付法传衣于慧能时，"五祖夜至三更，唤慧能堂内，说《金刚经》，慧能一闻，言下便悟。其夜受法，人尽不知，便传顿法及衣；'汝为六代祖。衣将为信禀，代代相传，法以心传心，当今自悟'"[37]。可见弘忍以《金刚经》传法。《金刚经》遂成为弘忍传法所依傍的诠释文本。慧能亦以佛性论思想理解、宣扬《金刚经》。"若欲入甚深法界，入般若三昧者，直修般若波罗蜜行，但持《金刚般若波罗蜜经》一卷，即得见性，入般若三昧……若大乘者，闻说

《金刚经》，心开悟解。故知本性自有般若之智，自用智惠观照，不假文字"[38]。法界即法性，亦即真如、佛性。持《金刚经》，即得见性，指得见佛性，以成佛果。惠能宣扬诵持《金刚经》为主经无疑，但在其《坛经》中广引诸经，如《维摩经》的《菩萨品》《佛国品》《弟子品》《众生品》、《方便品》等，并说："《维摩经》云：'即时豁然，还得本心，'"[39]；又引"《菩萨戒经》云：'本元自性清净'"[40]；引《涅槃经》的《金刚身品》；引《楞伽经》的《如来常无常品》《刹那品》；引《华严经》的《净行品》；引《阿弥陀经》等其文或其意。由此可见，慧能《坛经》以"识心见性"的佛性论观照诸经，具有综合性、兼容性的价值。

二、道教各派依傍的经典

佛教各宗有各宗的宗经，道教也有依以诠释的经典文本。早期道教为太平道和五斗米道。太平道以《太平经》作为其依傍的诠释文本；五斗米道以《老子道德经》为其依傍的诠释文本，张陵或张鲁取《老子道德经河上公章句》思想而撰《老子想尔注》，以宣扬道教。[41]唐高宗奉《道德经》为上经，玄宗立崇玄馆，诸生诵习《道德经》，是时以《老子道德经》、《老君道德经河上公章句》、《老子想尔注》为道教依以立教的理论依据。汉时老庄并说，严遵著《老子指归》，依老子、庄子之旨而撰。唐时《庄子》被尊为《南华真经》，亦成为道教主要依傍文本之一。

《太平经》据《后汉书·襄楷传》疏称，于吉得《太平清领书》，其言"以阴阳五行为家，而多巫觋杂语"[42]。这就是《太平经》。张角的"太平道"就是依《太平经》作为建道的理论依据，借《太平经》这一"神书"，提升"太平道"的神圣性和神秘性，唤起民众的信仰。东汉末，天下大乱，民众的普遍诉求是天下太平。《太平经》以"太平"名经，符合民众的愿望。《太平经》明确

提出："澄清大乱，功高德正，故号太平。若此法流行，即是太平之时。故此经云：应威而现，事已即藏"[43]。顺应了民心，也适应了时代的需要。《太平经》应时而出，便具有现实的合理性和价值性。

《老子道德经》(《老子五千文》)是五斗米道祭酒时所宣讲之《老子道德经》的注解本。它吸收《太平经》的宗教理论和致太平思想来诠释《老子道德经》，倡导遵守道诫，"积善功以通天神"，"善神早成"，"能法道，故能自生而长久也"，这就是"结精成神"。在社会政治上主张"人君欲爱民令寿考，治国令太平，当精心凿道意，教民皆令知道真"[44]。把奉道诫、积善、守一、食气、房中术及爱民、治国都与致长生和致太平相关联，宣扬道教教理。

出于两晋的《黄庭经》和《上清大洞真经》是道教上清经箓派所依傍的主要文本。《黄庭经》是把道教教理与医药养生相融合，以存思、存神、养精补气、炼髓凝真，乘云登仙。《上清大洞真经》的大洞是指茅山华阳洞，为仙人的居所，《上清经》藏于此洞，是高上虚皇道君而下三十九道君，每一道君各著经一章而成，主张以生门死户、守雌抱雄为主，存养神炁，天真下降，与身中身炁混融，乃至长生不死之道。

道教灵宝经系和三皇经系所依傍的经典文本是《度人经》和《三皇文》。《度人经》，即《元始无量度人上品妙经》，又称《太上洞玄灵宝无量度人上品妙经》。宣扬元始天尊的仙道贵生、无量度人的思想，要人齐心修斋，六时行香，诵念道经，降福清灾，度人登仙。并设计了三界、五帝、三十二天帝、地府酆都等神鬼系统。后来，《道藏》编纂者以《度人经》为道教首经。《三皇文》为天皇、地皇、人皇文的合集。家有《三皇文》可辟邪恶鬼、横殃飞祸等；道士求长生，持此书入山，辟虎狼山精，五毒百邪；有可召天神司命及太岁

等神通。

《阴符经》与《太上老君说常清静妙经》是唐代道教的重要经书，是后世道教规定的道士必诵习的经书，是《玄门功课经》的主要经书。《阴符经》讲道家修养功夫，能"观天之道，执天之行"[45]，以把握长生久视之奥妙。其义旨是"阴者性之宗，符者命之本，此阴符之旨"。内以修身，外以治国，总御群方，得道成仙。《太上老君说常清净妙经》主张人能常清静，心静神清，六欲不生，三毒消灭，一切皆无皆空，渐入真道[46]，得道成仙。

以上各经，都有载入葛洪《抱朴子内篇》的《遐览》者，然《遐览》所载道教经书目录共1 299卷，包括经类137种，434卷；记类29种，51卷；法类5种，15卷；文类4种，10卷；录类3种，4卷；集类2种，2卷；杂类12种，150卷，图类13种，13卷；符类620卷。葛洪之后，南朝陆修静编《三洞经书目录》，收1 228卷，实际有1 090卷。《隋书·经籍志》列有经戒、服饵、房中、符录等共377部，1 216卷。唐玄宗崇信道教，收集道书，分三洞三十六部，这是道教史上第一部道书总集，因编成于开元年间，故名为《开元道藏》。后世又有继修者。

三、儒教与《大学》、《中庸》

两晋南北朝、隋以降，儒学衰微，唐代儒释道三教冲突融合的氛围，激起了再发现儒学的自觉意识，重新体认儒学的价值。尽管唐代统治者三教并用，但在佛强儒弱的情景下，对儒学亦进行了扶植。唐太宗开文学馆，召名儒为学士，置弘文馆，引学士探讨古今成败得失。以孔子为先圣，颜回为先师，召天下惇师老德为学官。能通一经者，听入贡限。四方秀艾，周边各国遣子弟入学者，凡八千余人，三代以来，未有如此之盛。[47]"太宗命孔颖达与颜师古、司马才章、王

恭、王琰受诏撰《五经》义训凡百余篇，号《义赞》，诏改为《正义》"[48]，使科举考试有了统一的经典文本依据，为儒学复兴奠定了基础。

介于时代的变迁、儒释道三教紧张冲突、儒学的再发现、价值的重估等等，韩愈、李翱、柳宗元、刘禹锡等儒者，必须对其所依傍的诠释文本加以重新选择，这个选择不是撇开"五经"、《论语》、《孟子》，而是依据儒释道讲心性、讲佛性道性、讲正心诚意，是"外天下国家"，而儒教讲心性、讲正心诚意是为了治国平天下，为回应佛道，需要选择新的诠释经典文本，因为这在"五经"、《论语》、《孟子》中虽有论及相关的话题，但缺乏系统的、对应的话题，于是韩愈从《礼记》中提出《大学》，既为其道统论作经典依据的论证，亦为其正心诚意作形而上的心性论与形而下的治国平天下论的论证。他在《原道》中引述《大学》的"古之欲明明德于天下者，先治其国……"[49]大段话，说明儒释道三教虽都讲心性话题的正心诚意，但其宗旨和目标截然分别。

《论》、《孟》、《大学》讲修身养性，讲仁义道德。韩愈《原道》讲："博爱之谓仁，行而宜之之谓义，由是而之焉之谓道，足乎己无待于外之谓德。仁与义为定名，道与德为虚位"。[50]之所以说道与德为虚位，是因为儒释道三教都讲道德，而各教的道德观又大异其趣：佛教讲三界唯心，万法唯识；道教讲清静无为，道法自然；儒教讲仁义，并以仁义定位儒教的道德观。老子以大道废，而有仁义，所以韩愈批评"老子之所谓道德云者，去仁与义言之也"[51]。这就是说各教有各自的道德价值观，这是三教之别原因所在，也是道德为虚位的根由。

韩愈又从《礼记》中提出《中庸》，以说明儒教论性与佛道异。"夫圣人抱诚明之正性，根中庸之至德，苟发诸中，形诸外者，不由思虑，莫匪规矩，不善之心，无自入焉"[52]。圣人拥有诚

明和中庸的至德正性，心中思虑的事情，付诸实际的践履，都符合礼法规矩，这样，不善的心思自然不能产生。这是圣人能做到的。然而人非圣人，孰能无过。韩愈接着对"不贰过"作了解释。他说："盖能止之于始萌，绝之于未形，不贰之于言行也。《中庸》曰：'自诚明，谓之性；自明诚，谓之教。'自诚明者，'不勉而中，不思而得，从容中道，圣人也'。无过者也。自诚明者，'择善而固执之者也'，不勉则不中，不思则不得，不贰过者也。故夫子之言曰：回之为人也，择乎中庸，得一善则拳拳服膺，而不失之矣"[53]。韩愈按《中庸》的意旨，把"自诚明"与"自明诚"作为人的两种德性和行为的选择。前者是理想的圣人德性人格，是生而具有的；后者是需要通过教化，择善而固执行善，才能完善德性人格，犹如颜回。

韩愈的道统论、性情论所依傍的主要诠释文本，是《大学》和《中庸》。他从《礼记》中提出此两篇而加以宣扬，便提升了此两篇在儒学经典文本中的地位，而为宋明理学的诠释文本的重新选择提供了基础。韩愈的弟子李翱作《复性书》，继韩愈而表彰《中庸》《大学》，并以《中庸》立论。他依《中庸》首句"天命之谓性"而发为"性者天之命也，圣人得之而不惑也"。韩愈把"自诚明，谓之性"诠释为圣人具有的德性、善性，李翱继而讲诚者圣人之性，并征引《中庸》"唯天下至诚，为能尽其性；能尽其性，则能尽人之性；能尽人之性，则能尽物之性；能尽物之性，则可以赞天地之化育；可以赞天地之化育，则可以与天地参矣。其次致曲，曲能有诚，诚则形，形则著，著则明，明则动，动则变，变则化，唯天下至诚为能化"[54]。天下至诚谓圣人之德，圣人尽性，推而尽人、尽物之性，便可赞天地之化育而与天地参。诚有未至者，虽有偏曲，形而积中发外，而使之著明，诚能教化物，物从而变化，唯至诚的圣人能教化天下。这便是开诚明之源。

李翱以《中庸》的诚明说为指导，来论述其《复性书》。韩愈、李翱提升了《大学》《中庸》在道统中的经典价值，而使之成为宋明新儒学所依傍的文本。

隋唐儒、释、道三教，虽各有其所依傍的诠释文本，释、道内部各宗派亦有各自所依傍的宗经，但三教在融合与冲突中，都不离时代精神所体现的"性情之原"的核心话题，在追求通达终极关切的精神家园的道路上，三教殊途而同归。

注 释

[1] 雅斯贝尔斯（Karl Jaspers）：《历史的起源与目标》，14 页，北京，华夏出版社，1989。

[2] 据郭朋，《汉魏两晋南北朝佛教》，241、242、603、826 页，济南，齐鲁书社，1986。

[3] "五时"是指释迦牟尼说教五十年，按听讲徒众的体会、领悟水平分为五个时期，《法华经》是第五个时期所讲的经。

[4]《法华经·方便品第二》，《大正藏》卷九。

[5] 同上。

[6]《妙法莲华经文句》卷四下，《大正藏》卷三十四，"正觉"指佛。

[7]《妙法莲华经玄义》卷一上，《大正藏》卷三十三。

[8] "五种三谛"说，指别入通三谛，圆入通三谛，别教三谛，圆入别三谛，圆教三谛（见《妙法莲华经玄义》卷二下，《大正藏》卷三十三）。

[9]《中论》，《大正藏》卷三十。

[10]《四教义》卷二，《大正藏》卷四十六。

[11]《妙法莲华经玄义》卷八下，《大正藏》卷三十三。

[12]《中论》，《大正藏》卷三十。

[13]《法华经·方便品第二》，《大正藏》卷九。

[14]《妙法莲华经玄义》卷二上，《大正藏》卷三十三。"天台师云"，即智顗自己讲。

[15]《妙法莲华经玄义》卷二上，《大正藏》卷

三十三。

[16]《唐京兆大慈恩寺窥基传·系曰》,《宋高僧传》卷四,66页,北京,中华书局,1987。

[17] 参见郭朋:《隋唐佛教》,417~418页,济南,齐鲁书社,1980。

[18] "十大论师"指亲胜、火辨、德慧、安慧、难陀、净月、护法、胜友、胜子、智月。护法后三人为其弟子。

[19]《成唯识论》卷一,《大正藏》卷三十一。

[20] 靖迈:《古今译经图记》卷四,《大正藏》卷五十五。

[21] 同上。

[22] 佛教在释迦牟尼后分为空有两宗:小乘佛教有宗为俱舍一系,空宗为成实一系;大乘佛教有宗为瑜伽行派,空宗为中观学派。但空有两宗都以性空为基本理论。

[23]《华严经探玄记》卷一,《大正藏》卷三十五。

[24]《华严经义海百门·缘生会寂门第一》,《大正藏》卷四十五。

[25] 同上。

[26]《楞伽经》有三个翻译本:南朝刘宋求那跋陀罗译《楞伽阿跋多罗宝经》四卷本(443年出);北魏菩提流支译《入楞伽经》十卷本(513出);唐实叉难陀译《大乘入楞伽经》八卷本(704年出)。

[27]《唐京师崇福寺惟愨传》,《宋高僧传》卷六,114页。

[28]《楞伽经》卷一,《大正藏》卷十六。

[29] 同上。

[30]《楞伽经》卷四,《大正藏》卷十六。

[31] 同上。

[32]《楞伽经》卷一,《大正藏》卷十六。

[33]《楞伽经》卷二,《大正藏》卷十六。

[34]《四祖道信大医禅师》,《五灯会元》卷一,50页。

[35]《牛头山法融禅师》,《五灯会元》卷二,59页。

[36]《六祖慧能大鉴禅师》,《五灯会元》卷一,53页。另《唐韶州今南华寺慧能传》,《宋高僧传》卷八,173页,有相似记载。《金刚经》,《宋高僧传》载为《金刚般若经》。

[37]《坛经校释》(九),第19页。

[38]《坛经校释》(二八),第54页。

[39]《坛经校释》(一九),第37页。

[40] 同上。这里《菩萨戒经》指《梵纲经》卷下曰:"一切众生戒本源自性清净"。

[41] 参见尾崎正治:《道教经典》,《道教》第1卷,61~67页,上海,上海古籍出版社,1990。另参见李养正:《道教概论》,328~344页,北京,中华书局,1989。

[42]《襄楷列传》,《后汉书》卷三十下,1084页。"于吉",《襄楷列传》作"干吉"。

[43]《太平金阙帝晨后圣帝君师……贤圣功行种民定法本起》,《太平经合校》卷一至十七,10页。

[44]《老子想尔注校证》,8~13页,上海,上海古籍出版社,1991。

[45]《朱子阴符经考异》,《朱子遗书》,855页,京都,中文出版社,1975。

[46] 以上参见李养正:《道教概论》,337~363页,北京,中华书局,1989。

[47]《儒学传序》,《新唐书》卷一九八,5636页。

[48]《孔颖达列传》,《新唐书》卷一九八,5644页。

[49]《原道》,《韩昌黎集》卷十一。

[50] 同上。

[51]《原道》,《韩昌黎集》卷十一。

[52]《省诚颜子不贰过论》,《韩昌黎集》卷十四。

[53] 同上。

[54]《复性书》,《全唐文》卷六三七,3799页。

经典释读

Interpreting the Classics

儒学与杜威实用主义关于人的观念

安乐哲

安乐哲（Roger T. Ames）/ 美国夏威夷大学

栗树啊，根柢雄壮的花魁花宝，

你是叶子吗，花朵吗，还是株干？

随音乐摇曳的身体啊，灼亮的眼神！

我们怎能区分舞蹈与跳舞人？[1]

——威廉·B·叶芝《在学童中间》

儒学是什么?

哲学家、教育家孔子(前 551—前 479) 的拉丁语译名是 "Confucius"，它是汉语 "孔夫子" 一词的音译，英语（而不是汉语）就借用了孔子之名（拉丁译名）来表达 "儒家思想"，称之为 "孔夫子的学说"（Confucianism）。孔子当然是一个活生生的真实历史人物，他生活过，从事过教育，逝于约两千五百年前。他在当时整合了一笔伟大的智慧遗产。这一智慧历经世代相传和实践应用，塑造了整个中华文化的品格，而现在这一文化的承传者约占世界人口的四分之一。《论语》的中间章节收录了耳濡目染的门生们关于孔子人生的片断印象，他们记忆中孔子的超拔的人格典范具有其自身的价值和意义。不过，按照孔子自述，他的见解大多源自古代，而且他本人倾向于追随传统而非寻求新变。[2]事实上，或许是出于这个原因，在汉语里，这一传统并没有被明确地与孔子相连，也没有被称为 "孔学"（Confucianism），而是被称为 "儒学" ——一门由 "儒" 这个文人阶层在孔子之前及之后多个世纪中，不断发展起来的思想学问。

"儒" 字意为 "温和、柔弱和羞怯的"，通常被用来描述 "温文尔雅之人" 的世系，他们致力于通过学习和文化教养提升个人修为。这一阶层的人通过践行礼乐达到人生的至高境界，根据青铜器铭文中的记载，这一绵延的传统可以追溯到商代（前 1570—前 1045）。沿着黄河流域延伸的早期商代文化，在创立后的几个世纪内就达到了金属工艺的极高水平，这一改变世界的技术和文化成就，成为了滋生中华文明的催化剂。宏伟瑰丽的青铜器的大规模生产转变了商代社会的经济政治形态，同时为日益复杂的文化打上了社会、政治和宗教权力的烙印，将受过教育的城市贵族与生活在乡村的农民区别开来。李泽厚的《美的历程》中提到：

尽管青铜制品实际上是由体力劳动者甚至奴隶浇铸的，而尽管一些青铜器设计的起源可以追溯到原始图腾和陶器时代,这样的设计最初是对早期等级社会权力和意志的表达。[3]

这些青铜器讲述了由高度文人化的贵族官僚所控制的等级制家庭和宗族结构的历史,而商代的世袭家族依靠这些官僚为其工作和提供建议。很大程度上,这些殷商统治者还要由农民和渔民的劳动来供养,并受到商朝列祖列宗的荫庇,商的皇帝们在死后被尊为横跨神圣与凡间两界的"帝"。正如历史学家保尔·惠特利(Paul Wheatley)指出的,文人阶层最终决定了文化:

从对商代技术的调查中可以得到一个主导印象,商代技术的进步是对一个新社会阶层产生的反应,而不是其决定因素;这个阶层关注的中心在于仪礼和祭祀。[4]

贵族阶级将财富和时间耗费在崇古追先的繁冗程序上,并运用其日益积累的资源建立起一套非凡的文明体系,与其他同时期的文明不同,商文明的绝大多数青铜是用来铸造礼器而非武器。各式各样的青铜礼器被用于在太庙宗祠举行的常规牺牲和祭酒仪式,并在沟通此世与阴间的占卜仪式中起到装饰作用。伴随着祭祖仪式的是祭礼音乐,甚至商代的一些乐器——即编钟——也是由青铜铸造的。[5]这些仪式提供了通道,使在世者能够与他们的先祖进行交流,后者可以在阴间保佑他们。

从商代宫廷文人精英集团的不懈努力中,我们得以详尽地了解到这群人的生活状态;他们建立了一种高度"审美化"的生存方式。[6]西周(前1046—前770)王朝最重大的事件一度被铭刻在这些青铜器具的内壁上,为子孙后代所知晓。正是书写在牛肩胛骨和龟背上的商代语言——甲骨文,以及后来的铜铭文——金文,为我们提供

了最早的用文字记载下来的古代中国历史。[7]

在周朝统治的几个世纪里(前1046—前256),新兴的文人阶层推动了宗教政治实践的进步;这些实践活动为"礼"向广大人群的逐渐延伸奠定了基础,并提供了原动力。周王朝起初是个部落民族联盟,他们征服了商朝,并同时保存了其高度发达的文化艺术。

在商朝,对于负责青铜器和宫廷舞蹈的官员集团而言,"礼"意味着知道自己的地位,据此了解自己在形式确定的仪式和定期举行的典礼中,应该站在哪里,去宣告政治和宗教的状况,标示宫廷生活的时令。"礼"字在甲骨上的图像是豊,在青铜上的图像是禮,它们作为象形文字描绘了对两块玉石的献祭,它们被放置在礼器中,为王朝祈求祝福和顺景。[8]

如果我们可以通过青铜器的制造来讲述商朝历史的话,那么正是"礼"观念的演进能够使我们管窥周民族的历史。在商代,仪式表演大体上受到严格的规定,正式的宗教程序是由统治者及其僚属制定的[9],以增强他们与自然界和彼岸世界的联系。这些仪式通常是对感知到的宇宙韵律的模仿,以促进人、自然和精神世界之间的和谐,而典礼明显地是在强化人类对宇宙运行的参与和影响。在周朝,仪式的活动和作用逐渐由统治者本人向更广泛的群体扩展,发展出日益重要的意义,而这些意义作为普遍的和决定性的社会语法,赋予了家庭和共同体的生活意义。正是通过这些仪礼,参与者们得以确立各自所处的适当的地位和位置——"位"——并形成他们互相之间的关系。

孔子将自己视为高度繁荣的商代和西周文化遗产的光荣继承者,而这种文化到春秋时期(前722—前449)就已经衰败和腐化了。他致力于复兴和恢复儒的生活方式,这一生活方式仍然保留在存世经典的记载中。[10]与孔子的预想一致,被称之为"儒学"的这一持续发展的传统,作为兼

收并蓄的中国文化的开放性核心，应被理解为既充满活力，又具有凝聚力的。也就是说，自孔子的时代至今，儒学不断被其间八十多代中国学者和知识分子挪用、评注、重释、重新权威化，他们为这一"文人之学"贡献了最优秀的思想。致力于完善人类之经验的"文人之学"是一个延续的传统。

"人"还是"成人"？

中国古代的审美秩序建立在仪式庆典的基础上，在这一背景下，我们可以特别地关注早期儒家对"人是什么"的回答。这个问题对古希腊人来说也是永恒的，在柏拉图的《斐多篇》和亚里士多德的《灵魂论》中都有所提及。或许从毕达哥拉斯的时代起，对此问题最经久不衰的答案是一个本体论回答：人类的"存在"是一种永恒的、已成形的、自足的灵魂。而"认识你自己"——苏格拉底的标志性训言——就是认识这个灵魂。我们每一个都是一个人，并且从观念上拥有人之所以为人的完整性。认识你自己就是人生的目标。

但是，儒家对该问题的提出和回答都与之不同。他们改写了这个问题本身："以何种方式，一个人能成为完全意义上的人？"这是明确地在早期著作"四书"（《大学》、《论语》、《孟子》、《中庸》）中反复提出的儒家式的问题。孔子时代给出的是一个道德的、审美的，并最终带有宗教性的答案。人之成为人，是通过在家族内建立起深厚的、内在的联系而实现，这些联系构成了一个人的初始条件，并塑造了一个人在群体和宇宙中的生命力轨迹。[11] 修身——儒家经典的标志性训词——是儒家成为"至善"的人（"仁"）的基础。"成人"要求我们不懈地规范自己的言行，通过礼表现出来，即通过在家庭、群体和宇宙中我们身处的角色和关系之间相互依赖的动态模式表现出来。在这种儒家传统中，我们彼此需要。如果只

存在一个人，就意味着没有人存在。[12] 在行为上臻于"仁"是我们所要实践的，我们要么一起做，要么完全无法进行。必须注意的是，虽然儒家思想可被描述为深具宗教性，它也是唯一的信徒中不存在僧徒、修女、隐士或者修道者的重要的精神传统。道成于行走之中，但人绝不独自行走。

既要考察"礼"的历史演变，又要将中国的自然宇宙观作为与本儒学研究相关的诠释学背景，在此过程中，我们希望提供一种语言将这种世界观同奠定了古希腊形而上学基础的本体论模式区别开来，后者是还原的、单一秩序的，主张的是"多之下的一"（众多表象之下存在唯一的本质），通过追溯隐藏在万物背后的基础和原因去"理解"多——比如，在对人的认识上，讨论抽象的个体或者灵魂。

《周易》记载了中国早期的过程宇宙论，其中万物总是同时既是一也是多的。如上所述，我们称之为"儒学"的传统，无法上溯到一个单一的源头，它是一个绵延的、活的传统，通过每一代文人的重塑权威，保持了它的独特性。也就是说，这个传统从延续性和独特性上说它是"一"的，而从它的总体发展以及修正演变的角度看，它又是"多"的。类似地，正如我们将看到的，独一无二的"成人之道"就是从这个绵延的宗族谱系中出现的，"成人之道"就是对不断产生的特定关系的动态展开。

我们在中国过程宇宙论中发现的，并非一种唯心主义，而是一种共生的和整体的焦点场域的秩序模式，这种秩序模式在《大学》的自然、生态关怀中得到了相当简洁的说明，《大学》是"四书"中第一部确定儒家修身理想的经典。这份简要而综合的文献，其核心信息是：虽然个人的、家庭的、社会的、政治的、宇宙层面的教化最终的确是彼此相连、相互需要的，然而，教化必须始于个人的修身。原文如下：

儒学与杜威实用主义关于人的观念

大学之道，在明明德，在亲民，在止于至善。知止而后有定，定而后能静，静而后能安，安而后能虑，虑而后能得。物有本末，事有终始，知所先后，则近道矣。[13]

《大学》主张首先要修身，接着又详述了古代圣王在致力于"修身"后所能取得的宇宙影响力：

古之欲明明德于天下者，先治其国；欲治其国者，先齐其家；欲齐其家者，先修其身；欲修其身者，先正其心；欲正其心者，先诚其意；欲诚其意者，先致其知，致知在格物。物格而后知至，知至而后意诚，意诚而后心正，心正而后身修，身修而后家齐，家齐而后国治，国治而后天下平。[14]

每个人都代表着家庭、社会、国家甚至宇宙的某个独一无二的方面，通过献身于斟酌如何成人并与外界关联，每一个人都有可能使确定他们在家庭以及群体内部的位置的种种关系变得更清晰和更有意义。《大学》的"学"就是培养富有成效的和超个人的行为习惯，这些行为习惯通过家庭、群体和国家向外延伸，并最终转变宇宙。[15]

正如《大学》告诫我们的，在成为至人的极其重要的修身过程中，我们必须主次分明：

自天子以至于庶人，壹是皆以修身为本。其本乱而末治者否矣，其所厚者薄，而其所薄者厚，未之有也！[16]

《大学》是《礼记》的一部分，它最后得出结论说，以"止于至善"的修身为本是智慧的极致。原文如下：

此谓知本，此谓知之至也。[17]

这里，"本"、修身及其成果——智慧，应被视为一个消长与共的有机整体。同样值得注意的是，儒家的指向是如何与古希腊——尤其是苏格拉底——的指向分道扬镳，对于后者来说，"认识你自己"是最终的目的，因为"未经反思的人生不值得活"。然而，在《大学》里，"认识你自己"是一个"实现自身"，并由此实现一个有序、和谐之世界的过程。[18]

家庭的意义涉及并有赖于每一位成员富有成效的教化，进而整个宇宙的意义也涉及并有赖于家庭和群体中每个人的有效教化。个体价值是人类文化的源头，而人类文化作为不断积累的资源，反过来为每一个人的修身提供背景和给养。

这一儒家的修身计划当然具有重要的理论意义，但是正如《大学》所体现的，这一修身计划的持久的力量在于，它对源自现实人类经验所作的相对直接的描述。儒家思想之所以被认作是一种实用的自然主义，是因为它并不建立在任何形而上学的假设或者超自然的推测之上，相反它关注此时此地的我们如何通过陶醉于生活中的日常事务而获得提升个人价值的可能。祖母对孙辈的爱既是最平凡的，也是最非凡的。

儒家始终通过围绕着日常人类经验最根本、最持久的方面——对他人的尊重、家族尊严、友谊、习得的羞耻心、教育的中心地位、共同体和国家的政治、两代人的责任和尊重等等发展它的思想，保证了儒家学说——不仅对中国人，而且对所有人来说——具有持久相关的意义。

虽然在发达资本主义社会中威胁着家庭生活

和家庭结构的离心力日益增长，然而目前绝大多数人仍是在家庭中被抚养长大的，他们的孩子也将继续如此；所有的家庭过去、现在都有他们自己的小小仪礼规范：问候、送礼、分享食物、告别、一同游戏和运动以及更多其他的礼仪。相对一次大型弥撒或国葬仪式，这些都是小的仪礼，尽管如此，它们的重要性毫不逊色，并且它们的特殊性对我们每个人而言都是意义深远的。它们使我们记住和识别自己属于某一特定的家庭，而不是别的家庭。

儒家思想的一大特点在于它的兼收并蓄和适时应务，孔子言说本身也具有这一特点，他的教导因此在中国传统中极富张力。简而言之，孔子的贡献在于他将所处时代的文化遗产为己所用——汲取前人的智慧使之适应当时的历史现状，并将这种做法传至后代，使他们在自己的历史时代里能以同样的方式对待他们的家族，以及他们的文化遗产。[19]

因此，《论语》所记载的孔子的个人模式，并不是要为每个人的生活方式制定某种普遍遵循的准则。恰恰相反，这一文本重现的是对某一特定个体的叙述：孔子如何在与他人的相处中"成人"，他如何度过充实的人生，并深受周围人的爱戴。如果我们冒昧地玩味《论语》这个标题，字面意为"正在进行的谈话"（discoursing），或更确切地为"基于角色的谈话"（role-based discoursing）。的确，在阅读《论语》的过程中，我们邂逅了由各种关系建构的孔子，在生活中他尽可能将自身的多种角色发挥到极致：关怀备至的家人、严格的夫子和导师、谨慎廉洁的士大夫、热心的邻居和乡人、始终充满批判精神的政治顾问、对祖先心存感激的后人、对特定文化传统满怀热情的继承者，当然还有那位在沂河边度过愉快的一天后，唱着歌回家的开心的"老少合唱团"中的一员。孔子提供给我们的是历史典范

而不是原则，是规劝而不是命令。他的见解的影响力和持续的价值得益于这些想法的直观的说服力，并使随后的世世代代——包括我们自己——易于接纳。

事实上，援引中国的自然宇宙观背景，儒家思想何以比西方经验主义更加重视经验，儒学何以成为彻底的经验主义，原因在于儒家对个体独特性的尊重，包括对特定个人的尊重，还有对创造性智慧的需要，这种智慧在憧憬硕果累累的未来时也会考虑这一独特性。儒家思想并未提出什么普遍的原则，也未按照某种严格的属性观对自然事物进行分类，儒学的出发点总是一些对于源自圆满生活的具体历史案例的临时性的概括，孔子本人故事里讲述的那些具体事件或许是最明显的证明。

"心"——作为"成人"的隐喻

隐喻可以作为我们从已知通达未知的桥梁。在儒家传统中，人常被誉为"天地之心"，从而，将不断发展的人类文化赋予自然世界的意义提高到宇宙论的地位。[20]儒家的假设是：人心能够协调源源不断流动的生命能量，并具有指导的力量，这种力量受到任何具体情况所固有的有效可能性的权衡和指引。

将传统中医引入我们的讨论或许会对我们理解将人类比作宇宙之"心"的隐喻有所帮助。正如医学人类学家张彦华指出的，在具体的人类体验中，"心"与它的自然、社会和文化的环境共同发生转换：

心是一个构成人体形成的持续过程的运行机制，包括生理的，心理的和社会学的运作机制……这项以过程为中心的"心"生理学的独特性就在于……始终恪守与给定的社会情境和自然

儒学与杜威实用主义关于人的观念

环境一致的无障碍转化过程。[21]

如果人类作为一种特殊的"事物",总是通过他们之间的特定关系这一独一无二的矩阵模型得以建构,我们就必须从他们整个复杂关系的清单出发去追索任何一个人"是什么"或"怎么样"的问题。[22] 最终我们会发现每个人都是一个独一无二的焦点,聚集了在无边的经验流动范围内的活动。事实上,以修身之道为目的在这项悠久的传统中已经占据了哲学思考的中心,不管主要是运用于生理还是心理(通常两者皆有),都是为了获得冷静与平衡,以使"气"在整个人体器官中有效地、源源不绝地循环,并使它在不同环境中不致凝滞与阻碍。

"心"的意象很重要,作为一个合适的隐喻,它能让我们理解儒家的人的观念,即人是由关系建构的,人从根本上说是深处于社会、文化和自然环境中的。如果我们将心孤立起来,使它脱离情境,并因此哪怕是一分钟剥夺了它的生命力,一个活跃系统的密集中心就将转化为一具毫无生气的皮囊。从生理学方面理解,心是一个不间断的"形成"和"运转"过程,其中它的生存形式总是在"转化"不间断的韵律中被情境化。"心"是一个连续的、共生的过程之强有力的中心,其中建构了内脏和循环系统的复杂内部关系网通过占用它无限的外在环境而得到滋养。当"心"在所有这些关系中建立并维持一种不受任何阻滞地流动的平衡时,我们称之为"健康",或者更好,鉴于这种过程持续性的特点,我们称之为"健康地生活"。因此为了评价与衡量"心",我们需要将其定位为一种特殊的、浓缩的活力中心,其中蕴涵着它运转关系的全部复本。我们将从经验整体出发,并将心理解为在这片进化中的演进领域内的聚焦点。

然而"心"的含义还比这多得多。"心"不会被它的生理学意义所穷尽;它还有深层的主观与社会学维度补充着它的身体维度。在这点上,心具有一种情感的、智力的和精神的容纳力。"心"是情感和思维密集的场所,它通过精细复杂的、有时是通过角色和关系的私密途径发挥效力,这些角色和关系确定了我们中的每一个人。当我们在家庭琐事、社会事业和精神生活中都获得了毫无阻滞的和谐与宁静,并因此而过得很好时,我们或许可以把健康人生的这一维度的品质称之为愉悦的智慧。

要充分理解"心"(以及引申开来,儒学的"人")还有另外四点值得考虑。第一,去探寻"心"(或"人")生理学或社会学的本质——即,心从其自身来说是什么?——这是一个被误导的问题,它忽视了心的背景,并将心本质化了,而实际上心总是被关系决定的。心是充满了活力和深深根植在内的,它的活动完全局限于自己固有的有机领域中,因此是一种本质的关系。第二,隔膜(我们倾向于认为是心的边界)是能渗透和流动的,作为活动的嵌入式中心的指示器,而非某种划分内外交界的绝对限制。第三,因此,分析作为一个动态的关系矩阵的"心"(或"人")并不意味着剥夺其独特性与个体性;事实上,反而是在推动其独特性和个体性。我们首先从认识到建构每一个具体的人或事物的独特关系模板开始,而不是将同一自然种属的成员看做本质相同、偶然相异的。种类是通过不同事物的类推,而不是通过声称它们之间某些完全相同的特点建构起来的。最后,考虑到人类经验整体性和透视性的本质,十分恰当的做法应当是从生态学角度将人类视为一个漫无边际的场域内活跃的焦点,而不是诉诸更加熟悉的部分/整体模型及其外部关系的教条。人类,远非抽屉里的调羹或是罐子里的弹珠,而是一整片人的世界里独一无二的中心,从不脱离情境而存在,从不单独做任何事。任何一个"我"都是一群"我们"。

心的意象承载了传统中医所主张的健康生活的目标，那就是获得一种平衡，在这一平衡中我们能够在社会和自然活动中获得合适的度，从而将互惠的人类经验发挥到极致。在这样做的过程中，我们能够在给予和付出、施加与承受中同时避免过度与不足：

这里所描述的和谐与中国人的分寸感，即"度"(degree, extent, position) 有关……换句话说，在一个动态交互的环境中，当每个独特个体通过独一无二的方式以合适的"度"展露自身时，比如"相得益彰"[23]，就达到了和谐之境。

关系的推论本质

对几乎所有"成人"的过程来说，人们获得道德能力的成长起点和最初资源就是家庭关系的模式。我们所说的关系从根本上说是推导性的：这是一个在各种角色的范围内不断累加的"发生联系"与"解释自我"的过程，这些角色确定了家庭，并由此延伸到群体。首先，我们不是一个个分立的、实体性的"我"，这些"我"再组成"我们"。相反，作为由关系建构的人，"我们"才是起点，我们只有通过延伸和充实我们已经共有的比如母亲、妻子和邻居这些关系，才能产生出我们自己独特的生活。从关系建构人这一观念出发，关系包含了话语的不同层面和不同模式。我们通过持续的话语方式，以及其他推导性的媒介——比如身体、接触和举止，在语言上相互塑造。总的来说，礼——获得适宜的角色和位置——是语言性的，但这并不仅限于相互交谈和聆听。它还是在角色和关系中涉及的多种"语言"：身体和举止的、音乐和食物的、遵从和敬意的语言。

简单地说，表达家庭角色或者推而广之活出各种家庭角色就是人类经验中和谐与秩序的最终源头。从扮演好家庭角色入手，是搞好人际关系的策略，继而该策略就成了在更高的层面上获得秩序的起点，比如社会、政治和宇宙的秩序。我们可以说，儒家实际上就是想要把人类经验不断地家庭化。对儒家来说，这一计划是通过一种不断外推的生活方式而进行的，生活在互相交流的家庭与群体中我们才能陶醉于日常事务，将常规生活仪式化，让我们拥抱熟悉的东西，激发生活的惯例，最终在共同生活与日常生活中获得精神上的融合。

对孔子来说，成人是一种社会成就，一种适时应务的成功，二者是通过运用社会想象力和智力而实现的。社会不源自个体特征，个体也不是社会力量的产物。每个人都是独特的，他们在家庭与群体中建立起"力行与承受"的网络，而正是通过这一生态的、有机的关系网，社会与个体才能一同产生。考虑到现实总是变动的，成长总是临时的，因此我们每个人都是不完全的，总是面对来自偶然处境中的新挑战。不过这一成长同时是进步的、循序渐进的、臻于完善的，给个体带来持久的统一性和片刻的现实满足感。

群体不过是一群人之中持久的"对话"，群体中堪为楷模的人（君子）就是那些在有效的言行中有品德的人，从关系和语境上说，他们都是催化剂，能带来群体的繁荣昌盛。君子的一言一行，其效力不仅会影响到直接相关的群体，而且还会对更广泛的世界发挥持久而深远的影响。

这一早期的中国宇宙观影响深远，在此观念中成人和成人的话语实践作为同一事件的内部与外部，其意义就是通过创造性的联系而产生的。成人就是有意义的联系。因此，昌盛的家族成为越来越"熟悉"的话语的产物，繁荣的群体成为成员之间生气勃勃的交流与分享的产物，在儒家传统中，所有的关系都是以家庭的方式推而广之的，甚至天与地之间的宇宙关系。

意义从何而来

在处理这一基本哲学问题时我们必须注意到，在儒家的世界里，人与物是由他们适应性的关系所建构的，意义绝不源自单一的源头，总是从情境中产生。意义通过培养深化的、扩展的关系——我们称之为"语境化的艺术"，在情景中产生。在具体环境中的创造，不存在脱离了行动的分立行动者，没有脱离了制造者的制造。话语完全是内在的外在。从宇宙的角度说，没有后代是脱离祖先的。以此类比，在群体中，不存在脱离言说的言说者，反过来存在倒是在言说中继续存在的言说者。这种人与宇宙创造力的并行相关的本质——事实上是"共同创造"，就是卫德明（Hellmut Wilhelm, 1905—1990）在提出"一个经常出现于中国早期作品里的观念就是创造过程可分为两方面"时，所谈论的话题。[24]

《论语》描述我们如何将自我创造为人的部分，正好证实了卫德明的思想：

> 夫仁者，己欲立而立人，己欲达而达人。[25]

当我们说这种权威人士"赏识"他人时，我们是在承认，这些人认可另一个人的伟大和丰富，而在他们这么做的时候，他们就是在努力响应同伴的需要和欲求。但"赏识"还有另一种值得我们注意的重要意义。在达到这种充满关切的亲密关系时，关系中的双方的确是相互非常"赏识"的，他们从双方富有意义的关系中积累意义的额外发展，并且在这样做的时候，使彼此变得更有价值。深厚而有生气的关系是世界发展，家庭、社群甚至宇宙愈加充实的源头。因此，儒家哲学中个人实现的词汇就是增长与延伸并行的：比如

说，"个人的优秀"（德）就被全面地描述为"得到"（得），而精神（神）则被描述为"延伸和伸展"（伸），"仁"被描述为通过关系性的美德而止于至善（仁），等等。

如上所述，在《大学》所提出的辐射式成长中，给予世界秩序总是具体的、类比的：它从此地开始走向别处。这就是孔子在说到"下学而上达"[26]以及"能近取譬，可谓仁之方也已"时，所想表达的意思。[27]

然而，并不是所有的联系都具有同等的效果。在这一儒学传统中，意义从品质上说产生于日益淳厚的关系，我们的确是在"制造"朋友。友谊这种关系由两个人的性格共同建构，真实的、有意义的友谊是否可以持续，需要看友谊双方是否能够做到充满活力地彼此坦诚——"相互改变观念"，这种改变是非常具体的。很重要的是，获得有活力的友谊并不以牺牲个人的独特性和正直为代价，相反它恰恰是这两者的结合。正直意味着友谊中的每个人都保持了他一贯的独特性，还意味着整合性的"合而为一"，这是真正友谊的实质以及它宇宙意义的源头。将理性理解为内在的、构成性的和生产性的是一种审美的秩序的解读，因为任何审美成果都渴望达到对总体效果——友谊的联系性本身——具体细节的最完全揭示。

人们通常对孔子所说的"无友不如己者"[28]疑惑不解。他在这里所强调的是通过一套自我修养的准则，一个人就有了从未成形的人长成"大人"和"善人"的机遇。这项修身的事业追求在家庭和群体内部的日常角色中建立起深厚的关系。这样的个人成长始于此而终于彼："为仁由己，而由人乎哉？"[29]然而人与人的关系并不总是良性的。的确，他们既可以成为生长之源，也可以是衰减之端——他们可以使你更伟大，也能使你更渺小。

孔子曰："益者三友，损者三友。友直，友谅，友多闻，益矣。友便辟，友善柔，友便佞，损矣。"[30]

小人和君子的对比在《论语》中多次受到犀利的关注，小人不仅是在社交和道德上更为愚钝，而且由于其自私的行为，他们也成为分裂团结的持续来源。对比之下，在绝大多数描写交友过程的段落中，《论语》不断强调真正的友谊发展出的行为——"信"。好的朋友是通过有效的沟通而"产生"出来的。[31] 难怪孔圣人的"圣"字是由"耳"和"口"组成的，暗示着人性最高境界的成员在听和说的方面都是精湛的交流者。[32]

追随亚里士多德的脚步，我们倾向于尊重"生产"（poietin）和"行动"（prattein）之间，引起变化的动力因或推动力（kinoun）；以及质料因（hyle）、形式因（eidos）和目的因（telos）之间的根本性区别。

另一方面，孔子的出发点却不是关于独立原动力或生产性活动的假设。相反，他根据具体情景从经验的整体性以及一个假设出发，即我们在作为人的关系中彼此联结，并通过我们在彼此相连的生活中的言行建构德行。再进一步说，我们不过是不同层面的对话的不断的进行和积累：我们的所说、所闻，我们所呈现出的面貌以及它又是如何影响别人的，我们外在的举止传达了什么、促成了什么，我们的身体语言和姿态呈现了什么，它们又是如何被解释的，我们的声音和歌声传达了什么，其他人对此是如何反应的。我们是这样的有机体，在我们的行动和承受中显现出我们在群体中的表现。

这种儒家的模式是一种建构性的关系，在这一关系里，我们不是在群体中联合起来的个体，而是由于我们在群体中能有效地联合起来，我们才得以成为有区别的个体；不是因为我们

有许多想法，我们才彼此交谈，而是因为我们彼此进行了有效的对话，我们才在共同的目标里变得志趣相投；不是我们有心，因此能互相移情，相反正因为我们互相之间感到强烈的共鸣，才成为一个全心全意的共同体。[33] 的确，双关（paronomasia）——通过相联系的生活定义世界——正是儒家在进行交流的家庭和群体中创造意义的方式。

杜威对个体性的看法：一种联想和对比的类比

类比在跨文化译介中不仅是至关重要的，而且是不可避免的。不论作为联想类比还是对比类比，选定的相互关系皆可有效地促进理解。在探寻这样的关联时，我们需要从细节入手思考，而不是进行笼统的概观。也就是说，笼统地用杜威的思想来阅读儒家，或者对杜威进行一种儒家式的阅读，都是对二者的背叛。不过，因为儒家从根本上把人看做是内嵌于关系并被关系建构的，而且总在生成之中，所以我们也许可以把杜威的"个体性"观念作为一个联想类比的极有潜力的创造性范例。事实上，杜威的个体性也许既可以作为联想类比也可以作为对比类比，有助于更清晰地阐明儒家对人的看法，即人由关系建构而成。杜威在他的人类行为现象学中，综合了威廉姆斯（William James, 1842—1910）的过程心理学与米德（George Herbert Mead, 1863–1931）的社会心理学，从而在人的自然与社会关系内确定人的位置。比如米德提出的，"自我"是与世界相接的：

如果没有其他人，"自我"是不可能在经验中产生的。在孩子感受到自己的身体前，他先体验了声音等等；对孩子来说，并不存在什么东西是从自身经验中产生，然后再推延到外在的事物上……只有肤浅的哲学才会重复老掉牙的看法，

说我们是从自身出发的……在世界存在之前并不存在自我，在自我之前也不存在世界。自我形成的过程是社会性的。[34]

这些实用主义思想家在西方的叙述中是革命性的，他们摒弃了"旧式心理学"，传统心理学的理论预设是存在一个作为超级坐标的、分立的精神。在《人性与行为》一书中，杜威质疑了将"人性"与"行为"分立的做法，他认为二者不可分。实际上杜威用奥卡姆的剃刀（Ockham's razor），废除了"人、灵魂与自我"的超级坐标，受过教化的道德品质作为行为习惯，其本身就是成为一个完满的人的本质。没有必要求助于某种强化的独立"动力"或者"特性"的观念，这种观念将会把人孤立为一种处于社会和自然关系模式之外的动力。杜威竭力克服这一想当然的假设，尽管这一假设已经深入他自身的传统之中：

不能认识到具体的习惯正是知识和思想的手段，其原因同时也是结果，就是相信存在单一、简单和稳定持久的灵魂。许多人认为自己通过科学已经获得解放，他们声称灵魂不过是迷信，实际却继续了这一错误的观念，即认为有一个分立的认知者。[35]

这些实用主义者在西方话语中摒弃了存在一种高等的、独立的"灵魂"的"旧式心理学"的假设，在《人性与行为》中，杜威辨析人的天性与行为是否存在确切差异，对二者的分立表示怀疑。事实上，杜威变通了奥卡姆的思想，省略了高等的"人、灵魂、自我"，而作为行为习惯的后天培养的道德倾向本身就是成长为一个完满意义上的人的实质。不存在什么需要诉诸某种分离的，将人类孤立和定位为他们社会和自然关系图谱之外的原动力"主体"或"品质"。杜威努

力去克服这样一些深深植根于他传统内的默认假设：

某种单一的，简单的，并且不可分解的灵魂的信条是无法认识到具体的习性是知识和思想的手段的原因和影响。许多认为自己是科学解放和宣称灵魂为迷信的人，却对一个分立的认识者保有一个错误的概念。[36]

相反，杜威则用了另一种方式，一种在许多方面与儒学对人的看法相类似的方式，最终将人类理解为是习惯与冲动的动态结合：

如今我们要从根本上宣告，像位置、起因或者载体这种概念在心理学上已经行不通了。具体的习性进行一切感知、认识、想象、回顾、判断、构思和推理活动。"意识"，无论是作为意识之流还是特殊的感觉和影像，表达了习惯的功能、形成、运作的现象，它们的中断和重组……对观察、记忆和判断而言，习惯和冲动的某种微妙结合是必不可少的。[37]

杜威进一步认为，无论我们用什么作为社群中最初奠定我们位置的条件，这些条件必须伴有培育和成长的实质性过程："我们生来就与他人相联系，但我们并不生来就是群体的成员。"[38]对杜威而言，"个体性"不能被量化：它既不是先于社会的位置，也不是某种孤立的组件。相反，它是定性的，来自于人对其所在群体的独特贡献。个体性是"实现我们之所是，一个不同于别人的独特存在"，[39]这一实现只能发生在繁荣的群体生活背景下。"个体性不能与联合抵制对立。"杜威写道："正是通过联合，一个人才获得其个体性，也正是通过联合，他才实践了个体性。"[40]于是个人被建构的个体不是一件"东西"，而是一个

"成为典范的事件"，可以从独特性、完整性、社会活动、关系性和定性的成就这些角度来描述。

我们可以将杜威对个人成长习惯的一些观察作为另一套表达方式，它将与儒家的相关观念形成联想类比，即儒家把个体行为看做是关系性的、处境性的和互惠性的。首先，杜威批判了这样一种对行为的假设，即认为行为发自孤立的动因，这一动因将被本能定位于孤立的个体内部：

将传统的个人主义与最近人们对进步的兴趣结合起来，就能解释为什么发现本能的范围和力量已经使得很多心理学家把本能看做是所有行为的源头，认为本能先于习惯而非反过来，心理学的正统传统是建立在将个体与其环境分离的基础上的。灵魂、精神或意识被认为是独立的和自我封闭的。[41]

杜威以现实处境中的人类经验，来反对一个表面上独立自主的"自我"对关系建构的优先权，并质疑本能对共同文化生活的优先权。他辩称任何从其依赖关系中孤立出来的婴孩都会迅速死亡；亦即是，脱离了任何由文化塑造的关系，完全依靠自己生存的婴孩哪怕一天都活不了。甚至，婴孩行为和姿态的意义也产生于他们所属的成人公共生活环境：

婴儿早期分散的冲动不能整合成为可用的能量，除非通过社会依赖和伙伴关系。他的冲动只是一个起点，以吸收他所依赖的更成熟的人的知识和技能。冲动是从习俗中收集养分的触手，这些习俗将会及时地给予婴儿独立行动的能力。它们是将现有社会能量向个人能力转化的中介；他们是重建增长的手段。[42]

杜威在他自己的传统中是一个完全的革命

者，他坚持关系性建构的首要性，并将具体处境看做是社会智力的园地以及追求完满人生的地方。对不确定性的适宜的态度，以及任何对这些不确定性的自信的解决之道，只能在具体的环境中得到，个体行动者自身只是从这些环境中抽取而来：

独异性的首要意义和具体情境在道德上的终极特征，在于将道德的重量和负担转化为智慧。它并不破坏责任，而只对其定位。一个道德情境是指在公开行动之前被要求作出判断和选择。这种情形的实际意义——……需要采取来满足它的行动——并非不言自明的，而是必须去搜寻的。[43]

杜威激进地坚持人是由社会建构的。他明确地反对人在与他人的联系之外是完整的这样的看法。实际上，他会宣称："离开他与别人联结在一起的纽带，他将什么都不是。"正如坎贝尔（James Campbell）注意到的，他的上述辩称很容易被误解为对个体的否定。[44]但正如我们已经看到过的杜威"个体性"概念的浮现，认为人类不可通约的社会性并非否认整体性、独特性及人类的多样性；恰恰相反，它正是对这些条件的肯定。

在对杜威及人被创造的社会过程进行评论时，坎贝尔极力主张亚里士多德所谓"潜在的"和"现实的"：

杜威的观点不只是说，潜在的东西一旦给予了合适的条件，就会转变成现实的，比如说从种子到植株的变化（参见 LW 9:195-96）。他强调的是，人如果没有社会组成要素，那他就是不完整的，人生活在社会环境中，这是一个一直在进行的过程，人是发展成为他之所是的——群体的个体成员，建立于社会中的自我。[45]

经典释读

Interpreting the Classics

同样的，我们可以说，孟子所说的心之四端并非是使我们成为"人之存在"的天生的和本质的属性。这"四端"当然是天然的和初始的，正如把我们与家庭联系在一起的原始关系条件一样。但它们只是在共同的生活中，成长过程极富依赖性的开端，需要培养才能使我们达到完满。"四端"描述了自人类的出现起特定的伦理、审美、认知及宗教开端。那么儒学就是将早期的、但在家庭谱系中互相有机联系的人结合在一起，并因此是精神的团体的热切参与者。

杜威以语言和其他交际话语模式（包括标志、符号、手势及社会机构）为中心，投入了巨大的精力来解释群体是如何发展出个人的：

通过演说，人非常戏剧性地参与到潜在的行动和举止中去；他扮演许多角色，但不是在连续的生命阶段中，而是在一个同时上演的戏剧中。于是心灵就出现了。[46]

对杜威而言，心灵是"一个有感情的生物，当它与其他生物进行有组织的交流——即语言、沟通时假定的附加属性"[47]。那么在杜威那里，我们可能叫做"心灵"的东西就是在理解一个世界的过程中创造出来的。心灵，如同世界一样，是渐变的过程而非恒久的存在，问题是我们如何能使这个创造性过程富有成效而令人愉快。其中心灵和世界不仅仅依据人类的意见而被改变，而是依赖于实际增长和生产力，以及伴随此过程的效率和愉悦。一个社群未能有效沟通的结果即是集体退化，变得对一群无法进化为人类的生物之"无心智"的暴力和"无情感"的暴行毫无抵御能力。

在杜威的实用主义哲学中，正如儒学一样，个人和公共发展的过程是受到有效沟通驱动的。引用杜威的章句：

一切独特的人类特性都是习得的而非天然的，尽管不能在脱离了将人与其他动物区分开来的原生结构下习得。要以人类的方式学习并产生人的影响不只是通过完善原有的能力获得额外的技能。要学习做人就要通过沟通往来培养起作为社群中个体鲜明的一员的有效意识；一个了解群体的信仰、欲望和方法，并有助于将有机能量进一步转化为人力资源和价值的人。[48]

杜威在这里表达的立场表面上看似与孟子矛盾，后者主张：

人之所不学而能者，其良能也；所不虑而知者，其良知也。孩提之童，无不知爱其亲者；及其长也，无不知敬其兄也。亲亲，仁也；敬长，义也。无他，达之天下也。[49]

但无论是杜威还是孟子都不会对这样一个事实表示异议，即所有的活动都是人及其环境之间的协作，既然如此，人在他们的各种活动中带来了作为他们原始条件的显著能量。杜威的重点是所有人类的行为必定都包括了"施与受"，而孟子则坚持，所有行动都具有一种主观的层面，而合适的道德并不完全从外部源头衍生而来。理解这一问题的关键在于，当孟子反对墨子主张的精炼的行为是从"外部"衍生的，他不是非此即彼地声称，这种行为完全是某种独立于一个人角色关系的外在环境（即内在实质）实现和显露出来的问题。[50]相反，孟子也主张正如他之后的杜威所提出的，人和人的成长都是一个新兴的主体和一个多少客观的世界之间的合作。

杜威提供的关于人和情境的不可分离的洞见是有益的，尽管他提出的发展"关系建构的人"是对根深蒂固的基础个人主义的彻底背离，尽管他在拒斥抽象的道德理想主义中恪守了对具体情境的终极性和复杂性的承诺，最重要的是，尽管他意识到儿童教育至关重要的作用和自己作为一个事务繁忙的家长强烈的个人经验，他仍然没有提炼出一个看似明显的含义，即大多数人共同成长的基础和普遍场所，将会是他们的家庭。事实上，关于我们如何成人的独特儒学观念根本不同于杜威关于个人修为的概念，后者强调将我们即刻的家庭角色和关系作为获得道德能力的切入点和基础。

儒家的角色伦理观不同于实用主义，并形成鲜明对比的地方，是要求在家庭生活的平台中加入某些基本的道德考虑。例如，圄于自身传统的实用主义者不得不制定出一套富于新意的熟悉的自由主义词汇（如自由、平等和正义），而这些词条并没有出现在儒家经典中，因为这些抽象词语与道德原则、价值观和美德的概念一样，内在于且衍生自一个人在家庭和社群中特定角色及关系的实际生活经验。

如果我们回顾一下诸世纪以来公认的最著名的西方哲学家的重大贡献，除少数例外，我们很难发现任何重要思想家将家庭作为组织和优化人类经验的生产模式。柏拉图在《理想国》中对家庭的排斥和亚里士多德对"家庭"（oikis）作为贫困之源的诋毁就相当具有代表性。即便是杜威，尽管他的关系性宇宙论和对伟大社群的强调与儒学设想形成了多处类比，但他仍忠于自己传统的主流思想，认为中国对其传统家庭制度的超越是实现民主化的一大前提。[51]

来自家庭情感的"偏私"关系的重要性，一直没有引起足够的重视。毫无疑问，这种现象与将公平作为道德行为的必要条件这种假定的向心性密切相关，这种向心性在那些寻求将普遍原则、客观程序、非个人目的的均衡性以及道德理性作为道德秩序的最终来源和担保的哲学家那里尤为普遍。在西方哲学叙事里，这种对家庭作为道德秩序手段的淡漠，与儒家世界观中家庭即是统治的隐喻以及一切关系事实上都是家族关系的看法，形成了鲜明的对比。[52]正是儒家道德情感的这种独特性促使我和罗思文（Henry Rosemont）将其描述为"儒家角色伦理"，以努力将其区别于其他更常见的道德理论。[53]儒家角色伦理的标志性特点即直系亲属情感不仅是有教养的道德能力的切入点，也是一项全面优化人类生活秩序的灵感和模型。的确，家庭情感是儒家哲学的根本道德认识论。我们首先是通过对彼此的移情才得以相互认识的。

更好地理解"根"、"源"、"势"及"因"

我们可用以下的方式为杜威和传统儒学在"人是由关系建构而成的"这个概念上的比较画上句号，这个方式就是质疑一套将本质与行为分离的术语。《孟子》和其他儒家经典中经常出现关于园艺和俭省的隐喻——如"根"——通常被理解为加强"特定的植物和动物生长成为它们本质之所是"的观点：它们仅仅是实现内在的潜能。但实际上，使园艺和俭省变为"成人"的贴切类比的原因是农耕与养殖对人为环境和集中的人类努力的严重依赖。如果没有持续的介入，大多数种子不会成为它们之所"是"，而会变成其他的任何东西。如果没有我们的精耕细作和培育，脑子里想着它们将会"自然地"变成什么样子，大多数橡树籽会长成松鼠，大多数玉米会长成奶牛，而大多数蛋会长成煎蛋卷。任何东西的"根"或"种子"以及它将会成为的东西，是环境之偶然性的作用，同样，它也是它所"开始"之最初条件的产物。

谈到"源"的概念，道常常被描述为一种"源"，在讨论"人性"时，或许它能帮助我们理解"源"。对"源"的传统认识是，它是发源的那

经典释读
Interpreting the Classics

一点，不包括一切从那一点衍生出来的东西。从地理上说，长江的源头是喜马拉雅山。在我们引入动力因的概念时，如果我们分解开来看，源头就是与它所引起的、创造的、发起的产物相分离的东西。一切被创造的事物是从创造者那里产生而来。源头这种观念与道无关。道，并不独立于我们所经验的世界，它实际上是所有正在发生之事的不可统合的总体。道就是世界的总体过程。

要理解作为源头的"道"，我们也许要引用《道德经》之"道法自然"[54]。生长和转化的能量就在于世界本身，所发生的一切之整个领域就内含于每个由关系建构的事件之中。

用这一相当抽象的思想讨论这个问题，即我们应该如何将"人性"理解为我们之为人的"源头"，我们将不得不承认"人性"是在考虑人类生活的总体时一个临时性的概括，这些生活是在自然与社会关系中进行的。对于"源头"的概念来说，"成人"过程中的偶然性与人从何而来的问题一样重要。源头是人类关系之协作性、开放性的本质，以及这一协作的产物。成人的过程正如交友过程，在制作者和产品之间，在手段与目的之间，在因果之间，在源头与产品之间没有分隔。

此外，为了强调人和环境是不可分离的，在儒家关于人的观念中，我们也许需要阐明"势"的概念。"势"对"成人"而言并不简单地是首要的端倪，某种与生俱来内在于人、但不包括家庭关系的东西。首先，对人来说不存在这样的情况。由于人是由关系构成的，一个人的"势"实际上是从具体的、偶然的往来中产生的，这些往来在时机成熟时，最终在特定家庭中的特定的人身上产生。[55]因此，我们在这里对"势"的最好的理解不是有前提的和现成的，它的发展是随着持续变化的环境同步增长的；它不是一般的或普遍的，对关系性的人的生涯来说，它始终是独特的；它不是作为一种固有的和决定性的天资而存在，而

只能在事后通过特定叙事的展开而被知晓。那么本文的观点就是，人性的内容因此获得了首要性，如在"仁"、"义"、"礼"、"智"、"信"等这些本性中所表现出的那样。"性"与"仁"相比不再是基本的和与生俱来的。两者既是来源也是产物。也就是说，它们是在习性形成过程中对临时性的原初条件的连接。"明智行事"不是将祖先的智慧应用于某种情况，而是随着人的行动效力产生出来的、受过教养的行动品质。

被用来描述儒家宗教情感的颂语——"天人合一"，其基本要义也在表达同样的对"势"的观点。只有那些被文化滋养的人才能成为"至善"的人，而正是这些"至人"的生命对文化资源所作的贡献，使完美的人性成为可能。势就是在充满热望的人与被激发的世界之间的协作中产生的。

回到因果关系，鉴于关系的建构性，因果关系不是某种外在或先在的动因，外在或先在于所发生事物的认知结构——它不是某种独立的"第一因"，而是关系自身创造性的、因果性本质的一个功能。起初对因果关系的观念是战略性的，这一观念蕴含在"势"这一术语里，这一因果关系的理解现在可以立即出现在人们脑海中。"势"描述的总是特定的、具有包容性的、多种多样的空间、时间和存在要素，因为它们是在一个新兴的处境中展开的。"势"是一个在构成、动力、时机、地形、士气、装备、后勤等方面的微积分，这些构成了环境的倾向，它们能够被校准和调整，以产生出令人满意的结果。

把人性看成是因果性的，认为人性在行动中会复制自身，亦即我们行为上的仁是由于我们潜在的仁，这种理解存在谬误。相反，道德行为习惯和自然条件应被理解为共生的和互为条件的。当我们问"先有鸡还是先有蛋"，我们必须意识到它们要么共同出现，要么就都不存在。从西方古典形而上学的角度，我们可以说，中国的宇宙观

使用奥卡姆剃刀的次数不是一次，而是两次。中国的宇宙观并不诉诸一个超验的和独立的上帝，而是始于自动生成的世界本身（自然）。中国宇宙观不诉诸一个独立的本性或者灵魂作为人类行为的源头，它始于一种现象学，这一现象学考察的是在人类行为内部作为道德习惯展开并积聚的东西。

（陈可心译，汪海校）

注　释

[1] 卞之琳编译：《英国诗选》，575 页，上海，上海译文出版社，1986。

[2]《论语》第 7 章第 1 节：子曰："述而不作，信而好古，窃比于我老彭。"

[3] Li Zehou（李泽厚），*The Path of Beauty: A Study of Chinese Aesthetics*（美的历程：中国美学研究），Oxford University Press, 1994, p. 28.

[4] Paul Wheatley, *The Pivot of the Four Quarters: A Preliminary Enquiry into the Origins and Character of the Ancient Chinese City,* Chicago: Chicago University Press, 1971, p. 74.

[5] Tong Kin-Woon, "Shang Musical Instruments", Part 1, *Asian Music,* 14, 1982.

[6] 更多有关概括中国思想"审美秩序"的资料，请参阅 Dayid L. Hall & Roger T. Ames, *Thinking Through Confucius,* New York: State University of New York Press, 1987, esp. Part III。

[7] 这些甲骨文包含了约 3 000 个对绝大多数人来说无法理解的丰富词汇。实际上，久经训练的古文书学家在经过一个世纪的艰苦探索以后也仅能译介出这些文字符号中约 1 000 字的内容。鉴于当今一位受过教育的中国人大概有 4 000 字的阅读词汇量和约 3 000 字的书写词汇量，这种语言文字的内容和复杂程度是极其惊人的。追溯到西周的金文——一种纪念性的青铜铭文篆书（同样是书写体之一），这种文字也仅有极少数博学的人能够理解。

[8] "礼"字的图像来源于 Kwan, Tze-wan 的文章 "Multi-function Character Database"，访问 http://human-um.arts.cuhk.edu.hk/Lexis/lexi-mf/。

[9] 译者注：指大宗伯。《周礼》谓春官之长为大宗伯，掌礼制，爵为卿。《周礼·春官·大宗伯》："大宗伯之职，掌建邦之天神、人鬼、地神之礼，以佐王建保邦国。以小宗伯为佐官。"

[10]《论语》第 6 章第 13 节，当孔子规劝学生子夏时，他暗示了儒阶层的失败："女为君子儒，无为小人儒"，意为："你应该做堪为楷模的那种儒者，而不是那种刻薄、卑劣的儒者。"在《论语》第 5 章第 28 节中，他要求人要承担起责任："人能弘道，非道弘人"。

[11] 参见《论语》第 12 章第 1 节："克己复礼为仁。"

[12] "对孔子而言，除非有至少两个人存在，否则就没有人类存在。"见 Herbert Fingarette, "The Music of Humanity in the Conversations of Confucius", *Journal of Chinese Philosophy,* 1983 (10), p. 217.

[13] 朱熹：《大学章句》。

[14] 同上。

[15] John Dewey, *Experience and Education,* West Lafayette: Kappa Delta Pi, 1998, p. 299. 杜威将这种后天培养起来的习性称之为习惯：习惯的影响是决定性的，因为人类行为虽各不相同，但都必须是习得的，甚至心脏、血液以及学习的精力，都是由习惯创造而得的……习性并不妨碍思维的使用，但它决定了思维内在运作的渠道。

[16] 朱熹：《大学章句》。

[17] 同上。

[18] 苏格拉底从《斐德罗篇》的"德尔菲神谕"铭文中赞同地引用了"认识你自己"。他在《身边》中告诉陪审员："未经审视的人生不值得过。"

[19]《论语》第 7 章第 1 节。

[20] 我们将"心"译为"heartmind"而非"heart-and-mind"来论证，在这种世界观中，心是合一的而不是分裂为两半的。换言之，认知的和情感的——思想的与感官的，理性的与情感的——总是被构想为同一体验之相伴相生的两种维度。正如没有不依赖情感的思想一样，也不存在无理智的情感。

[21] Zhang Yanhua, *Transforming Emotions with*

Chinese Medicine: An Ethnographic Account from Contemporary China, Albany: State University of New York Press, 2007, p. 41.

[22] 正如我们在第二部分中对"我是谁"这一问题的回答。

[23] Zhang Yanhua, *Transforming Emotions with Chinese Medicine: An Ethnographic Account from Contemporary China,* p. 51.

[24] Hellmut Wilhelm, *Heaven, Earth, and Man in the Book of Changes: Seven Eranos Lectures,* University of Washington Press, 1977, p. 37.

[25]《论语》第 6 章第 30 节。

[26]《论语》第 4 章第 35 节。

[27]《论语》第 6 章第 30 节。

[28]《论语》第 9 章第 25 节。

[29]《论语》第 12 章第 1 节。

[30]《论语》第 16 章第 4 节。

[31] 关于儒家对友谊的讨论更全面的内容，参见 David L. Hall & Roger T. Ames, *Thinking from the Han: Self, Truth, and Transcendence in Chinese and Western Culture,* Albany: The University of New York Press, 1998, pp. 254-69。

[32] 在最近发现的竹简文本里，我们经常会发现"圣"字的简化版，就只由这两个部分组成。

[33]《论语》第 2 章第 3 节解释了儒学的要旨，用关系性的术语将其定义为一种"知耻"文化或"面子文化"：子曰："道之以政，齐之以刑，民免而无耻；道之以德，齐之以礼，有耻且格。"

[34] George Herbert Mead, *The Individual and the Social Self: Unpubished Work of George Herbert Mead,* University of Chicago Press, 1982, p. 156.

[35] John Dewey, *Human Nature and Conduct: An Introduction to Social Psychology,* Henry Holt and Co., 1922, p. 176.

[36] Ibid. p. 176.

[37] Ibid. pp. 176-177.

[38] John Dewey, *Experience and Education,* p. 297.

[39] John Dewey, *Outlines of a Critical Theory of Ethics* (1891), in *The Early Works of John Dewey 1882–1898,* Carbondale: Southern Illinois University Press, 1969, vol 3, p. 304.

[40] John Dewey, "Lecture Notes: Political Philosophy (1892)", in *The Early Works of John Dewey 1882–1898,* vol.4, p. 38.

[41] John Dewey, *Human Nature and Conduct: An Introduction to Social Psychology,* pp. 93–94.

[42] Ibid. p. 94.

[43] John Dewey, *On Experience, Nature, and Freedom: Representative Selections,* Liberal Arts Press, 1960, p. 173.

[44] James Campbell, *Understanding John Dewey: Nature and Cooperative Intelligence,* Open Court Publishing Company, 1995, pp. 53–55.

[45] James Campbell, *Understanding John Dewey: Nature and Cooperative Intelligence,* p. 40.

[46] John Dewey, *The Later Works 1925–1953,* Jo Ann Boydston eds., Carbondale & Edwardsville: Southern Illinois University Press, 1981, vol. 1, p. 135.

[47] John Dewey, *Experience and Nature,* Open Court Publishing Company, 1958, p. 133.

[48] John Dewey, *The Later Works 1925–1953,* pp. 626–627.

[49] 孟子曰："人之所不学而能者，其良能也；所不虑而知者，其良知也。孩提之童，无不知爱其亲者；及其长也，无不知敬其兄也。亲亲，仁也；敬长，义也。无他，达之天下也。"这里我遵从朱熹的看法，用"本能"和"本知"来理解"良能"和"良知"。

[50] *Mencius* ,6A,4, 5, 6.

[51] John Dewey, The *Middle Works 1899-1924,* Jo Ann Boydston ed., 1983, vol. 13, p. 230, p. 103.

[52] 社会学家金耀基（Ambrose King）在 "The Individual and Group in Confucianism: A Relational Perspective" 一文中对此有所讨论。Ambrose King, "The Individual and Group in Confucianism: A Relational Perspective", *Individualism and Holism: Studies in Confucian and Taoist Values,* Donald J. ed., p. 58。

[53] Henry Rosemont & Roger T. Ames, *The Chinese Classic of Family Reverence: A Philosophical Translation of the Xiaojing,* Honolulu: University of Hawai'i Press, 2009.

经典释读

Interpreting the Classics

[54]《道德经》第 25 章。

[55] 还可参见 John Dewey, *Experience and Education,* pp. 223-224。

视觉，文献，或兼有之？

——关于中国绘画研究的一些观察

高居翰

高居翰（James Cahill）/ 美国加州大学

笔者注：2005年11月13至14日，在马里兰大学郭继生教授举办的研讨会上，我准备了两份论文，本文是这两份论文的精华版。在那次会议上，我提交的题为"中国画研究的视觉和文献方法"的第一份论文，是为一个主题为"战后美国的中国画研究"的为期一天的研讨会准备的；第二份是一篇"立场论文"（position paper），准备用于第二天我与芝加哥艺术学院的詹姆斯·埃尔金斯（James Elkins）教授的公开对话，这次对话主要围绕中国画研究以及"艺术史是不是全球性的"课题展开。因此，本文"兵分两路"，分别针对视觉—文献之争（visual-verbal controversy）以及埃尔金斯教授对"全球化"艺术史提出的建议。为突出重点，笔者删去了大部分答复埃尔金斯教授及与"全球艺术史"问题相关的内容。完整的两份英文论文可在本人的网页上找到（jamescahill.info），标为CLP第176号（高居翰演讲论文）。我要特别感谢也为这次研讨会提交论文的洪再新教授，在撰写本文期间，他给予了我全程的指导和帮助。此外，本文开头部分有一大段讨论中国绘画史学家的内容，旨在说明与西方学者一样，中国和日本的史学家们也使用了视觉方法。本文

并未真正涉及其他地区在视觉研究方面有着鲜明不同特色的诸多传统（尽管有些人宣称他们已经这么做了）。为方便中国读者，我再补充一点，我在宋末前中国绘画史讲座系列录像《溪山清远》（*A Pure and Remote View*）中，例举示范了自己的视觉研究方法，这些录像现可在土豆网上免费浏览，网址是：http://www.tudou.com/playlist/id12470915.html。

文献—视觉问题

本文的第一部分将讨论一个重要问题，即在中国画研究中视觉方法必须与文献或考据方法相结合，而绝非被后二者所取代。选择这个论题是缘于中国艺术史学界出现的视觉—文献之争。我主要是通过与中国同侪的通信、对话以及我自己的观察对此有所了解。在此背景下，首先必须承认，我的中国同侪在设立他们自己的艺术传统研究方案中遇到了不少技术和物质困难。20世纪七八十年代，我去中国各地艺术院校访问时就察觉到此问题。我从中国同侪那儿了解到，此后情况虽有一些改善，可问题依然严重：学者们使用幻灯片图集或大型图像数据库的机会不多，复制

艺术史辨

Reflections on Art History

的图书昂贵且数量有限，参观主要绘画藏品的机会远不如美国人已经习惯的那样普遍，等等。我只能对这一切报以最深切的同情，并同他们一起希望，新技术（比如相对便宜的数字化图像可视数据库）将有效地改变这一视觉—文献的不平衡，让中国的中国画教学和研究中能纳入更多的视觉元素。

此外，我对这一争论的评论仅仅立足于自己的有限了解，其中还夹带了我对视觉方法的偏爱，或者说是对更好的平衡的偏重，因此我笔下的一切均承认，中国存在文献与视觉之争，而且我针对的仅仅是那些贬低视觉之作用的特定的、有理论争议的言论。笔者对于这场争论的理解，特别是对中国学界强大的反视觉流派的理解，根据的是北京大学丁宁教授为詹姆斯·埃尔金斯的长期项目"艺术研讨"（The Art Seminar）所撰写的论文，承蒙埃尔金斯教授推荐，我拜读了此文。丁教授的论文《文献胜过视觉——一种中国视角》（"Verbal Above Visual: A Chinese Perspective"）首先勾勒了他所谓的中国学术研究"重视文献"这一历史背景，并指出，与文献相对的另一方——视觉——已被"有效地边缘化了"，然后，接着描述了中国目前艺术史研究的教学现状。除了他自己之外，无人赞成这种过度强调文献的做法，实际上，在论文的最后一段，丁宁表明了自己的看法，"诠释图像理应是艺术史研究最主要和最重要的任务"。但他并不觉得这个目标能够很快或轻松地实现。

我自从在中国演讲并出版著作后，才知道视觉研究方法普遍不受关注：演讲（用幻灯片演示的）后找上门来的期刊编辑均希望出版我的文字，却对那些图片毫无兴趣，即便我指出，没有图片的演讲几乎毫无意义可言。我的著作在中国翻译出版时，插图中少了一幅非常重要的绘画，但似乎没有人注意到少了它，即使它在书中被详细讨

论过。中国举办的、由中国与会者提交论文的专题讨论会，其成果几乎全部来自对于文本的研究。为避免夸大真实情况，我必须补充一点，我也看到了中国专家讨论中国画的优秀新作，他们技术过硬，有效地利用了视觉材料，并与相当敏锐的中国出版商合作，这些出版商要求作者必须在书中使用足够的插图。我所反对的，只是一种倾向，或者说是一种偏好，这种倾向已被我和其他人充分认识到，也为被裹挟在这种倾向内的人们所承认。当然，我也不愿对中国学者研究中国绘画的传统提出笼统的批评。

自 20 世纪 50 年代以来，在多个中国画研究之不同传统的通力合作之下，欧美中国画研究取得了长足的进步。来自中国的艺术家兼鉴赏家，如王季迁（C. C. Wang）和张大千；收藏家，如翁万戈；学者，如方闻、吴纳逊、何惠鉴与李铸晋，后来的周汝式、高美庆与傅申，均将自己的中国背景带入了鉴赏与研究中。喜仁龙（Osvald Siren），一位在瑞典生活和工作的芬兰人，将自己从伯纳德·贝伦森（Bernard Berenson）等人处学到的东西运用到中国绘画研究中。最出名的德国艺术史学家罗樾（Max Loehr），以及后继有人的路德维希·巴赫霍夫（Ludwig Bachhofer），尤其是斯德本（Harrie Vanderstappen），将他们在艺术史一个伟大分支中所接受的训练方法运用于中国画研究。来自日本的学者，如岛田修二郎（Shûjirô Shimada）和宗像清彦（Kiyohiko Munakata），将日本传统中欣赏和研究中国绘画的特殊优势（strengths）带入这一领域。苏立文（Michael Sullivan）、韩庄（John Hay）、韦陀（Roderick Whitfield）以及后来的柯律格（Craig Clunas）等人使得英国学派的艺术、美学研究硕果累累。美国学者，最著名的是毕业于大学艺术史和汉学专业的史克门（Laurence Sickman）、苏波（Alexander Soper）、李雪曼（Sherman Lee）和

艾瑞慈（Richard Edwards），他们对于中国艺术研究作出了最主要的贡献。（我没有谈及比我年轻的美国专家，因为那意味着许许多多在世的学者，我觉得暂时不言及他们是一种明智的做法。）这些前辈的后学——所有我们这些美国学者，以及在中国、日本和欧洲继续工作的专家，无论我们的背景是什么，大家都在相互学习，试图综合各自在工作中发现的最有用的东西。在我看来，我们之间的交流以及各自所使用的方法尽管经常引起争议，却总是令人受益的。尽管这些成果远远达不到真正意义上的综合（一个在任何情况下绝不可能也不应该实现的理想），但它们却是丰富的、跨文化的、多元化的产品，凝聚了不同的方法，超越了任何一个组成它的传统。无论如何不能将之简单地看做"西方艺术史"，因为它远远不止于此。

目前，所有这些被纳入当下中国画研究的不同流派在研究文字资料时都遵循各自的研究模式。学者们还带来了不同的看画、读画以及视觉处理方式。我这里论证的重要一点是：在使用纷繁的方法研究书面材料的同时，他们也认真追索了这些材料的视觉构件。而这一点对于我们取得大部分研究成果、达到现有的研究水平至关重要。我相信，从根本上说，这种状态才是健康的。

1962 年笔者在纽约亚洲之家组织了为期两天的"故宫博物院展览后续研讨会"（Post-mortem Symposium on Palace Museum Exhibition）。这是第一个召集了各地中国画专家的盛大聚会，几乎全部是视觉派学者。很多与会者，包括大部分我在前面列出的著名学者在内，花了两天时间讨论绘画作品的创作时间、作者和真实性问题，特别是在台北"故宫博物院""伟大的中国艺术珍宝展"上展出的那批早期风景画。我们几乎完全是在肉眼观察的基础上，将绘画用幻灯片投影到我们和观众面前的屏幕上。我觉得这是该领域的一个良好开端，而且，在很长一段时间内，这个传统被沿袭下来。研讨会期间的那些争论成了我们相互讨论的中心问题。当被问及为何创作时间和真实性问题是我们关注的核心，我们倾向于如此答复：如果不解决关键作品的创作时间和作者归属问题并形成可以被普遍接受的看法，如果不建立一个比较坚实的研究基础，那么任何其他处理作品的方式都会像盖在沙滩上的建筑一般一击即溃。比如，20 世纪 60 年代后期我搬到伯克利后，斯凡特拉纳·阿尔伯斯（Svetlana Alpers）想知道为什么我们在中国画研究中仍然探究这种毫无希望的、落后的（对她而言）艺术史，我也是如此答复她的。认为创作时间和真实性已无关紧要的西方艺术史学家们很难理解，在材料研究中建立大致保险的"实体"（corpus）是我们的当务之急。这些学者是好几代艰苦工作的欧洲人（包括几个美国人，比如贝伦森）的后学，前辈学者已为他们创立了优厚的研究基础，而我们却正在努力为自己搭建。我们虽远未达到我们的理想目标，但总比一开始就选择另一个方向更接近目标。

同样倾向于文献方法的中国专家，当然有自己的处理真实性问题的系统。这个属于中国传统内部的独特系统，在很大程度上依赖印章、落款、题跋以及目录索引。笔者并非想要淡化该系统的重要性，但只能视之为依据视觉研究、着眼绘画本身所形成的判断的补充，而绝非替代。中国系统也被一些西方学者有效地利用，特别是班宗华（Richard Barnhart）这类学者，将其与高层次的视觉研究结合起来。

我想特别强调的第二点是，即使是那些自认或者被别人认为主要身份是读书人的学者，业已成功结合自身优势，努力尝试各种有价值的方式处理绘画作品。在此例举三个名字来佐证我的说法（希望其中唯一的幸存者不会反对被列入表中）：何惠鉴（Wai-kam Ho）、岛田修二郎和韩庄

（John Hay）。首先以韩庄为例，在我们这些人中，他对一般美学理论涉猎最广，能将他广博而深刻的理解出色地运用于著作中。（注：英国学者柯律格也属于这一类。）但是韩庄有次曾写到，他也会选择意外而富有启发性的方式，比如用中国风水的术语来解读黄公望的《富春山居图》卷轴。

何惠鉴1950年左右赴美，在哈佛大学获得中国历史与亚洲艺术学位前，曾在拥有中国当时最好的历史专业的岭南大学和燕京大学求学。了解何惠鉴的读者都知道何的写作功力不凡。1977年我率领一个中国画研究代表团访问中国一个月。惠鉴是我们中间唯一一个没给数百幅画拍照的人，相反，当我们不停按下快门时，他在认真地研究那些画，不断在笔记本上记录，发掘那些我们忽视的细节。惠鉴是历史学家出身，适应新领域时有些困难（他是出了名的慢性子），但他最终成功地担任博物馆馆长，并运用自己的视觉素养帮助李雪曼为克利夫兰艺术博物馆（Cleveland Museum of Art）选择藏品、撰写说明并举办展览，其中以伟大的"董其昌的世纪展"（1992年）为巅峰。

岛田修二郎最擅长处理各种画作，尤其是那些几个世纪前被带到日本保存、鉴赏的宋元时期作品。经过长期研究，他对这些画了如指掌，这些画成为他在普林斯顿大学任教时使用的主要材料。与此同时，他也熟知日本收藏的明清绘画作品，比如，后来大部分归桥本末吉（Hashimoto Sueyoshi）所有的桑名铁城（Kuwana Tetsujô）的藏品，以及收入八大山人和石涛杰作的住友宽一（Sumitomo Kan'ichi）的伟大藏品。1954年到1955年，我在日本做富布赖特学者期间，岛田曾带我去看过这些以及另外一些藏品。那时，他在京都大学教一门课，讲课内容是以苏波的英文新译本为补充文本，仔细研读郭若虚的《图画见闻志》。在他的研究中，视觉和文献方法分别得到了最淋漓尽致的体现。我后来翻译了他那篇关于论

"逸品"风格的长文，该文为如何结合视觉与文献两种方法并使二者成功互动，提供了一个视角平等的模板。[1]岛田和同时代的其他日本学者一样，只研究能看到原件的画作（比如他关于宋元绘画的著作）；再如米泽嘉圃（Yonezawa Yoshiho）研究明代绘画的著作也只讨论日本的藏品。这既是一种优势，也是一种弱点。这种弱点直到20世纪50年代后期，才被参观过国外藏品并游学归来的铃木敬（Suzuki Kei）、古原宏伸（Kohara Hironobu）等年轻一代人克服掉。不过最重要的是，岛田的做法代表了对第一手视觉体验的依赖，并表达出对这种经验的深厚信任。

一开始，看到岛田对画作进行仔细的素描临摹，我很惊讶。后来我意识到这是一种常见的日本做法。这样的做法当然与早前发挥相同功能的狩野派画家（Kano-school）一脉相承。狩野派画家将看到的画制成缩小尺寸的草图副本，为我们留下了画册和《缩图》卷轴（scrolls of *shukuzu*）。这些副本至今仍是对现已大多亡佚的作品颇有价值的记录。

这是日本独有的做法，我不记得曾看到中国鉴赏家或者德国艺术史学家做同样的事，尽管有人可能也会这么做。这背后是日本学者在研究作品时对视觉形象的专注，正是这份专注使得日本的绘画鉴赏模式有别于中国模式。日本模式的极端形式表现为更喜欢简单、孤立的形象，而这种形象是体味禅与茶道的核心要素，可带来尖锐、直接的视觉体验，如同禅宗顿悟的一个比喻。（这是那位剪开可能是《牧溪手卷》的整幅画，分成著名的《六柿图》《芙蓉图》和《栗图》的人所支持的品味和学说。）相比之下，日本人直到最近才开始高度重视那些被中国文人鉴赏家视之为艺术最高峰的中国画，比如，元代大师黄公望、倪瓒等，明清时代的沈周、文徵明、董其昌、四王以及他们后学的作品。这些作品在日本没有完全

消失，但确属罕见而且一般颇受冷遇。从总体上看，直到晚近，日本人才开始理解或适应中国绘画美学。他们对中国画的赏鉴，大多是凭借自己对图案图像的反应。这种赏鉴只可用眼睛理解，而并非像在中国那样被知性地理论化处理。

日本鉴赏模式与中国鉴赏家（比如王季迁和张大千，我也花了很多时间与他们两人一起看画）的模式有着惊人差别。当我们第一次在京都见面并谈到一些作品时，张大千能靠回忆勾勒出一些名画的片段。一些中国专业艺术家也的确经常为看到的作品画小素描复制品或副本，以备后用。中国艺术家、鉴赏家与学术研究工作者之间存在的分歧造成了差异。而且我现在意识到，这一分歧早已预示了今日中国的视觉—文献之争。中国人早有自己的视觉方法实践者，只不过他们往往同在大学教艺术史的学者不太一样。

在美国的中国画研究中，视觉方法的使用十分重要。这体现为美国学者一直致力于建设幻灯片集和摄影档案，并投入时间、精力和资源向艺术史专业和博物馆传播这些材料。不幸的是，正如我一开始指出的，中国在这一方面与美国毫无可比性，这种失败在某种程度上导致视觉方法在中国的艺术史研究中相对薄弱。对我们来说，给中国画制作35毫米的彩色幻灯片既简单又便宜。中国画的纸张和丝绸表面，不会像油画那样对闪光灯反光，因而避免了眩光的问题。为每幅作品制作的多张幻灯片（整体加细节，画册的每一页或者手卷全部）组成了我们研究和教学的主要资源。我们比使用黑白照片的早期艺术史学家们更依赖这些材料。

学生们都会记得，我的研讨课总是以长长的"幻灯片"开场，接下去很多个两小时的课堂教学都是这样。我在课上放映要考察和讨论的绘画作品幻灯片，试图用这些材料给研讨课的参与者灌输一个共同的视觉熟知度，并教他们如何初步组织和观察这些材料。一般来说，开课时的设想到结课时已面目全非，但学生们已走上正路，因为我认为观点和信息从一开始就与绘画本身密不可分。我与他们分享自己的研究实践，这仅仅是在我看来仍很合适我的一种工作方法，而不是任何一种固定的模式。我的安徽画派研讨课后来促成了1981年的"黄山影——晚明绘画展"（Shadows of Mt. Huang）并出版了画展目录。在这门课上，四对学生深入讨论了绘画及其历史环境所生发的问题：绘画与安徽画册印刷的关系、那一地区（特别是黄山）的地形地貌、这一时期画论的发展、经济因素和赞助人、徽商及其文化等等。[2]

当然，幻灯片制作现已过时，被数字图像取而代之。这意味着，只要资金和设施允许，中国学者和教师完全可以采用新技术，一步跨越幻灯片制作时代。

另一种有关视觉方法的说法是这样的：如果不教授某些特殊艺术领域的视觉技艺，谁能成为博物馆馆长、经销商、拍卖专家？在拍卖书画如此红火的中国，有没有大门向有志于这些职业的人们敞开呢？

那么，对其他西方艺术史学者来说，视觉方法的地位又如何呢？我曾在为第二天对话准备的"立场论文"中评论过罗樾的特长（见下文），这里不再赘述。在任何情况下，德国艺术史学家对于视觉方法的贡献都不必特意指出，因为这方法几乎就是他们发明的。喜仁龙这位享誉一时的、欧洲最知名的中国艺术专家，理应被视为中国画视觉研究的核心人物，因为他是伯纳德·贝伦森的学生，并像贝伦森研究意大利画那样着手研究了中国画。但喜仁龙从未真正有过看画的好眼力，苏波给1956年至1958年间出版的七卷本《中国绘画——大师与法则》（*Chinese Paintings: Leading Masters and Principles*）写书评时已指出这一点。1956年初我在斯德哥尔摩与喜仁龙为这套书合作过三个月，深知他的弱点。他不仅不善于判断真伪（他买了两幅惨不忍睹的"徐渭"赝品，与此同时为斯德哥尔摩国家博物馆收集的其他作品也不好），也不善于区分作品高低，无法用文字敏锐地描述出中国画的个人和地区风格。他的汉学背景并未弥补这些弱点：他几乎看不懂中文，完全依靠别人翻译文本、获取信息。他本质上只能算是编撰整理者和收藏者。

西方学者中更好的典型是我在加州大学伯克利分校的两个同事斯凡特拉纳·阿尔伯斯和迈克尔·巴克森德尔（Michael Baxandall）。我不仅听过他们的很多讲座，还读过他们的著作，并抓住每一个机会与他们探讨、争论（尤其是斯凡特拉纳），获得了他们宝贵的指导。斯凡特拉纳·阿尔伯斯的《描绘的艺术》（*The Art of Describing*）、迈克尔·巴克森德尔的《15 世纪意大利的绘画和经验》（*Painting and Experience in 15th Century Italy*）以及他们的其他著作都是佳作，事实上，在将绘画视觉研究引入历史研究和理论关注方面，我们找不到比他们更好的著作。迈克尔和我成了朋友，互听彼此的讲座。他可能是我在中国艺术研究圈之外征引最多的人，主要是因为他写的东西通常十分明了，击中要害，能提供解决其中一些问题的原创且可行的方法，并提供了如何避免犯错的劝诫规则。提到这个很私人的例子只是为点明：我们在对中国画进行视觉处理时，必须在某些方法上特别依赖我们从事西方艺术研究的同行们早已创设且已发展成熟的实践。那正是我们要求学生参加那些同事的课程和研讨的原因（我们也必须如此要求）。即便后来这些学生不恰当地借鉴西方艺术史的模式来研究中国材料，我认为，得还是远大于失。

视觉方法的另一个优点是：它允许我们探索被中国文献忽略或几近忽略的中国画研究领域。所有认真学习过中国画和相关文献的学生都知道，

中国画研究至少直到晚近时期，在数量上和复杂性上都无法与中国画本身相比。我们也知道，这些著作在两方面存在局限：一方面，它们偏爱文人或学者型业余艺术家以及他们的作品，另一方面，它们研究的只是一部分中国画，很少或根本没有注意到我们今天想要研究的更大领域。视觉方法使我们能够在缺少文字记载的情况下，将画作本身、作品之间的关系以及它们可供分析的图像作为我们的研究数据和材料。其中一些领域将涉及中国传统鉴赏家认为属于下层画家的作品，但这不会阻止我们。我仍然相信，我们能够并且有必要区分传世名作和仅供视觉文化研究的图片，但最好别操之过急地将某一作品或某一流派牢牢贴上标签。许多绘画作品，特别是国外收藏的作品，原本是真正的明清作品，却被画商添加伪章和早期画家的名头，变成了"赝品"。我们通常可以根据它们的风格和形象恢复其应有的艺术史地位，甚至判断出它们的作者。王季迁是这方面的专家，班宗华做了不少这方面的尝试，还有包括我自己在内的其他人也致力于此。有些学者研究那些尚无文字记载或少有记载的作品，如研究妇女或晚期佛教作品的魏玛莎（Marsha Haufler）和研究大多保存在日本的《十王图轴》的雷德侯（Lothar Ledderose）。还有一些人借助视觉证据、运用文献未肯定的方法在经典内做了意想不到的尝试：方闻的"结构分析"研究以及他与李雪曼合作的《溪山无尽图》专著、梁庄爱伦（Ellen Laing）的仇英研究、谢伯柯（Jerome Silbergeld）的龚贤和元代李郭派研究、文以诚（Richard Vinograd）的元代风景和人物画研究、乔迅（Jonathan Hay）的石涛专著以及金农和罗聘的论文等等。以上所有这些学者，连同许多其他研究者，在揭示和扩充中国绘画史研究的重要领域方面，已远远超越他们所阅读的书面材料范畴。

我近年的工作大多已属这一类，这与我早年

的研究背离甚远。比如，那时我曾细读过许多卷宋以及宋以后的著作以寻找引文和线索，用它们组成关于文人画论的初步论述（即我的博士论文的长段开头部分）。近年来，我留意的反而是拍卖目录及其他来源于"底层"和世俗画中的材料，它们构成了我的新书——《寓用于乐的图画：盛清中国的世俗绘画》（*Pictures for Use and Pleasure: Vernacular Painting in High Qing China*）[3]，同时也为我主要针对女性观众的项目（试图定义明清绘画中的身体）以及其他同样有点悬的、基本上得不到书面证据支持的项目提供了材料。[4]我们有些人正在从事中国与西方、日本和中国的跨文化艺术交流研究。这一研究近年来得到健康发展，有可能也同样依赖阅读视觉材料，且或多或少缺乏文献证据。因为这些问题很棘手且有许多作者很犹豫（特别是那些偏向文献的学者），因而也很少能认识到这种交汇的发生。缺乏文本证据不能阻碍我们从事这类研究，如果视觉证据是令人信服的，思想开明、眼界开阔的观众便会接受它，他人的质疑最终将是无关紧要的。

我早已学会对此类质疑不屑一顾，也强烈建议其他人这样做。我们经常听到对视觉导向研究的批评，指责它缺乏坚实的基础。我很清楚地记得20世纪60年代初与我一起为弗利尔美术馆（Freer Gallery）整理中国青铜礼器目录的巴纳（Noel Barnard），他仅凭个人感觉，毫无客观依据或价值评判，便嘲弄罗樾关于风格的研究方法，因为当时我正试图将之运用到风格和年代的条目写作中。白克礼（Robert Bagley）是罗樾的学生，1980年他为大都会"伟大的中国青铜时代展"（Great Bronze Age of China）工作时，试图与中国专家谈论青铜风格，也遭遇类似批评。我自己的著作也经常遇到类似反应。典型的指控是，"他没有任何真正的证据"。说话人或作者指的当然是书面或文献证据。大家都觉得沮丧，因为通常情况

下，任何人只要愿意阅读视觉材料，就会觉得这些视觉证据确凿可信，甚至是显而易见的，但是对不愿阅读视觉材料的人来说，这些证据毫无用处。我们可以指着那些视觉材料说："看！瞧！"他们还是不看，或者不愿看，你也无可奈何。而那些抱怨"缺乏证据"的人明知，只要这幅画的某一方面或某一处不在中国传统批评家和理论家的考虑范围内，就会被他们认为不值得关注，也就不可能留下任何书面证据。坚持文献是中国画研究的唯一合法基础的观点，实际上就排除了对它进行认真思考的可能性。这种论调的深层目的是要向我们传递如下消息：留在我们和前人给你画好的框框里！这一隐含的警告应被视为强大的动力，迫使我们更加坚定地迈进和开放禁土，以便进一步考察，在哪里发现禁忌就在哪里打破它们。

此外，面对一些同事对视觉方法的坚决不信任，我不知道我们还可以做什么，但我们会继续把自己真实了解的东西教给学生，继续尽可能负责并有说服力地开展中国画的视觉研究（同时兼顾文献和理论研究），为有志于此的人士提供有用的模式，并让这种实践能持续进行下去。

在结束这一部分前，再说几件我希望很快就会发生的事情。这些事情很有必要发生，而且，如果我能在一旁看着它们发生的话，将感到无比荣幸。第一，我希望在中外学者的思考和争论中，视觉—文献之争可以脱离艺术史本土—外国模式的对立问题。这些不必且不应该联系在一起。这样，我们的讨论可以规避令人不安的文化敏感，得以顺利进行下去。第二，我希望更多的中国同事能认识到，中国画研究不仅在美国和欧洲，也在越来越多的世界其他地区得到发展。因此，无论如何不能给它简单地贴上"西方"的标签，而应该把中国以及日本和西方学者的方法和见解体现在研究中。对于那些自愿借鉴这些似乎对他们

有用的西方研究方法的中国学者来说，他们无需承担背叛本土传统的指责。第三，我希望数码图像和其他新技术能鼓励中国学者在其工作和教学中更好地平衡视觉和文献关系。他们将借鉴伟大的中国视觉研究和个人作品鉴赏传统，发展独特的中国观赏方式，在视觉上与绘画作品交流。（当然，我并非暗示这种平衡和综合今天丝毫未完成，但它的确尚未普遍到可以组织一般的集体实践。）在中国视觉模式中，不管人们欣赏图案、书法，还是阅读文本内容，考察印章和题跋，都是视觉体验的一部分。将这种视觉模式与对笔法等方面的绘画风格的关注以及对作为图像的绘画的重视相结合，再加上这些中国专家所掌握的无与伦比的文献资料，可以催生一种中国画历史研究实践，一种能够被视为是真正中国的研究实践。我认为这种本土研究与目前中国之外的多元文化研究的相互作用一定会健康而富有成效。

埃尔金斯的"全球化"中国画研究建议

（此处删掉了与本文讨论无关的内容，即我回应詹姆斯·埃尔金斯提出的关于"全球化"的艺术史实践方法若干建议的大段内容。然而，埃尔金斯提出的第四个建议切中我们的论题，我下面继续讨论。）

埃尔金斯的第四个提议，"艺术史可以尝试避免西方的阐释策略"，听起来很有吸引力，但在我们考虑如何运用这一建议时却不攻自破。埃尔金斯写到，杭州中国美术学院的曹意强教授在建构植根于中国传统的艺术史时，对"采纳9世纪中国艺术史文献——张彦远的《历代名画记》中的元素很感兴趣"。"采纳元素"是不错，但却不够客观；如果比这个走得更远的话，我想就会像当代意大利绘画专家那样只探究与瓦萨里（Gigrgio Vasari）有关的问题。另一方面，它可能并不像埃

尔金斯以为的那样是一个激进的转变。埃尔金斯在几页后又谈到张彦远的《历代名画记》，认为"它与当代艺术史最不同的地方是，该文作者坚信（儒家式的）——绘画能促进孝道，使风俗醇厚"。然而这种情感主要限于张书的绪言，这是中国古书绪言很常见的现象，即作者会在绪言中宣扬虔敬孝道，但在转入正题后不再提及。（我有位中国文学专家的同事曾建议我的学生对这些序跋采取"认真对待，但别当真"的态度。）一旦张彦远开始进入构成其书主体的实质性讨论（连同对个别艺术家的处理），他就像我们这些文化外来者那样，只关注大师或一般画师的风格、流派区别、艺术谱系及衡量标准，为早期的绘画作品构建一种"叙事"。埃尔金斯对比了张彦远"儒家用意"的旨趣与"当前重点关注政治、身份和赞助人的中国画研究"。但事实上，我们可以从张书中了解到很多有关政治和赞助人的内容（即便不涉及身份），这是弥漫在他所处时代的因素，而且这些内容与儒学并无太大关系。曹意强认为张彦远的书与瓦萨里的"惊人相似"，并指出张彦远"考察了（早期绘画）在表现自然生命的方法上逐步改进的发展过程——他宣称后世绘画模仿得更逼真，比如……"[5]（张彦远可以采取那种方法却不会被指责为将贡布里希（E. H. Gombrich）的方法强加到中国画研究中，而我这么做就会被指责。）

有关中国画的中文文献数量庞大并且十分复杂，相当大的一部分与我们关注的问题不谋而合。如果我们遵循埃尔金斯的第四个建议"尝试避免西方的阐释策略"，并接受中国著述背后的假设和态度，我们的中国画研究看起来丝毫未损并且多有所获，这一点似乎更是不言而喻的。笔者在美国和中国这一领域工作多年，然而根据在这些方面积极努力了几十年的经验，我相信出于一些令人信服的原因，这恰恰是我们不应该做的。

第一个基本原因是，现有中国画研究的著作

必然是我们了解传统和本土方法的指导和资源，但绝不能简单地以为这些就是"中国人"对绘画的思考和理念。一方面，即使艺术家和作者是同一个人（比如董其昌的例子），还是要考虑他写作时生存环境的急切需要以及他是否迫于压力要采取与他所处时代、地域、社会阶层等因素一致的立场。这些都是重要因素，甚至会成为其写作的决定性因素，而这些与绘画创作过程中操纵艺术家的因素完全不同。（巴克森德尔这样评论，"即使是［艺术家或制作者］本人描述自己的心境……这种描述对阐释作品意图［只能］拥有非常有限的权威。作品意图需与作品及其产生环境之间的关系相匹配，如果它们与作品不一致，就会被润饰或改写，甚至大打折扣。"[6]）在中国，绘画作品与评论绘画的文字经常南辕北辙。尽管我很难在理论层面对此进行讨论而不落入那些任何发表此类观点的人都会落入的陷阱，我却逐渐相信，许多中国画最有趣和最重要的发展阶段以及画家为使作品新奇、吸引人所采用的复杂艺术策略，在当时和后世均远未得到足够的认识和讨论。尽管中国有关艺术的文献资料和艺术家们不时提出惊人的丰富的敏锐见解，这一点仍然属实。

造成绘画和画论之间存在鸿沟的一个主要原因是，从元代开始，著名评论人几乎清一色都是士大夫，他们必须坚守特定的主张和特别的价值系统。他们的书中充满了文人或文人一业余画家的学说。这些学说在某种程度上是为了支持文人画家的艺术实践，为了让人们不去关注他们的弱点并在确定价值的最高标准时张扬他们的优势。[7]我在别处观察到，当其他老套的、利己的精英言论毫无立足之地时，这些学说的地位却惊人地牢不可破。我和其他一些人一直在努力辨认并尝试重构一个广大的中国画领域（当然是以一种非常有限的方式），纳入因为文人作家的偏见而被故意排挤出中国画之外的那些

几乎难以保存下来的作品。我们试图理解大多数非文人中国画消费者的偏好和态度，包括中下社会经济阶层以及女性，让他们发出自己的声音。

那些主张在中国画研究中狭隘地忠实于"中国传统"的学者，还有上文所引丁宁教授论文中提到的那些在目前中国学界艺术史实践领域最强势的学者们，似乎假设我们可以通过阅读传世文献确知"中国古人"理解和鉴赏画作的方法。这种认识并不准确。如前所述，除了少数例外情况，文献资料在以下两个方面严重不全面：这些文献资料仅适用于其研究对象——中国画的一部分；文献资料非常片面（即存在偏见），轻视其他作品。众所周知，禅画不被中国批评家和收藏家看重，因此，如果不是日本保存了大部分禅画（其中包括一些精品），它们几近亡佚。中国画研究其他重大领域的发展也并不尽如人意，只能依赖残片来重建，而这些残片很多都被错认。

如果我们转向依赖相关中国著作的中国画研究模式，那么过去半个世纪中我们在创建更好的平衡、探寻中国画被忽视的领域上取得的大部分成果，都会化为乌有，中国画研究的一些最有前途的方向也会障碍重重。1997年我在耶鲁大学休谟讲座做报告，以"关于中国画研究的重新擘划"（Toward a Remapping of Chinese Painting）为主题。我曾试图厘清这些被忽视的领域，并介绍自己近年来一直在文献空白领域所做的工作。[8]我后面还会回到这个问题，在此先指出主张传世文献可充分传达作品完成时艺术家与评论家思想的另一个基本缺陷。

董其昌与其他明清（以及此前的）重要批评家、理论家及题跋家均依赖他们对主要画作的熟悉程度来写作，即通过经年累月潜心研究、长途跋涉去各地看藏品，不断提高鉴赏水平。这种鉴赏方法即使存在缺陷，也不失深刻和广博。他们的著作与这种鉴赏——以记忆中的视觉档案为基

础，通过与存储在脑海中的大资料库相比较，对看到的作品进行判断，并据此描述不同的流派、艺术家以及他们的风格。他们经常写到特定的作品，即使没写到，他们的著作也总是充满了大量个人作品的亲切的视觉经验，并且假定读者也对主要艺术家和作品具有同样广泛的视觉体验。这些读者不论是否读过题跋，必定是有机会看到古画真迹的小精英集团中的一员。

问题是，在前摄影时代，上述批评家、理论家、题跋家无法在著作中体现他们与绘画的深入视觉接触。木版复制品几乎毫无用处，因为传达不了评论家们最重视的那些方面。手绘摹本是一种方法，比如，董其昌题跋、王时敏收藏的早期杰作《小中现大册》缩本，然而，我们已经充分认识到摹本所存在的严重缺陷。因此，这些人的著作来对我们来说或多或少有点空洞：充斥着视觉元素，实际上却无迹可寻——因为它们仅能当作文本。清代，伟大的早期作品大多为皇家藏品，只有极少数朝臣可以接触到。自那时起，后人很少甚至完全没有机会看到和研究主要的早期绘画作品。20世纪三四十年代以及后来的少数收藏家、鉴赏家和博物馆工作人员能看到更多的作品，比如已故的王季迁和徐邦达，但学者大多没有这样的机会，学生则更少。因此，研究者们只能曲解甚至无视董其昌等人真正熟知、感受到并相信的东西。有时，他们的写作好像停留在话语层面（理论、辩论、题记），脱离与作品的真实视觉接触。他们认为这样做已经足够，甚至是可取的，因为这延续了中国的本土传统。然而，这种延续是严重缩水的，褫夺了古人积累视觉经验的真正基础。

对于我们这些中国以外的研究者来说，要求我们去接受艺术史的"中国本土"传统（似乎我们不得不从文本中自然地得出这种传统），就会迫使我们在视觉—文献之争中严重偏向我坚信是错误的一方。此外，正如我在第一部分所指出的，被某些中国学者排斥的"西方"或"外国"的中国画研究方式是大约60多年来不同传统（中、日以及德、英等国）的专家之间丰富而多元互动的真正产物。大部分互动发生在美国，这多是因为美国所拥有的文化和技术优势，二战之中和二战之后大量重要艺术史学家和收藏家移民美国，以及重要收藏品增多，而与任何美国的独特文化因素无关。我相信，分享这个极富成效的互动成果，无论如何都不会背离中国传统学问，只会更有针对性地充实和丰富它。在我看来，将视觉与文献设置为两个无论如何都不可调和的对立选择，这本身就是在歪曲我们的立场。

一个不为人知的艺术史功能

我认为任何模式的艺术史教学和写作，如果不深入阅读和分析艺术作品本身，都会贻误读者和学生。下面说说我的理由。我有时用比喻来说明这个问题：原则上，人们不需要读任何诗，更不必尝试任何细读，就能研究和教授诗歌，但这必将是一个捉襟见肘并且毫无用处的诗歌教学方式。比如，如果不举出特定诗歌作为例证的话，没有人能充分领会比喻或暗示在诗歌中的运用。再如（我曾经指出的），要全面而公正地理解董其昌提倡的"仿"（创造性模仿），必须在视觉基础上考察董其昌如何在某一特定作品中运用"仿"。[9]这一点同样适用于音乐：我们可以通过读文章或听课了解作曲家、作品及其历史发展，这些绝非毫无价值。然而，音乐课不给学生播放范例作品则丧失了音乐教学的核心。我也曾指出，研究视觉艺术史的学者比教授诗歌或音乐的学者有更多优势：他们必须先讨论诗，然后再朗读之，或先谈论作品结构，然后再演奏之（无论哪种顺序），而我们却可享受一个完美的三合一：我们一边展示绘画（也许将细节投影到屏幕上），一边进行讲解；学生或讲座听众一边听我们讲，一边观察绘画，一切都在同步进行。这是一个我们理应尽可能充分利用的优势。在任何情况下，重要的是让学习者获得与作品本身接触的直接经验，无论这经验是看、是听或是文学性的。仅仅阅读或听讲与作品有关的著作永远是不够充分的。

有人可能会提出异议：为何需要出现老师的声音呢？让学生和观众获得新鲜而直接的作品接触经验岂不更好？那种异议将导致另一项规避"视觉艺术史"的建议。我在此介绍这个建议只是为了尽快驳倒它，因为当我们设想如何将其付诸实践时，它就变成另一种在理论上听起来可行、却有致命弱点的建议。该建议是：为什么不采用中国式的文献教学模式，让学生和读者运用已掌握的知识独立地去寻找并欣赏绘画作品？每一双眼睛都能看画，为什么需要别人来"指导"如何看画？

这个问题的答案可以在迈克尔·巴克森德尔所描写的"巴士上的人"的悖论中找到：仅仅描述艺术作品的艺术史家就像一个人坐在巴士里，兴奋地告诉其他乘客用双眼向外能看到什么。那么，如果这个人具有某种功能的话，他的功能是什么？当教师站在画前（或一张幻灯图片）描述它时所做的仅止于此吗？巴克森德尔以及任何其他优秀艺术史学家都知道，我们所做的远不止于描述：我们在传达一种对绘画的赏读，也许是某种分析，却可以开辟观众/听众心灵感知的新领域。

我由此想到在大多数艺术史理论论述中很少被提及的艺术史讲课和写作的一种功能，这种功能对我的写作和教学已至关重要。我记得有一位选修罗樾中国画课的学生曾在学期中间问我，"这有什么好的？他只是站在那儿，向我们描述他眼中我们同样可以看到的东西"。其实，罗樾一学期所做的就是向我们灌输他眼中宋代和早期绘画

（特别是山水画）的视觉理解、主题与风格之发展和结构之间的关系。从那时起，这门课的内容始终是我论述相关问题的基础，当然我的理解与之不尽相同。罗樾讲授商周时期的祭祀青铜容器时，从不忽略任何考古或碑铭证据，而为我们展示一种令人信服的有着各种装饰风格与外形的形态学，在我们头脑中建立一个框架。在此框架中，被视为库布勒系列中"一步"[10]的单个对象就有可能变得明白易懂并深受大家喜爱，而这种方式一旦离开那个背景就无法达到这个效果。他并不是将这些风格与以前就有的沃尔夫林（Wölfflin）式的或其他图案、"叙事"对号入座，相反，这些欧洲艺术中相关系列形式的形态学研究提醒了他，那些非艺术史学家们可能没有意识到的东西：随着时间的推移，一个抽象图案可能会蜕变成一种形象——如一对圆圈可变为一种动物面具的眼睛。罗樾用这种完全独立于文化传统的方式概述中国青铜礼器装饰风格与形状的最早期发展，他的研究已被证实是基本正确的，其后发掘的安阳前期遗址在很大程度上印证了他提出的这种风格次序。[11]中国、日本、欧洲的另外三位早期著名青铜器专家学者都把秩序颠倒了（如苏波回忆罗樾贡献专文中所记）[12]，以为该系列必须始自具象，然后由此"化入"一个抽象模式中。这并不能被仅仅视为西方艺术史家将他所知晓的模式强加于外国材料之上，而是多年的训练让他变得对一些可能性非常敏感，这是缺少这种背景的人的盲区。

因此，巴赫霍夫、罗樾、苏波等人关于中国早期山水画的著作吸取了视觉和概念技巧，而这些技巧部分是通过他们对其他绘画艺术传统的研究逐步培养起来的，这种借鉴绝不会使他们的工作毫无价值。后来那些利用新的考古发现以及其他材料进行的研究，改善并部分修正了他们的研究，但并未取代他们的叙述。另一方面，

他们的后学中无人能有效地处理宋以后的绘画作品——我最近称之为"后历史"作品（post-historical）。[13] 中国画论强调地方流派或运动，看重对古代大师的"模仿"，重视文人画的宗旨、教义以及个别大师的笔触或"手法"，还有与贡布里希式的"追求神似"无关的其他因素，所有这些似乎都是艺术史论述合适的论题与参照对象。它们其实是我讨论中国晚期绘画的主要研究对象。不过，这些方法反过来大多不适于处理早期绘画，因为这一时期传统中国鉴赏家正处于发展最薄弱的阶段。

我所推崇的演讲和写作，好比在听众和读者脑中装上新电路，就像计算机装上新软件后便可阅读和理解之前无法读取或是毫无意义的一组新文本一样（我对计算机并不精通，这个比喻可能不太恰当），装上新电路后的听众和读者便可对相关艺术作品有一种敏锐且训练有素的反应。我想说——而且这个想法很常见，几乎是老生常谈——当被观者欣赏时，一件艺术品的大部分价值，源自其与前后其他艺术品之间的关系。这一点，对于那些有艺术传统自我意识的艺术家们创作的作品来说（比如中国和欧洲的绘画传统），尤其适用。那些在自我意识传统内部进行创作的艺术家们，经常自觉或不自觉地加入了一个庞大的游戏之中，他们不像赫尔曼·黑塞（Hermann Hesse）的小说《玻璃球游戏》中的玩家，他们的游戏和现实生活并不脱节，既与他们过去的文化相关，也与作品被创作、被欣赏时所处的时间、地点、社会密切相关。作品的主要价值来源于这些背景，而在这种背景下，其地位无法被真正认识到，除非观众和读者自己或者通过老师的帮助（最好两者兼有），在看画之前接触过海量的相关作品，有所准备并深入思考了下面几点之间的关系：什么是真正的原创（库布勒的"基准作品"（prime objects））？其他作品是如何从中生发出

来的？对于在这个序列中遇到的形式和美学上的难题，什么才是真正成功而且令人满意的解决方案？当然，视觉艺术以外的内容也可以纳入这个心灵调适过程中，而且必须是与处境相关的事物，比如巴克森德尔在他的"推理艺术史"（inferential art history）中所描述的。

对于上述问题，好老师已总结出明确且有说服力的方案，将其有效地传授给学生，并能帮助他们在此过程中得到长足进步。学生，当然并不一定要以老师的说法作为定论，就像我不完全接受罗樾的一样，但是学生必须有一个可以去接受、修改，或者反对的模型和初步结构，这些要比一开始就"冷场"好。

这就是为什么那些认为没有视觉准备、尚未充分体验作品表现力和美学价值的学生即可轻松开始研究艺术作品的观点是错误的。我曾遇到一些人，号称他们能看出诞生于任何时代、任何文化、任何传统的艺术作品的价值，这一点并不是完全没有道理，尤其是如果他们对其他艺术形式积累了足够多经验的话，但这也只是部分正确。我在前文提过，有些敏感而睿智的学者对陌生的艺术形式反应冷漠，不能作出有质量的判断和辨别，中国鉴赏家王季迁就是其中之一。20世纪60年代初，我们在国家美术馆的欧洲绘画画廊转了好几圈，他评论那些画看起来或多或少有些相似，毫无"笔法"可言。艺术评论家肯乃德（John Canaday）在《纽约时报》上如此评论我 1967 年举办的"中国画中的奇幻与怪诞展"（Fantastics and Eccentrics in Chinese Painting）：这些画看起来都很美，但和之前看过的明清画没什么区别，这些画到底有什么特别"古怪"之处呢？我也曾举过另一个例子，一位印度音乐会评论家发现，当音乐家演奏带有色情内容的拉格（印度教传统曲调）时，印度人几乎要离座而逃，而"老外"们却毫无反应。音乐是一个极有说服力的例子：比

视觉，文献，或兼有之？
——关于中国绘画研究的一些观察

如，没认真听过欧洲古典音乐的人，就无法区分莫扎特和贝多芬，更别说莫扎特和海顿了。洞察力当然不是艺术欣赏和享受的全部内容，但它是一个重要组成部分，几乎是必要条件。

在某种程度上，艺术史是在观众和听者的心中植入一套正确的视觉参照物，这样便能通过观察作品与其他参照物的关系来欣赏作品，并在开始理解一个作品时就看出这些关系。我一直不明白，为何理论家总喜欢在讨论艺术史时漏掉这个话题，也许他们认为这个话题属于教育家或批评家，不值得关注。然而，真正成功的艺术史学家（或者文学史学家、音乐史学家）的著作和讲演会令读者和听众心潮澎湃，还会收到这样的来信："你改变了我的人生"。这样的艺术史家必然非常理解这个过程的重要性，并在心中为自己所讲授的艺术品建构了这种关系的范式与结构，通过灌输其中的一些形式，辅以足够的时间和幻灯片，将其传达出去。每个教师的情况当然不同，有人轻车熟路，有人笨手笨脚。在我看来，无论如何都应该尝试一下，即使这并非他的优势所在。很多人干脆采取现有的叙事方式，不论是中国传统方式，还是从老师那里学到的改版，或者直接将别人的阅读意图拼接到一起，形成新"历史"。很多人，也许是大多数人，往往稍稍修改现有的论述，借此强调自己的优势和兴趣。真正重要的是，学生们将拥有一个切合自己看画经验的坚实的视觉基础，当他们成为教师时，他们可以接着教给自己的学生。与西方艺术研究的同行相比，可供中国画史教师选择、完善并被普遍接受的叙事方式屈指可数，这就使得他们的选择更加有趣且重要。

我认为在这样一个项目里，一个人的文化传统和背景对其用以组织材料的结构或模式（"叙事"）并不会有那么大的决定作用，这一点与某些人的想法相左。有些人（如埃尔金斯）曾指出，

所有西方（欧洲和美国）艺术史学家都与贡布里希根据错觉艺术成就写成的艺术史有着千丝万缕的关联。我个人认为，如果能比较灵活地将之用于宋末以前的中国画研究上，这并非是一个不恰当的方法，比如前文提到巴赫霍夫、罗樾和苏波等人的使用方法。因为，在我看来，这基本上与中国艺术家们在早期所"努力"的目标接近（上文引到的张彦远也同意）。但它对宋以后的中国画研究毫无意义，我所写的关于元代及后世的绘画"史"采取了中国著作处理材料和讨论问题的方法，并未借用任何现有的西方模式。我的确已为后期绘画建立了"叙事"模式，但在我看来，我的方法并不是来自贡布里希、沃尔夫林或任何其他模式。虽身为西方艺术史学家，我并未被迫将这些学养强加到自己研究的中国画作品之上。

如果有人反对（肯定会有人反对），认为我提倡的这种过程肯定充斥了特定的假设以及我的时间和环境所带来的偏见。我会同意这一点，但仍要做如下补充：我已竭尽全力，力图使它们来自于艺术主体本身，来自我对艺术本身、对文化背景下的相关因素的有限理解。反对者可能会说，如果你不能摒弃根深蒂固的文化偏见，你不可能完全做到后者。我只能回答，是的，但无论如何这都值得尝试。巴克森德尔（再次引用他）曾在某书中指出，由于自己无法做得完美就不去尝试某事，就好比告诉一个短跑选手别去尝试百米冲刺，因为他不可能在瞬间跑到终点。

我没有理由不去想，如果全球性指的是适用于任何文化和历史时期、任何相互关联的艺术作品本身，为何艺术史在这个意义上不能是全球性的（我曾尝试实践也深信应该如此实践）？当然，实践者在准备上课和写作时，会试图理解相关的本土概念，这些概念将告知他们一些模式结构的信息。实践者会努力避免将取自其他文化研究的"叙事"强加于自己正在研究的艺术之上——这有

艺术史辨
Reflections on Art History

别于前文被罗樾以及其他人所赞赏的实践，即将自己熟知的其他文化中的此类模式运用到正在研究的材料中去，以找到和辨认这类模式。我愿意第一个承认，如此区别（本土与外国）并不容易（是的，我了解无意识的偏见），实践我所倡导的方法也不容易，我也承认有时会在尝试中遭遇失败。但是，我无法接受这种观点——因为这个方法基本上不可能，所以也就不值得一试。

毋庸赘言，用视觉方式分析艺术作品无法取代文献研究，这两种方式在任何学者的研究方法中都可以愉快共存，它们时而彼此挑战，时而互相纠错。在一个研究项目中经常会出现这种情况（理想情况下）：在一个人的内心，这两类材料几乎是不可分割的。我们不断对照着画作和它们之间的关系来检查我们读到的信息和线索，反之亦然，努力有成效地解决视觉与文献之间可能出现的任何冲突。一个人可以学会这样或那样的方法——文献学者们总是倾向于信任文本，那些倾向于视觉的学者会相信绘画——但是，这两者之间的任何分歧事实上构成了新的材料和数据，可供人随意使用，并能引向更深层次的启迪。我们的中国同行们在文献、背景以及处理文献资料的训练上都有毋庸置疑的优势。我们大量地依靠他们提供的所有信息和洞见，推导出自己的观点。我们中那些专心于视觉研究的学者，也乐意看到自己基于视觉证据的结论同样地被那些主要做文献研究的同事信任和重视。我所要求的仅仅是互相尊重。

如前文所说，我们也会感到高兴，如果整个视觉—文献问题可以从外国与本土传统的矛盾中脱离出来。我相信，如果我们鼓励一种更为开放的讨论，在这种视觉—文献的对立脱节之后会是中国绘画研究的巨大进步。如我在本文第一部分结尾处所设想的，这将开辟一条崭新的、更全面但依然是正宗中国传统的中国画研究道路。这条道路一方面以中国传统文献考证研究为基础，另一方面在现代学术研究中重新创造出一种视觉技巧，即书写了文献资料的中国古代鉴赏家和评论家们所精通的那种视觉技巧。

（陈叙译，张靖校）

注　释

[1] 我翻译的岛田的文章分三部分发表于《东方艺术杂志》1961 年第 6 期旧辑、1962 年第 8 期和 1964 年第 1 期卷 10。

[2] James Cahill, ed., *Shadows of Mt. Huang: Chinese Painting and Printing of the Anhui School*, Berkeley: University Art Museum, 1981.

[3] James Cahill, *Pictures for Use and Pleasure: Vernacular Painting in High Qing China*, Berkeley: University of Californnia Press, 2010.

[4] 有关这个项目，中国读者可参读拙文：《明清时期为女性而作的绘画》，载《艺术史研究》，第七辑，2005 年 12 月。

[5] Cao Yiqiang（曹意强），"Approaches to Chinese Art History"（探索中国艺术史），*Art and History: Haskell's Historical Achievements and the Development of Art History*（艺术与历史：哈斯克尔的史学成就和西方艺术史的发展），198 页，杭州，中国美术学院出版社，2001。

[6] Michael Baxandall, *Patterns of Intention: On the Historical Explanation of Pictures*, New Haven: Yale University Press, 1985, p. 42.

[7] 这不单是我自己的观察。曹意强同样写道："鉴于过去专业大师几乎没有给我们留下谈艺录，文人画家创作了大量论著谈自己的绘画……我们掌握的中国古代艺术史知识只有通过他们的论述和解释传播。因此我们的看法不可避免地受到他们对同行态度的影响。"曹意强，"Approaches to Chinese Art History"，186 页。

[8] 此讲座参见笔者个人网站，标注为"CLP 25"。

[9] James Cahill, "Style as Idea in Ming Ch'ing

视觉，文献，或兼有之?
——关于中国绘画研究的一些观察

Painting", in *The Mozartian Historian: Essays on the Works of Joseph R. Levenson,* Maurice Meisner and Rhoads Murphy, editors, Berkeley , 1976, pp. 137-156。这篇论文，以及笔者其他短文，将见于由杭州中国美术学院艺术史系出版的中译本文集中。

[10] 我这里指的是乔治·库布勒（George Kubler）在 1962 年出版的 *The Shape of Time*（时间的形状）中阐述的"连接性系列"（linked series）概念。

[11] 对视觉艺术史的这一胜利的详细记述，参看 Robert Bagley, *Max Loehr and the Study of Chinese Bronzes: Style and Classification in the History of Art,* Cornell University Press, 2008。

[12] Alexander Soper, "Early, Middle, and Late Shang: A Note", *Artibus Asiae,* 28 (1966), pp.5-38。三位学者是李济、梅原末冶（Umehara Sueji）、高本汉（Bernard Karlgren）。

[13] James Cahill, "Some Thoughts on the History and Post-History of Chinese Painting", *Archives of Asian Art,* LV, 2005, pp. 17-33.

艺术史辨

Reflections on Art History

谁的玩具木马？[1]
——序埃尔金斯《西方艺术史学中的中国山水画》

裴珍妮

裴珍妮（Jennifer Purtle）/ 加拿大多伦多大学

开始阅读该书稿时，我本以为自己会对其深恶痛绝。之前，关于此书稿已有不少流言：其作者并非中国绘画史领域的专家；在该领域，已有不少专家致力于再现传统中国绘画观念，而该作者竟试图向这些专家指出并分析他们的研究如何书写了西方艺术史。不仅如此，据说这个作者还使用了一些特别的表述方式；对于中国绘画史领域的众多专家而言，这些表述无法引起他们的兴趣；对于部分专家而言，它们甚至毫无意义。20世纪中叶以来，中国绘画史学界就开始尝试借助不同方式（包括严格意义上的汉学研究）再现传统中国绘画观念；或许，对于某些学者而言，指出中国绘画史领域之艺术史撰写的西方性即等于说明这一尝试的失败。因此，对于一些学者来说，这部书稿提出了这样一个观点：我们根本不可能以中国山水画史的角度来思考中国山水画史。

以一种非西方文化的视角来思考这些文化的艺术史，这究竟意味着什么？尤其是当这些文化——虽然它们运用复杂的原创思考与书写方式来描绘形象和物体以及 / 或是艺术——缺乏与艺术史这一西方学科相近的体系，在艺术史学科内部进行这样一项工作是否可能？尽管西方传统之外的"艺术"究竟是由什么构成的这一问题仍然没有定论，这种工作是不是更适合对艺术作出的人类学考察？或者，这种工作虽然拉近了非西方艺术和西方学者或观赏者的距离，却无可避免地将观察对象移置到西方认识论框架和学术探究策略之中，故而在非西方对象和西方对艺术史的撰写之间留下了不可逾越也无法化解的鸿沟？

各类艺术史及世界艺术，因牢牢根植于西方对艺术史的撰写经验（而且常常被冠以民族国家之名），将自身创立者和撰写者在认识论上的局限性强加给了他们所研究的对象。游弋于艺术史各种概念的边界内部和外部的对象，则面临进入艺术史话语并在该话语中被接纳这一难题。结果，一种文化中的各种事物进入另一种文化的各话语范围这一迁移过程，就成了跨文化诠释学的对象课程。当这些事物是中国山水画，而话语范围是西方艺术史时，这一对象课程就揭示出：对中国山水画史的研究为完全异于其研究对象的认识论结构和诠释方式所局限。埃尔金斯（Elkins）在这本富有争议的书中表明的正是这一观点。

抽牌、插牌

对中国山水画史的研究为完全异于其研究对象的认识论结构和诠释方式所局限，这种情况并不仅存在于中国山水画研究的史学撰写。在一系列名为"重绘中国山水画"的绘画作品中——其中一些已在"洗牌"（一场于 2003 年在普林斯顿大学艺术博物馆举办的，旨在"探索当代思想和艺术行为之间的对话"的画展[2]）中展览过——张宏图（生于 1943 年）这位生于北京、现居纽约的艺术家使中国山水画演绎了西方艺术史。张宏图的手法是以 19 世纪西方绘画大师的风格对中国画名作进行重新创作。该系列中有一幅画，名为《石涛—梵高》（1998，见图 1）。这幅画的画面内容出自中国山水画名家石涛《道余集》（An Album for Daoist Yu）中的《山水》（图 2），而张宏图则以文森特·梵·高（1953—1890）《星夜》（1889，见图 3）的风格对其重新绘制。

图 1 石涛—梵高

对熟知这两种不同艺术传统的观众而言，张宏图的《石涛—梵高》和这一系列的其他画作一样，是一种诙谐的扭曲，是两幅伟大杰作之不可能的相遇。石涛是非常有自我个性的画家，拒绝以中国传统大师讲究的画法作画。张宏图对石涛

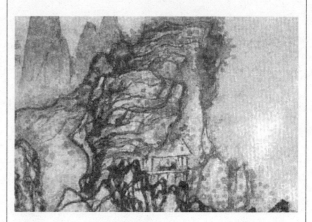

图 2 山水

图 3 星夜

名作的重新创作，以近乎戏仿的手法使石涛俨然成为梵·高的先驱。[3]但是，《石涛—梵高》和张宏图的其他绘画作品集一样，是中国山水画与西方艺术史的碰撞式相遇。对中国艺术史学家，这一相遇具有令人不安的含义：对中国山水画不熟悉的观赏者会将《石涛—梵高》视为梵·高的作品。如果不了解中国山水画的观赏者无法辨别出石涛的构图，他们就对石涛视而不见，从而消解了这一中国山水画杰作的地位和影响。这些观赏者就这样乐得将中国山水画中最具标志性的画作之一纳入了西方艺术史，还浑然不知。他们洗了牌——应该说是抽了牌还插了牌——而结果是西方艺术史大获全胜。[4]

张宏图的"重绘中国山水画"展示出中国山水画是如何轻而易举地成为了西方艺术史的一

部分。在《西方艺术史学中的中国山水画》一书中，詹姆斯·埃尔金斯以自己对中国和西方两种传统的扎实研究为基础，提出六个假设，促使读者思考中国山水画如何成为了西方艺术史。对于各个分支艺术史学家——包括但不仅限于中国画专家——而言，这六个假设促使他们深刻反思自己学科的概念框架和历史演变，并在艺术史撰写层面思考这些问题。简要总结起来，这六个假设分别为：1. 提出艺术史在本质上是西方的，中国山水画史则是西方艺术史的一个或若干个例子，而非与西方艺术史并驾齐驱的传统；2. 指出比较艺术史（这是艺术史根深蒂固的一部分）存在问题，尤其是跨文化比较；3. 提出既然艺术史在本质上是西方学科，那么任何中国山水画史都是西方研究，即使是中国作者用中文写给中国读者看的也一样；4. 声称在历史视野下进行的比较（即就自身传统而言采取相对主义立场）揭示了种种关于艺术史的本质及其各种系列的假设，并表明中国和西方这两个阶段具有相似性；5. 指出中国绘画的发展具有异常结构，例如明代后期有所衰落，而关于清代的各种叙事更是语带贬损，甚至对其只字不提（另一种相反的假设则认为明代晚期和清代的艺术家在艺术史上的形象相当于一种后现代主义）；6. 主张深入探究"艺术史是西方的"这一观点，并且意识到，当对艺术客体研究超越各种西方前设的范围时，该研究就不能再被认可为艺术史研究。

尽管有些研究中国艺术史的学者并未明言，但他们以自己的研究实践和研究机构的情况出发，知道埃尔金斯的假设有根有据，尽管他们研究西方艺术史的同行可能从未思考过这门西方学科与其同行所研究的中国客体之间的奇特融合。对于一些中国艺术史学家来说，埃尔金斯的著述是一次正面挑战，因为他本人不是专业学者，居然要教导这个领域的专家，而他说的则是他们早已知

道的东西；对于其他人来说，这种挑战在于他居然指出了一些他们不知道的东西。[5] 对于另外一些人来说，这种挑战则在于他告诉该领域专家，欧洲语言背景下的艺术史学术界在坚持一些基本标准，这些专家为自己所研究的传统构建的历史未能达到这种标准，而使其成为了跨文化相遇之例外且独特的人工制造品；尽管这个人工制造品声称自己是从中国山水画角度理解中国山水画，但仍然赋予了西方艺术史优先权。还有一些专家认为这本书毫不相干，因为该书并未涉及他们所关注的问题，而且其所构建的叙事也没有采用他们在思考中国山水画史时所使用的一系列文本。

最后，有些专家对埃尔金斯的著述感到不满，因为其中完全没有提及中国学术研究。就此而言，中国绘画史的西方性得到了双重表现。首先，埃尔金斯不懂现代汉语，无法阅读这部分文献；就此而言，他是典型的研究中国绘画史的西方学者。其次，即使埃尔金斯懂中文，也因此能在书中同研究中国绘画史的汉语世界学者进行更深入的对话，这种交流只能进一步强化埃尔金斯的立场：因为，世界各地研究中国绘画的汉语世界学者有别于其西方同行之处在于，直到 20 世纪 90 年代，他们都倾向于注重描述同鉴赏和文献相关的细节，而不是依据历史和艺术史撰写所采纳的种种西方前设书写出宏大叙事。这种情况的产生，部分原因在于直到 20 世纪 90 年代后期，中国大陆和台湾地区才开始设置中国绘画史方向的博士学位，另一部分原因则在于很多在西方国家接受过教育的汉语世界学者，常使用西方语言撰写著述，研究角度也沿用了西方艺术史的传统。这样一来，虽然汉语世界学者的研究构成了该领域的基础——我们这些中国绘画史领域的研究人员几乎无法想象，若是没有徐邦达[6]（生于 1911 年）等前辈在鉴赏方面的伟大贡献，若是没有陈高华[7]、穆益勤[8] 和其他众人开创性的文献研究

做基础，那么研究工作该怎么开展——但只是在近期，也许是由于所谓的"艺术史全球化"[9]，无论是组织机构上还是学术研究上，面对杂乱的西方艺术史及其对中国山水画之种种异质期望，汉语世界的学界已深陷其中。以前，汉语世界学界的研究并没有对埃尔金斯的批判采取开放态度，因此加深了埃尔金斯对中国绘画史之西方性的看法。

这个领域的专家也许并不是这本书唯一的或是首要的读者群体。实际上，这本书稿多次被拒，这说明之前读过该书稿的人，无论是谁，都没有看到其价值所在，或者发现它的出版有何意义。但是，如果中国山水画和更广泛意义上的中国艺术史都是西方艺术史的一部分（当然并非所有的人都同意这种说法），那么埃尔金斯的假设则通过使用一种理论及历史编纂学色彩明显的西方艺术史的语言，向更为广大的各类艺术史读者群体解释这一领域的跨文化立场。这一点非常有趣，甚至有益。如果我们能生活在一个理想的世界里，那么我希望西方艺术史研究者愿意了解中国艺术史研究者的研究成果。但是，如果我们生活在一个更崇尚工具主义的世界里，那么我希望西方艺术史研究者能够把握中国艺术史这个概念，即便他们对中国艺术史的认识始于这本书——而不是某位专家的作品。牌已经抽好了、插好了，西方艺术史明显占了优势：为什么不为那些致力于研究中国山水画的人着想，把牌局展示得更透明一点呢？

讲述艺术史

在阅读这本书出版前的书稿过程中，我读到了一些关于中国艺术史的极为有趣的事情。其中有一封该书稿评审所写的拒信，说他们非常肯定吉姆·埃尔金斯无法理解中国绘画历史，因为他不懂中文。这封信之所以有趣，是因为写信的人接下去还说，虽然他们自己对中国文化只有一个模糊的认识（但自认略胜埃尔金斯），包括曾经学过中文（但是缺乏实际运用能力），但也因此知道埃尔金斯究竟能在中国山水画中看懂什么和看不懂什么。该评审还使用了似曾相识的庄子（生活在公元前4世纪）"鱼之乐"[10]式论述，承认不懂荷兰语的人也许可以写书探讨荷兰绘画，但却言辞激烈地捍卫另一个立场：只有懂中文的人才能写书评述中国山水画。但他们有一点没看明白：埃尔金斯讨论的对象不是"中国山水画"，而是"中国山水画史"。埃尔金斯采用的第一手材料所使用的语言是艺术史。

有这样一个观点，即通才学者或非专业学者——他们熟知英语世界的艺术史，对欧洲非英语世界的艺术史也颇有造诣——能够影响人们对非西方世界艺术史的理解，而中国山水画自然也不例外。对很多（如果不是大部分）中国艺术史领域的学者而言，这个观点让他们不安。但是，我们必须问一个问题：通才学者或非专业学者在哪方面冒犯了或者可能冒犯了专业研究呢？当然，因为缺乏或完全没有相关语言训练，通才学者或非专业学者可能不具备研究非西方传统的良好条件。但是，如果这样一位学者运用艺术史这门学科的知识来分析该学科一个分支的历史编纂情况，他或许能够使该学科的这个非西方分支内更为广泛的论争更具价值？

形式主义的考察和西方语言的二手研究是通才学者或非专业学者借以接近中国山水画的两条道路。对艺术史的形式主义考察被公认为研究艺术作品的不二法门，因此就为任何一位受过形式主义方法论训练的艺术史学家打开了通向艺术作品的公平之门。专业学者在对自己研究的那一类型作品进行形式主义分析时，想必更加得心应手。但是，随着时间的推移，非专业学者也可以变得同样得心应手，甚至超过一些专业学者，因为有的专业学者的论述主要依靠的是文本材料，而不是对对象的研究。

这本书写得非常精彩，除了几处彻头彻尾的错误。外行会犯这类错误，因为他们不懂中文，因此也就不能阅读二手文献之外的材料。如果一个非专业学者没有受过现代汉语和古代汉语方面的语言培训，那么他只能阅读这一领域的二手文献。因为清楚自身语言方面的局限性，非专业学者——在我看来，埃尔金斯便是如此——会比专业学者更加仔细地阅读用欧洲语言写就的二手文献。对于专业学者而言，这些二手文献只是将一些概念和观点代入欧洲语言背景下进行的讨论，而他们早已从第一手文献中了解了这些概念和观点。换句话说，专业学者是在与第一手材料进行对话时，才阅读该领域的二手文献，同时也将其视为第一手材料的索引。与此相反，在阅读二手文献时，非专业学者从文献自身的角度——即作为艺术史的文献——进行阅读，并将这些文献置于艺术史的任何一个分支学科都接受的标准之下。

埃尔金斯提出，中国山水画属于西方艺术史。他也将关于中国山水画的二手文献作为西方艺术史进行阅读。以20世纪关于该领域的二手文献为依据，埃尔金斯在第三章论述道，"过去的形象这一感觉"在元朝形成，而那段时期代表重生，起到了文艺复兴的作用。他将元朝的绘画和西方文艺复兴时期的绘画作类比，对明朝晚期和其他更晚阶段的绘画进行评述，说这些更晚阶段表明艺术和艺术史的终结。这种历史观完全不同于各种关于西方艺术的叙事所建构的历史观。"艺术和艺术史的终结"借用了汉斯·贝尔廷（Hans Belting, 1935—　　）所提出的一个概念。贝尔廷认为艺术史终结于当代艺术，而埃尔金斯则恰当地指出，中国山水画的历史终结于明朝晚期之后，大概是1644年左右。[11]埃尔金斯所感兴趣的，可以借用乔治·库布勒（George Kubler, 1912—1996)的一个词汇来形容，是时间的形象。[12]但是，库

布勒的兴趣所在，是抽象意义上的时间性和艺术品；而埃尔金斯的兴趣所在，则是如何建构中国山水画的艺术史叙事。这种叙事对时间段的划分同各种关于西方艺术的艺术史叙事中的划分相吻合，但又没有坚持西方为"过去"塑造的原型形象。

埃尔金斯不仅分析了其他学者是如何将中国山水画书写为西方艺术史，而且自己也有意将中国山水画书写为西方艺术史。他引用了格奥尔格·黑格尔（Georg Hegel, 1770—1831）的历史哲学，尤其是黑格尔的主体自觉性和对历史的感知等概念，将元代山水画放在和意大利文艺复兴平行的位置上。有些研究中国艺术史的学者也持有同样的观点。方文（Wen Fong）在《表现之外》（Beyond Representation）一书中，表达的正是这一观点；同样的观点也出现在埃尔金斯引用的一些文本中。[13]当研究中国山水画的学者提出这一观点时，他们所依据的是中国传统，而不是西方哲学。但是，难道就不可能同时以某种文化体系之内和之外的概念范式来分析该文化的单个现象？[14]认识到一个有意思的问题可以被放在无数的诠释框架内进行阐述，难道这种认识不能促使大家思考也同时引发争议？

通过将中国山水画当作、读作、写作西方艺术史，埃尔金斯认识到了对中国山水画的二手研究的种种独特之处。在本书的第三章和第四章，通过考察20世纪各种关于明朝晚期和清朝山水画表现出艺术衰落及艺术创作的缺失的叙事，以及学界对20世纪中国艺术的忽视，埃尔金斯质疑了中国山水画史将元朝定位为复兴的方式。研究中国山水画的20世纪专业学者建构并广泛接受了这一叙事，但却很少去探究其不合理之处。《为什么中国山水画是西方艺术史》于1991年成书；同当时相比，现今这些叙事已没有那么大的影响了。不过，我们似乎仍然可以看到，需要一位专业圈

之外的学者，通过将研究中国山水画的二手资料读作艺术史，才能看到——或至少有力指出——这一领域为自己建构的叙事如何不合理。从埃尔金斯写成本书到现在，已过去近20年，其间，这一领域已有所改变。他的著作同中国山水画的既定叙述之间存在脱离，我们可以从中学到这样一件事：如果专业学者被例外主义误导，假定对非西方传统的理解应遵照"其自身方式"，他们就无法认识到这类叙述的不合理性，或无法发现催生这类叙述的史学因素。这种情况下，圈外人士的视角就能够介入这个领域的著述体系。这个著述体系虽有高质量的研究，但就更广泛的史学探究而言，却无法言之成理。

不懂中文的吉姆·埃尔金斯在本书中讲述了艺术史。这也许是为什么有些研究中国绘画的历史学家认为他的书不知所云。作为一个群体，这些历史学家在不同程度上知晓西方绘画史。通过使用当今学术圈里流行的批评和理论语言，埃尔金斯提出了范围更为广泛的、跨学科的问题，涉及人文学科的探究和历史的书写，并挑衅性地借此重新测定书写中国山水画历史的过程中出现的问题与疑惑。通过讲述艺术史，埃尔金斯提出了一种关于中国山水画的历史学，它可以促进专业学者和非专业学者在中国山水画方面作出更广泛和更有成效的研究。

分叉点

中国山水画史的书写有一些既定且被广泛接受的参考点，而埃尔金斯在讲述艺术史时，与这些参考点分道扬镳。他没有将该领域内的第一手和第二手文献作为所有论述的依据，而是间或将其他非专业学者关于中国绘画史的著述作为研究的出发点。此外，埃尔金斯对中国山水画及其历史的讨论有别于同类著述的另一个特点还在于，他参考了关于西方艺术史的著作。研究中国山

水画的专业学者常常无视非专业学者的著作，有时甚至还会讥讽以概论方式著述的专业学者。因此，当埃尔金斯论述休伯特·达米施（Damisch，1928— ）在其1995年著作《线条的论著》（Traité du trait）的第一章"毛笔"（Pinceau）中只使用中国的例子时，他所根据的是皮埃尔·里克曼（Pierre Ryckmans, 1935— ）对石涛的《画语录》的评论，及雅克·德里达（Jacques Derrida）的《论文字学》（Of Grammatology）（该书为本书多次引用）。就此而言，埃尔金斯分析的是《线条的论著》的知识背景，并指出了各种关于中国山水画的观点如何在一个更为广泛的知识背景中起作用，无论这些观点是不是都能为专业学者所接受。有些人驳斥埃尔金斯的著作，但这些人没有注意到一点，即，无论达米施、里克曼和德里达是否表达过相同的看法，让专业学者能够接受、并认为其"确实"适用于中国山水画，针对中国画面临的重大问题，这三位提出了一个与之相关并在艺术史上颇有影响的观点。就此而言，埃尔金斯这本著作所做的，就是将其他非专业学者的著作标记为潜在的出发点，以供研究中国山水画之用。

为促进交流，埃尔金斯的文本也打开了中国山水画史，向这一领域的专业学者引入了他们一般不会阅读或涉及的西方艺术史的文本和观点。在20世纪，使用关于西方艺术史的作品来探讨中国山水画已是书写中国山水画史的主要方式。但是，埃尔金斯对待这些书写的态度有别于研究中国画的专业学者；他以有别于专业学者的方式使用这些书写，以支撑一些宏大的观点。比如，埃尔金斯仔细研究了保加利亚现代主义者德彻科·乌祖诺夫（Detchko Uzunov, 1899—1986），参照了艺术史的经典之作，如贡布里希（E. H. Gombrich, 1909—2001）于1950年出版的《艺术的故事》（The Story of Art），援引了黑格尔的观点以思考对比的磨蚀及历史学家的自觉。在考察那

些只研究西方艺术的西方艺术史学家时，埃尔金斯带领读者去了解埃尔文·潘诺夫斯基（Erwin Panofsky, 1892—1968）、贡布里希、迈耶尔·夏皮罗（Meyer Schapiro, 1904—1996）和汉斯·贝尔廷，有效地促使对中国山水画感兴趣的读者去面对那些写下了艺术史奠基之作的作者；而在仔细思考这一学科更重大的问题时，这些作品或许能有所帮助。同样，埃尔金斯还促使读者去面对更为近期的作者，比如约翰·奥尼安斯（John Onians, 1942— ）、诺尔曼·布莱森（Norman Bryson, 1949— ）和大卫·萨默斯（David Summers, 1941— ）。他们都是西方艺术史学家，却对非西方的题材一直抱有兴趣。很多研究中国山水画的专业学者都知道他们的著作。但是，很少有人会告诉我们去思考这些书，以此反观我们自己的作品，更不用说一部接一部读下去了。所以，对于专业学者来说，埃尔金斯的书既有刺激性又有挑战性，使他们重新思考自己对艺术史持有的种种假设，以及艺术史的重要文本是不是适用于中国山水画历史。

迪佩什·查卡拉巴提（Dipesh Chakrabarty）于 2000 年出版了其非常有影响的著作《将欧洲地方化》（*Provincializing Europe*）。有趣的是，差不多在这本书出版 10 年之前，埃尔金斯的文本就提供了一种细化的——也许有人会称之为异质的——叙述，描述西方艺术史可以在哪些方面成为研究中国山水画的框架。相对于近期后殖民主义研究和批判性区域研究而言，埃尔金斯的假设并不算激进。这些研究揭示出西方学术的学科和区域研究背后的各种殖民主义和帝国主义假设，即以西方的方式来设定知识的结构。[15]虽然现在看来埃尔金斯的文本或许已过时或具有衍生性，但这仅仅是因为它没能在 1991 年前后出版。奇怪的是，在 1991 年中国山水画不能作为一个分叉点，以此来思考艺术史中暗含的殖民主义书

写；而只有现在，当最广意义上的这些书写在其他学科中被揭示出来时，分支学科才会承认这些书写的存在。

谁的玩具木马？

谁能代表中国山水画发言？中国山水画是谁的玩具木马？也许不是贡布里希狭义的图像学的玩具木马，这玩具木马基本上不适用于中国山水画，而是更广泛意义上、改头换面的木马，甚至可以是中国式的"竹马"。这木马能帮助谁思考各种艺术史问题？为什么能？

现在专业学者已应当去思考，我们所研究的材料如何能激发非专业学者和通才学者的兴趣。有些研究中国的历史学家已经跨出了这一大步：哈佛大学的中国历史学地理信息系统项目（the Harvard China Historical GIS project）正在努力提供尽可能多的以英文写就的材料，使没有受过中文训练的研究社会学和经济学的历史学家也能着手分析这一项目所编辑的丰富的中国数据，从而对中国的社会和经济发展进行比较研究。[16]哈佛大学中国历史学地理信息系统项目的方法表明，只要通晓某一学科的另一分支，智识卓越的非专业学者就可以为这个分支的专业学者及更广大的思想界作出贡献。

如果研究中国山水画和其他形式的中国艺术的历史学家能够采纳哈佛大学中国历史学地理信息系统项目的立场，将让我们这些致力于为如埃尔金斯的非专业学者开课、提供培训的专业学者冒更大的风险。因此，我们是否期望那些在我们这个学科受过些许培训且产生了一些兴趣的非专业学者不会依靠自己获得的知识进行进一步研究？开设这些课程难道仅仅是为了方便填补课表上的空缺，或是为了满足课程分配的要求？或者，我们应当期待非专业学者或通才学者运用自己的知识和才智，提出有用

艺术史辨

Reflections on Art History

的观点，以不同的知识根基为依据，为各学科分支作出启发性贡献？

当非专业学者把中国山水画当成自己的玩具木马时，他们或许可以在专业学者之间，或某学科分支的专业学者和其他分支学科的专业学者及/或同一学科的通才学者之间，扮演对话者这一角色。作为一位对话者，埃尔金斯的工作卓有成效。他的文本非常有启发性，尤其是当他的观点正确时；但即使犯了错，也同样具有启发性。不仅如此，专业学者在何为"正确"及何为"错误"的问题上，也不太可能达成一致。而且，他们最好应记住，出错并不是非专业学者的专利，因为专业学者的著作也会偶有错误，同行评议不一定都能发现这类错误。作为一位对话者，埃尔金斯对这个领域在20世纪建构的各种叙述提出了质疑。随着新的学术研究的出现，这些叙述已失去了力量，但仍然未被重新考量。尽管这一领域沿着它所呈现的过去的形象向前发展，却没有一位专业学者介入（或者将来也不会，因为从事这一领域的人太少，而且该领域需要的是向前进，而不是向后看），书写这些叙述的历史，或揭示其不合理之处。埃尔金斯所做的事情是专业学者近期不会去做的；如果不是因为这位对话者，这项研究工作也没有人去完成。埃尔金斯在其历史编纂学叙述中将二手文献的点连成了面，但专业学者也许不会认可这种做法。因为，通过讲述艺术史，埃尔金斯已用自己的文本抽了牌、插了牌，偏向于关于中国山水画的新观点。但是，埃尔金斯的著作并没有为这个公案作出最后的裁定，而是成为了一个分叉点，打开了辩论的空间，无论多少艺术史学家都可以参加，或许中国山水画也是他们的玩具木马。

（柳博赟译，龚蓉校）

注 释

[1] [译者按] 玩具木马指的是儿童在能够玩玩具汽车之前的玩具，作者以此暗喻非专业学者从事的研究。

[2] 参见普林斯顿大学艺术博物馆馆长苏珊·泰勒的评论，引文见于：http://www.momao.com/ (accessed April 16, 2008)。

[3] 石涛曾经说过一段话，描述作为画家的自我，这句话可能是他最著名的自白："我之为我，自有我在。古之须眉，不能生在我之面目；古之肺腑，不能安入我之腹肠。我自发我之肺腑，揭我之须眉。纵有时触著某家，是某家就我也，非我故为某家也，天然授之也，我于古何师而不化之有？"引自石涛（1642—1707）：《苦瓜和尚画语录》，见海晏校编：《画论丛刊》，第一卷，148 页，北京，中华书局，1977。译文参考 Richard Strassberg（理查德·斯特拉斯伯格），*Enlightening Remarks on Painting*（绘画高论），Pasadena: Pacific Asia Museum, 1989, p. 65。

[4] 当然，如果有观众完全不熟悉《星夜》，却通晓中国画，也同样可能会误解二者之间的关系。我在多伦多大学教课，班上很多学生是东亚族裔，很多人以为张宏图的那幅作品真的是梵·高画的，是梵·高在模仿石涛的构图。这样一来，他们就试图探寻石涛是不是真的在历史上是梵·高的先驱。当他们发现石涛事实上并没有影响梵·高的时候，多少有一点失望。不过作为整体而言，我班上的学生还是非常喜欢这种戏仿之作的，也非常欣赏这些作品在中国山水画和西方艺术史的关系中制造问题的方式。

[5] 关于对埃尔金斯的手稿的各种意见，我是与同行们多次非正式地交谈之后才得出的印象，并没有数据支持（不过，如果真的做调查，我们或许能够从人们的反应中对埃尔金斯的文本和这一领域得到更广泛的了解，这将是一件非常有趣的事）。

[6] 徐邦达：《古书画鉴定概论》，北京，文物出版社，1981；《古书画伪讹考编》，南京，江苏古籍出版社，1984。以及他在多卷本《中国古代书画图目》中作出的论述。《中国古代书画图目》。北京，文物出版社，1986~2001。

[7] 陈高华：《隋唐画家史料》，北京，文物出版社，

1984；《宋辽画家史料》，北京，文物出版社，1984；《元代画家史料》，上海，上海人民美术出版社，1980。

[8] 穆益勤：《明代院体浙派史料》，上海，上海人民美术出版社，1985。

[9] James Elkins, *Is Art History Global?*（艺术史是世界性的吗？），London: CRC Press, 2006.

[10] 在"鱼之乐"中，哲学家庄子（生活在公元前4世纪）和他的朋友惠子沿着濠水散步，这时庄子曰："儵鱼出游从容，是鱼之乐也。"惠子曰："子非鱼，安知鱼之乐？"庄子曰："子非我，安知我不知鱼之乐？"惠子曰："我非子，固不知子矣；子固非鱼也，子之不知鱼之乐，全矣。"庄子曰："请循其本。子曰'汝安知鱼之乐'云者，既已知吾知之而问我。我知之濠上也。"见《庄子·秋水》，郭庆藩校编：《庄子集释》，第三卷，606~607 页，北京，中华书局，1978。译文参考 Burton Watson trans.,*The Complete Works of Chuang Tzu*（庄子全集），New York: Columbia University Press, 1968, pp. 188-189。

[11] Hans Belting, *The End of the History of Art*（艺术史的终结），Christopher S. Wood trans., Chicago: University of Chicago Press, 1987, pp. 3-63.

[12] George Kubler, *The Shape of Time: Remarks on the History of Things*（时间的形象：论物的历史），New Haven: Yale University Press, 1962, esp. pp.96-122.

[13] 例如，参见 Wen C. Fong（方文），"The Yuan Renaissance"（元代文艺复兴），in *Beyond Representation: Chinese Painting and Calligraphy, 8th–14th Century*（表现之外：8 世纪至 14 世纪的中国绘画和书法），New York: The Metropolitan Museum of Art, 1992, pp. 379-429。

[14] 关于作为文化体系的艺术，参见 Clifford Geertz（克利福德·格尔茨），"Art as a Cultural System"（作为文化体系的艺术），in *Local Knowledge: Further Essays in Interpretive Anthropology*（地方知识：诠释人类学论文集），New York: Basic Books, 1983, pp. 94-120。

[15] Dipesh Chakrabarty, *Provincializing Europe: Postcolonial Thought and Historical Difference*（将欧洲地方化：后殖民主义思想和历史性差异），Princeton: Princeton University Press, 2000; H.D. Harootunian（哈鲁图尼安），"Introduction: The Afterlife of Area Studies"（导言：区域研究中的后世）；"Postcoloniality's Unconscious/Area Studies' Desire"（后殖民主义的无意识/区域研究的欲望），in H.D. Harootunian and Masao Miyoshi, *Learning Places: The Afterlives of Area Studies* (Durham, N.C.: Duke University Press, 2002), pp. 1-18, 150-74.

[16] 参见哈佛大学 Charles H. Carswell 教席东亚语言文化系教授、地理分析中心（Center for Geographic Analysis）主任包弼德（Peter Bol）于 2005 年 4 月 1 日在明代研究协会（Society for Ming Studies）年会上的讲话，其中对中国历史学地理信息系统作出了评论。

谁的玩具木马？——序埃尔金斯
《西方艺术史学中的中国山水画》

《西方艺术史学中的中国山水画》引言

埃尔金斯

詹姆斯·埃尔金斯（James Elkins）/ 美国芝加哥大学

一

　　本书的出版有着一段异常复杂而漫长的历史，而本书观点的形成也是如此。这就是何以我要为这本小书撰写这样一篇不合比例之长引言的原因。

　　此外，我还有一个绝妙榜样：汉斯·贝尔廷（Hans Belting）为其《德国人和他们的艺术》（*The Germans and Their Art*）撰写的引言几乎与正文的篇幅相当。其时，他所面临的问题也是要设法引发一场讨论：在艺术史的书写中（art historical writing）是否存在民族或国家的差异。这是一个需要被不断表述和重述的主题，因为表达民族特性的愿望永无止息。

二

　　我想先说说本书出版前不久的一件事，然后再回溯本书一波三折的出版前的历史。我首先要说的是一次只有 4 人主讲的学术研讨会，会议历时两天，由马里兰大学的郭继生（Jason C. Kuo）主持，时间在 2005 年 11 月。这样，在高居翰（James Cahill）于 1991 年翻阅了我的手稿之后，在历经了 14 年的等待和收到 14 封退稿信之后，

在读过 20 多人的反馈意见并五次全面修改手稿之后，我终于等来了此次会议。如果你有一些学术出版经验就会知道，10 封以内的退稿信还有可能意味着那是一部无人能识的天才之作；如果退稿信超过 10 封，你的稿子中可能就有你自己没有看到的问题了。到马里兰大学会议召开之时，就连郭继生的研究生们也认为我的这本书或许不出版为好。

　　那次会议的本意是要讨论中国绘画研究的学术现状。自第二次世界大战以来，以中国艺术研究为主题的论著已经不少，艺术史的全球化问题也受到了关注。高居翰与我也就这些问题进行过长谈，我们特别深入探讨了柯律格（Craig Clunas）的中国艺术研究，以及柯氏与高居翰的诸多不同之处。[1]

　　我那时就意识到，如果要想有机会让那些通过视觉研究的角度首次认真接触中国画的读者信服，我的书需要另外一份引言。我的书要说明视觉研究对中国艺术史的侵蚀以及中国画和青铜器如何逐渐消解于大量的漆器、陶瓷、墓葬雕塑、招贴画、服装、浅浮雕、广告、电影、表演艺术及旅游风景照片之中。所有这些会构成手稿的第

四份引言，第四轮修改。我试图提出的问题并不是变得越来越不重要了，而是越来越无法听到、越来越弱，被缩减并隐藏到其精心打造的盔甲之后了。总之，该是提出这些问题和出版这样一本书的时候了。

三

现在让我们回到本书的缘起。

在康奈尔大学读本科及后来在芝加哥大学读研究生时期，我曾选修了一些中国艺术课程并进而发展出对中国山水画的兴趣，这个兴趣一直持续至今。我对罗樾（Max Loehr）、喜仁龙（Osvald Sirén）和巴赫霍夫（Ludwig Bachhofer）等学者运用类比方法来解释中国绘画深感惊异。在20世纪50年代问世的那些出自欧美学者之手的中国艺术史论中，充斥着像"巴洛克"、"动感"和"线性"这样的术语，那时我就发现，他们的著作与他们引述的中国文本非常不同。我假定这种差异本来就属于艺术史写作的一部分，在某种程度上我也是这么做的，但与此有关的某些东西仍然令我感到困扰。出于一些无法说明白的原因，如果一位20世纪的学者在描述意大利文艺复兴艺术时使用了一些在15世纪的意大利显然还未出现的术语和观点，这似乎并不是一个问题，或者至少不是与下面的问题同类的问题，这是指，如果一位欧洲学者使用英语或德语撰写有关中国绘画的论文，而那些绘画是在艺术史学家出现千年之前、于世界的另一端绘制而成，这就成为一个问题。让我尤为困惑不已的是，12世纪中国人谈论绘画的方式与20世纪晚期北美和西欧学术圈内普遍为人接受的谈论绘画的方式之间，竟然存在着巨大的差异。然而，这显然就是历史写作想要发挥作用的方式，唯其如此，试图把差异视为问题才显得幼稚可笑——好像这些差异是可以解决的，好像有一些写作艺术史的方式

能够确切无误地、天衣无缝地适合于那些首次见到这些艺术形象者的语言、习语、乃至兴趣所在。也正因为如此，北美学者才很自然地使用"巴洛克"之类的术语来帮助描述他们自己的研究对象，这或许既不可避免也无可指摘。

现在，回头看看本科和研究生时期的那些想法，其中既有初次接触其他文化时的那种天真（naivete），也不乏首次涉足陌生领域者都会问的笨拙问题。但是……但是，这中间真的有问题，即便我还不是很清楚如何才能说明白那个问题。

四

大约18年前，我开始写一本关于中国山水画历史的书。其最初的标题是《作为实物教学范例的中国山水画》（*Chinese Landscape Painting as Object Lesson*），因为我想在书中展示一点：我们有可能走出西方艺术与中国艺术的平行对比，这样的方法在学界仍然流行，并找到一种中间原则，即一个非西方的主导模式，其可能有助于找到中国山水画的艺术史意义。我的本意是要写一本普遍意义上的历史学"实物教学范例"。

早期研究中国艺术的学者们喜欢比较中国和西方的绘画风格，但这一方法常常是将西方的风格概念套用于中国绘画。比如，你可以比较沈周和梵·高（Van Gogh），或弗里德里希（Caspar David Friedrich）和马远，就像有些学者已经做过的，但结果只能是对双方的严重曲解（或者也可以这么说，若不是对其中一方或双方都有相当的误解，你也不会期望去做那样的比较）。学者们过去也常常在西方与中国的艺术发展阶段之间寻找相似点，即使用西方艺术史中某一时期的名称来概括中国艺术的不同时期，如称北宋时期的绘画为"文艺复兴"，明代绘画为"巴洛克"。西方学者使用这些类比是为了让中国绘画能更好地被人们理解，并以一种他们所熟悉的艺术史方

法来梳理中国绘画。许多学者，诸如罗樾、巴赫霍夫、喜仁龙、劳伦斯·比尼昂（Laurence Binyon）、李雪曼（Sherman Lee）、本杰明·罗兰（Benjamin Rowland）等，都使用过这种平行比较方法。近期的学者意图避开"巴洛克"之类的术语，也不再对西方画家与中国画家做简单的类比，但是他们的叙述所依赖的仍然是稍稍改头换面的平行比较方法。许多觉得自己已经摆脱了平行比较的学者不过是在用新的形式重复这种方法，而没有意识到即使取消了基本的用语，这类比较的指导原则依然在发挥作用（我在别处对此进行过评论[2]）。

本书的最初版本意在展示平行比较方法的问题并进而提出一种可以避免这一陷阱的模式，我称之为"历史维度的比较"（comparison of historical perspective）。这种方法是要比较中国和西方在某一历史阶段对于历史形态（shape of history）的看法。比如，从元代的角度来看，对于赵孟頫和钱选这样的艺术家来说，北宋已是遥远的过去，因无法企及而无比珍贵（这是传统的看法，对此我会在本书中予以辨析）。与北宋相比，相去不远的南宋王朝则是一个颓废没落和失去价值的时代，对力求革新的艺术家来说毫无裨益。元代是一个历史意识觉醒的时代，有史以来首次有艺术家将目光超越前朝并开始系统借鉴更早时代的艺术风格。

用这样的术语来描述元代的情形之时，我们发现，13世纪的中国和15世纪的意大利在历史形态的意义上有着不可思议的相似之处。两个时代都避开了邻近时代的文化遗产，都将目光投向古代，跨越一个新发现的历史"鸿沟"而回归备受尊崇的过去，都出现了一些具有历史意识的艺术家，他们前所未有地意识到古代风格之间的差异，并有能力随意继承和选择不同的艺术风格。

这种"历史维度的比较"是《作为实物教学范例的中国山水画》一书的核心，而全书以这样一种观点作结：较西方大约早了250年，中国已经进入了一个可以被称之为后现代的阶段。使用后现代一词，我想要特别强调的是，在那个时代个人风格和不同流派层出不穷，更迭迅疾。中国的经验告诉我们，在这个意义上而言，与其说后现代主义是一个历史阶段的名称，还不如说是一个无止境"终局"（endgame）之称谓：这是一个只能被一些文化中无法预测和极为剧烈的变化来加以终结的阶段，比如中国的革命。

高居翰对我的书非常感兴趣，并曾为其出版而致信几位编辑。2004年，他在普林斯顿大学对自己的学术研究做了一个总结。其要点是：我们为理解中国绘画而构建的宏大体系正受到新兴学术的狭隘眼光的威胁，受到诸如后殖民理论之类的新潮理论的威胁；依然有志于承担宏大主题的人们应循既定方向继续努力，并将其贯彻到备受争议的晚近两个世纪的中国艺术。高居翰注意到，包括他自己的著述在内，所有有关中国艺术的论述一旦论及清代绘画就变得垂头丧气。包括他自己在内的学者们在描绘晚期中国绘画时，都会使用一些贬义词，诸如"力竭"、"重复"、"无生气"和"无趣"等。在他看来，班宗华（Richard Bernhard）等学者近来尝试用一种新眼光来看待清代绘画的努力注定要失败，因为那个时期的作品的确糟糕，而且人们应该有勇气指出这点。与此同时，他提到了我的那本书，称其由于过于粗略的比较及中国后现代主义的提法而一直没有能够出版。

五

《作为实物教学范例的中国山水画》是本书的第一版。大约在1994年前后，我明确意识到有必要重写这本书。与第一版相比，第二版（已在中国翻译出版）有两个重大改动，而这些修改也让高居翰改变了其早先的赞赏态度。[3] 第一个改动是纳入了后殖民理论。在与不同读者交换看法之后，我意识到这本书必须依据当下的理论焦点重新设计结构，否则会显得不甚可靠或过于高蹈（对我来说，阿布贤次（Stanley Abe）的反馈就是一个很好的例子：他将我的这本书视为一个隐秘的保守主义宣言，在呼吁回到绘画的风格研究而无需关注它们的历史和政治背景）。

本书的第二版已经使用了现在的书名——《西方艺术史学中的中国山水画》（*Chinese Landscape Painting as Western Art History*），因为那时我就意识到从历史维度进行比较本身也是一种西方思想。不过，由于中国的学者和画家们都承认元代的文本和绘画见证了一种新的历史观，从历史维度进行比较的根基就比过去单纯比较历史阶段和艺术家风格要更为扎实（说元代绘画和文艺复兴绘画在历史意义上有可比性要胜过说元代绘画在形式上与文艺复兴绘画相近）。那些有关历史形态的思想在当代学术中有着它们自己的历史，而其中有些已经变成了学术领域中误导人的陈词滥调。但是，除了精确性的问题，我还意识到从历史维度进行比较的动机也是全然西方的。因此，我在第二版中向后退了很重要的一步：我不再宣称中国绘画和西方绘画史之间可能存在一个可靠的比较原则，相反，我认为即便是最理想的比较原则看来也只是更适合于西方理性逻辑。所以，从历史维度进行比较将会确立并支持一种在意图上依然是全然西方的书写方式。

高居翰认为这一修正是一种懦弱的退步，或至少是一种危险的搪塞。[4] 我不再愿意简单地说清代艺术具有后现代特征，但这不是因为我不再相信这种说法了，也不是因为我认为所有此类比较都是被误导的（比如我想柯律格会如此说），而是因为我想知道为何包括早先的我在内的所有人都要坚持这一看法。我仍然认为，从历史维度进行比较是有效而可靠的，且在有合适资历的学者手中它基本上真实可靠。我也仍然赞同高居翰的观点，努力去建立这样的理论至关重要。我只想说，这是一个有着可疑谱系的真理。

六

您目前读到的这本书源自第二版。自第二版之后，它又经历了十年的打磨，并有了现在这篇冗长的"重复的引言"，但书中的观点并未改变。我所关注的仍然是，在北美和西欧学者于21世纪初书写的文本与中国人在大约2 000年前写出的文本之间所存在的差异。我现在关注的与我读研究生时已经不一样了，我不再认为差异本身是个问题，也不再认为存在一种完美的对其他文化的忠实模仿。但是我依然对这一点很感兴趣：我努力去了解，在我们的表述中有多少是我们自己的文化立场。这本书是建基于一个理念之上，即寻求理想的比较本身是艺术史研究的一部分——它是现代的、西方的兴趣——而且艺术史本身在几个清晰可辨的意义上是西方的。尽管在本书中我将聚焦于艺术史，特别是中国绘画艺术史，我坚持认为这些问题是汉学研究中普遍存在的问题，也是西方形而上学与非西方话语体系相遇时的问题（在第 22 节对此有更多的讨论。）

1994 年前后我着手写第二版。自那时起，有关学术话语的西方性成为了一个中心议题。本书与至少三本论述艺术史全球化问题的书籍属于同一时代的作品。一本是《艺术史是全球性的吗？》（*Is Art History Global?*）[5]，收集了 30 多位学者关于艺术史的世界性传播的论文。另外一本是专门针对世界艺术的《世界艺术研究》（*World Art Studies*）[6]，由范·丹姆（Wilfried Van Damme）及基蒂·吉曼斯（Kitty Zijlmans）编辑而成。第三本暂时命名为《艺术与全球化》（*Art and Globalization*），是根据 2007 年由我协助在芝加哥举办的一个会议编辑而成。这本书将收录詹姆逊（Fredric Jameson）、鲍莫蕬（Susan Buck-Morss）、内斯托尔·加西亚·坎西利尼（Néstor Garcia Canclini）、拉希德·阿瑞安（Rasheed Araeen）等50位学者和艺术家的对话和讨论。[7]

以上书籍及其他出版物都讨论了一个问题：继续提及一个所谓"艺术史"的领域是否还有意义？或者，在世界不同地区现在是否都有其"艺术史"？如果依然存在这么一个清晰可辨的领域或者学科，那么就有必要问一问，像"空间"（space）或者"形式"（form）这样的术语——遑论"文艺复兴"或"巴洛克"等术语——是否应该成为这个学科的主要术语？如果已经不再存在一个前后连贯的"艺术史"学科，那么也需要问一问，世界上某个区域的历史性诠释活动（historical interpretive practice）是如何被其他地区的学者们阅读和解释的？

这些书包含了广泛而深入的对话，所以我希望读者们能把这三本书都读一读，发现中国语境之外的例子和问题。我自己的看法是：全世界的艺术史惊人的一致。学者们共同分享着这些资源：大学、会议、期刊杂志、研究基金、参考文献、档案资料以及诸多难以量化的微妙资料：比如讨论的命题、诠释的方法（如符号学）、选择叙述的方式及运用论据的习惯等等。我认为艺术史作为一个单独的科目确实一直存在，而且我认为其结构的主体部分，从其机构到其理论，无疑都是西方的，而且这个事实应该引起我们的注意。我没能找到极具特色的地方艺术历史书写传统，相反，事实上所有标榜开设艺术史课程的大学和学院都在公开仿效既有的西欧和北美标准。

除了《艺术史是全球性的吗？》、吉曼斯和范·丹姆的《世界艺术研究》及《艺术与全球化》系列，还有一本克拉克艺术学院（Clark Art Institute）出版的《压缩与扩增》（*Compression and Expansion*），内含大量关于世界艺术方面的论文写作的建议。在那本书中，我的论文是基于一项题为"20世纪绘画的成功与失败"（Success and Failure in Twentieth-Century Painting）的研究课题。[8] 在文中我试图介绍我在访问保加利亚首都索菲亚（Sofia）时发现的保加利亚现代主义艺术家乌祖诺夫（Detchko Uzunov）。在保加利亚，乌祖诺夫可以说是同瑞士画家保罗·克利（Paul Klee）、荷兰画家皮特·蒙德里安（Piet Mondrian）齐名，也就是说，在保加利亚每一个接受过艺术史教育的人都知道他，并认为他是保加利亚人文景观中不可或缺的一部分。不出所料，他在西方默默无名——在许多国家都有不少像他这样的艺术家——但是这让我的写作变得更加困难：我如何才能让英美读者像保加利亚读者一样重视乌祖诺夫呢？

乌祖诺夫的早期作品可能会让来自西欧的观者想起奥古斯·约翰（Augustus John）或其他保守的现代主义肖像画画家。乌祖诺夫为"当局"（Regime）工作过，创作了一些浓烈的巴尔蒂斯（Balthus）风格肖像画以及一些普通的描绘田野中的劳作者的后印象派作品。在20世纪70年代，乌祖诺夫开始绘制保加利亚乡村的俯瞰图。这些绘画展示了保加利亚乡镇的典型模式：一座座小型私人花园紧靠着村庄中心，外围是大片集体管理的农田，横贯村庄的两三条马路在村庄中心汇合。20世纪70年代晚期，乌祖诺夫抽去那些画中的道路和房屋，将田野碾碎成色块，将那些俯瞰图变成了抽象派作品。这样，在西方开始盛行抽象派艺术约60年后，乌祖诺夫成为保加利亚不多的几位抽象派画家之一。

有一天晚上，我和几位保加利亚艺术史家及批评家聊天，我提到乌祖诺夫受了眼镜蛇派（CoBrA）或者皮埃尔·苏拉奇（Pierre Soulages）或者汉斯·哈同（Hans Hartung）等行动抽象派

艺术史辨

Reflections on Art History

（gestural abstraction）的影响。我的说法遭到了强烈反对。他们告诉我，乌祖诺夫不是一位抽象派画家。他认为自己的作品是对乡村的具体呈现，而且他在访谈中否认自己受到任何抽象派画家的影响。说抽象主义的绘画是保加利亚乡村的具体画面，这我完全理解，因为构成主义（Constructivism）早就教导中欧艺术家，抽象主义可以被理解为一种现实主义的表现形式。但是，我无法相信乌祖诺夫没有受到西欧抽象派的影响，我也难以理解他并非抽象派画家的说法。最终，保加利亚历史学家和批评家们说服我相信，乌祖诺夫与抽象主义不期而遇，仿佛抽象主义从来不曾存在过，而且后来我还发现了其他有类似体验的保加利亚及东欧艺术家。在索菲亚的艺术学院（Art Academy）教书的教师帕慕克契夫（Pamukchiev）坚持同样的说法：他的绘画与汤伯利（Twombly）、达比埃斯（Tapies）很像，但是这是他自己的创意，不是抽象派作品。我花了一些时间才意识到，像乌祖诺夫和帕慕克契夫这些画家并不是为了使自己更具独创性而在刻意掩饰（dissembling）。

当下的艺术世界的教条是，世界被更加快速的交流及旅行统一起来了，《闪光艺术》杂志（Flash Art）及《艺术论坛》（Art Forum）和众多美术双年展（Biennales）可以为全世界代言。我在保加利亚的经历却让我相信：美术展和文献展（Dokumenta）之类的艺术仅仅是艺术作品的万分之一（one hundredth of one percent）。大部分的艺术作品仅仅是看上去并不新颖，比如，如果我们在世界范围内审视乌祖诺夫和帕慕克契夫的作品，它们就会显得与过去的某个艺术派别有联系。

那么，如何才能既恰当地描述这类艺术，又避免将其强行归入某种派别呢？请注意我现在谈论的是创作于本世纪的世界各地的艺术这一广大主体。如果我试图写下"乌祖诺夫的作品是源自眼镜蛇派"，或者"乌祖诺夫的作品是无意识地源自眼镜蛇派"，我就抹平了他的自我感觉，也无法让读者像保加利亚批评家们那样认真严肃地对待他。我们所面临的挑战是，不能使用"源自"、"眼镜蛇派"或"抽象主义"之类的术语来描述他。

我在《压缩与扩增》一书中的论文试图告诉大家，这种描述会陷入令人难以置信的僵局（impasse）。我们几乎不可能在艺术史内，如我们所想象的那般公平地对待乌祖诺夫。如果我说他的作品"颜色鲜艳而饱满，笔法自由而奔放，有时十分狂烈"，我是在写诗性鉴赏，而非历史性的评论，或者说我就是在写诗。为了书写艺术史，我不得不将乌祖诺夫定位于其他的发展阶段却不能提及它们，这显然是一个彻头彻尾的无法完成的任务。

对我而言，这个问题标志着书写其他文化之艺术史的困难。我们要在不出现"影响"这个词语的情况下书写所有历史，这包括中欧、印度、东亚、南美等各地的现代主义艺术史，因为这些地区的人们一直认为自己创造的艺术品是独立发展或独具魅力的。鉴于这一背景，我只想说，也许仅仅反思这个问题还不够：我们需要重新考察艺术史存在的基础及艺术史的西方性（在此情况下是艺术史的西欧性）。[9]

七

乌祖诺夫的绘画作品并未在艺术史上留下痕迹是一个例证，但这仅仅是不计其数的类似的例证中的一个。这些例证表明，某些艺术史的叙述、分期及诠释意义的西方性都比我们所预想的更为根深蒂固。《第三类文本》（Third Text）等刊物认为，许多种书写（writing）都可以被看做是艺术史，因为它们都反映了当地的情况，这些刊物也长期致力于切实有力的地方个案研究。这种乐观主义也可能是来自这样的判断：当今的艺术市场及艺术家的职业和受众实际上是超越国界的。我十分尊重这些乐观的看法，但我认为这两种思路都模糊了一个事实：我们正在进行的艺术史写作是建立在一系列来自西方的方法、命题或理念之上的，这些方法、命题或理念都具有极强的适应性，并且在通常情况下很难被我们察觉。

我们或许可以推广开来说，所有可能的叙述——也就是在读者看来可以作为艺术史的任何作品——都是西方的。那就是我在写《艺术的各种故事》（Stories of Art）[10]一书时承受的压力。这本书试图回应贡布里希（E. H. Gombrich）的名著《艺术的故事》（The Story of Art）。在对艺术史的描述和分期等基本问题上，贡布里希对于西方幻觉主义艺术（Western illusionism）之发展的故事与我们已知的标准叙述非常相近。我知道，贡布里希的故事（即按照西方艺术的阶段划分，从埃及到希腊和罗马，到中世纪、文艺复兴，再到巴洛克、启蒙运动、浪漫主义并最终到现代主义和后现代主义）与詹森（Horst Janson）、海伦·加德纳（Helen Gardner）的著作一样是艺术史研究的核心参考文献，而且一直是本门学科诸多专题研究的支撑点（armature）和推动力（impetus）。然而，较之近期的性别研究、"通俗"艺术（"low" art）、文化研究、心理分析、马克思主义批评、符号学诠释等等，《艺术的故事》这一个故事显然已无法再讲述一切。而写作《艺术的各种故事》的困难在于，我们无法写出一本书，可以用南辕北辙的各种故事来有效取代贡布里希的故事：那些赋予贡布里希的作品及其他艺术通史课本以力量的核心叙述，却无法为任何介绍"世俗"艺术或者全面关注非西方国家艺术的书提供支持。《艺术的各种故事》考察了世界各地的各种艺术史教材后发现，只有与贡布里希书

中的叙述方式类似的叙述才能被看做是艺术史，其他的叙述方式看起来都太随性、太地方化或是不够完整。《艺术的各种故事》不是要大家回到贡布里希，而是建议大家认识到一点：所有可以被看成是艺术史的作品，都从西方对历史的写作和构思方式中汲取了一小部分来增加其说服力。[11]我们无法跳出那些框架，也无法找到一种书写艺术——比如中国山水画——的方式，可以使之成为艺术史。它们可以对艺术史的写作有帮助；它们当然也可能因为其他原因显得很有趣；但是作为艺术的历史性书写（art historical writing），它们无法被识别，也不可行。在《艺术的各种故事》中，我列举的例子是9世纪时张彦远评论中国历代画家的著作和11世纪时宋徽宗的青铜器收藏目录，但其实我还可以用郭熙或者其他人的文本来举例说明。我会在本书的第35节讨论一些这样的例子，但我还是希望读者能去阅读《艺术的各种故事》，以便能更全面地了解我的论述理由。这是本书背景的一部分。

八

这份前言总在重复，因为我需要点明那些激发了本文观点的著作。我还想对那些在阅读中国文化和视觉艺术研究著作时读到本书的年轻学者们说上几句。对他们来说，接下来的章节可能看上去有些老套。我在文人画（literati painting）上花了大部分的时间（简单地说，文人画是士大夫的画而不是宫廷画师的画），而且我讨论的范围不会离绘画和史学问题太远。我不关心赞助人（patronage）的身份和作品的象征意义，而且我几乎没有涉及其他种类的中国画或催生了这些绘画作品的文化形态（cultural configuration）。我选择这样的角度有两个原因：首先，我的主题是关于如何能将中国山水画历史作为一个整体来书写这样一个非常重要的史学争论以及20世纪出

现的各种争论。我发现，那些在20世纪30年代和20世纪80年代形成的有关中国绘画结构和含义的观念在今天依然盛行，它们出现在那些看上去与文人画无关的主题研究中，并不引人注目。第二，我也不觉得有必要像某些新兴学术流派那样，为了能够严肃对待以往那些观点，而详细地阐述其社会和意识形态基础。当下的后殖民理论、文化理论、视觉研究和政治理论均已对此有所涉及。由是，如果你是一位青年学者，你的研究并不真正涉及历史分期、风格或文人画，而且你打算忽略中国影视研究及当代绘画，我会要求你将本书当作一个个案研究，一堂"实物教学课"，这也许同我最初为本书确定的标题更为吻合。

九

这就是我在引言中想说的话。再多一些，我就应该是为一本更厚的书写序了；再少一些，恐怕又会显得对我所反对的理论主题重视不足。我将以三个重要的定义和对本书观点的简要总结来结束我的引言。

我在说到"比较"（comparisons）时，是指用来阐述一种我们不熟悉的艺术时所使用的任何术语、理论或思想。比较是两种文化之间的参照和桥梁。比较既可以是心照不宣的，也可以是发展成熟的；既可以是分析性模型，也可以是大致的预感；既可以是扩展的理论，也可以是单独的词汇；既可以是即席的言论，也可以是在历史性解读中深刻的结构性元素；既可以作为问题，也可以是诠释的自然伴随物。有些比较是暗喻式的，有些是形容词短语式的，有些是索引式的。用我的话来说，如果一位西方的艺术史家为了引出一个观点，即兴地比较一幅西方艺术品和中国艺术品，这就是一种比较。但是，如果我试图在一本书的数章中整理出历史性解读的范式，这也是一种比较。简要仓促的平行对比是最常见的，也是最无益的（insidious）。我在本书中所尝试的比较，则是一个巨大且缓慢移动的目标。

第二个定义：我所使用的"中国艺术史"（Chinese art history），指的是讨论中国艺术的文本，而不是在与西方接触之前在中国写成的文本，我只有少数时候会用到20世纪末中国艺术史院系生产的文本。中国艺术史可以由中国或西方的艺术史家们来书写；但是这些文本与在同西方接触之前和在受西方影响之前由中国人自己写的艺术史文本差异很大。"西方艺术史"是艺术史的一个整体工程，不论其主题何如，从一开始在温克尔曼（Johann Joachim Winckelmann）与鲁谟（Carl Friedrich Rumohr）的写作中就是如此。因此，它包括了"中国艺术史"。"西方艺术史"这个惯用的术语有一个极其模糊之处：它可以指西方艺术的历史，也可以指艺术史这门学科。我认为这种模糊体现出了艺术史学家们对于文化差异的理解方式。如果你想对此多加了解，则可以跳到本书第87节，我在那里详细讨论了有关艺术史的西方性的问题。

第三个定义：在本书中"非西方的"（non-Western）实际上指在法国、德国、意大利、英国、美国——有时还包括斯堪的纳维亚半岛上的国家和西班牙等——之外的所有国家。这是一个探索性的立场，我在《艺术的各种故事》中如此阐述：这是一种考量各民族艺术史对北美和西欧艺术史之依赖程度的方式。关于芬兰艺术、阿根廷艺术或苏丹艺术的文本依赖并参考西欧和北美所通用的艺术叙述方式。其例子也许是芬兰、阿根廷或苏丹的，但是其艺术历史的参照物及主导诠释术语都是取自法国、德国、意大利、西班牙、英国、美国及其他一些国家的艺术史。换言之，所谓的19、20世纪芬兰艺术史、阿根廷艺术史或苏丹艺术史，无一例外的都是由西欧或北

艺术史辨
Reflections on Art History

美思想和兴趣所驱动的。叙述学上的"西方"定义也是我在宣称"艺术史是西方化的"时所隐含的意义之一。（有相反的意见说，在叙述上独立于西欧和北美艺术史之外的各民族艺术史确实存在，因此我对"西方"的定义应该有所扩展。但我认为这一定义目前包含的国家已经足够多了。在此有一个颇为有力的例证：杰出的波兰艺术家彼得沃夫斯基（Piotr Piotrowski），终其一生要摆脱波兰对我所谓的西方艺术史叙事的依赖。[12]）

本书的论点非常简单。下面是本书的三个主要观点：

第一，历史维度的比较是一种半真半假的说法。它能告诉我们有关中国绘画历史的一些真实而且有启迪意义的事情，但是它们只是看起来真实而且有启迪意义，因为它们回应了艺术史中深刻的理念——认为历史能给予我们历史真实的理念。因此，高居翰不赞同我观点中的模糊性：我认为历史维度的比较是最佳的，而且这对于中国绘画的艺术历史性研究非常重要……但是我也认为，建构此类比较的动力来自西方，我们需要带着些许怀疑来看待之。

第二，所有关于中国绘画的历史性学术研究都涉及中国与西方艺术之间的对照，即便有时这种对照貌似被回避了。有些比较是可以避免的（如不要再说汉朝艺术是中国的"巴洛克"），但是大部分的比较尚未引起我们的注意。没有这些比较，我们几乎无法书写出艺术史叙事。历史角度的比较也许看起来与当下的学术研究相去甚远：但是它产生于一个在艺术史意义上囊括了中国和西方绘画的更宏大的结构，因此它是不可回避的。最终关键的是，要尽可能多地理解此类平行结构（parallel structures），并使自己最终接受那种持续存在的渴望——渴望去解释那个司空见惯而又名副其实的"他者"（the Other）。

第三个观点对于中国山水画及中国艺术研究

来说十分重要。我希望所有以本土文化之外的材料作为研究对象的艺术史家们都能有一种道德。（这同时也包括北美学者书写欧洲艺术史这样的个案。）不论艺术史是在中国写的还是在北美写的，在诸多我们可以考量的方法上，它都是西方的，而且这种西方性不容忽视——既不能视之为理所当然，又不能通过持续的警惕来加以改善，也不能通过后殖民拷问来使之弱化，更不能将之作为一种不可回避的文化差异后果来接受。我们无法通过选择新潮的理论来解决之，无法通过注目某些细致入微的历史问题来忘却之，也无法通过哲学批评来超越之。随着艺术史在视觉研究和文化批评中的发展，它无法消失；随着艺术史在世界各地的大学中的传播，它也无法淡去。书写各国艺术史、建立并且运行艺术史学科、出版艺术史论文及书籍、教授学生成为艺术史家等等，这些理念本身就都是西方的。任何一个接纳这些做法的国家都在用西方的术语追寻一个西方的目标。比如，"中国山水画"，就是西方艺术历史。

（张靖译，耿幼壮、樊桦校）

注　释

[1] 后来，郭继生、高约翰和我决定做一个更正式的记录，高约翰和我还通过邮件继续商讨。到我写本文之时（2006年夏），郭继生提出要将这份谈话收入某卷会议论文集中。

[2] 在拙作《论西方对中国青铜器的艺术历史研究，1935—1980》（"Remarks on the Western Art Historical Study of Chinese Bronzes, 1935–1980"）中，我将这个例子与中国青铜器有关的西方学术关联起来，参阅 James Elkins, "Remarks on the Western Art Historical Study of Chinese Brozes, 1935-1980", *Oriental Art*, 33 (Autumn 1987): 250-260；修订后被收录在《我们美丽的、干枯的和遥远的文本：作为书写的艺术史》中。参阅 James Elkins, *Our Beautiful, Dry, and Distant Texts: Art History as Writing*, New

York: Routledge, 2000 (1997)。

[3] 詹姆斯·埃尔金斯著:《西方艺术史学中的中国山水画》,潘耀昌、顾泠译,杭州,中国美术学院出版社,1999。

[4] 高居翰目前的立场及批评,请参阅 Jim Cahill, "Some Thoughts on the History and Post-History of Chinese Painting", *Archives of Asian Art*, 55 (2005): 17-34。他在该文中说道:"我在此主要想说的是,这是能够做到的:历时性的分析以及用以建构艺术史的排序方法,对于中国早期绘画同样适用。"(20 页)我敬佩这种主张并试图以此作为效仿的标准,而且我并不怀疑其潜在的真实性。与高居翰不同的是,我倾向于怀疑这种主张的动机:任何一个看起来是艺术史的东西都会有包含历时排序的属性(properties),这些属性的欧洲起源清晰可辨,所以这种主张意味着另一种更为帝国主义的判断——好比说,"可以根据自 18 世纪以来西欧业已发展完善的对艺术和艺术史的期待来将中国早期绘画概念化"。我认识到还有可能出现另一种解读:有人会说,可以用"一种艺术史"这样的短语为中国绘画建构一种截然不同的专属艺术史——一种有效地摆脱了西方概念的艺术史。我认为这种解读也毫无意义。

[5] James Elkins, ed., *Is Art History Global?* vol. 3 of *The Art Seminar*, New York: Routledge, 2006.

[6] 吉曼斯为她在莱顿(Leiden)的项目取了这个名字。这个名字取自约翰·奥涅斯(John Onians)在东盎格里亚大学(East Anglia)的项目,那是第一个这类的研究项目。

[7] 本书将是宾夕法尼亚州立大学出版社出版的"斯通夏季理论研修班"(Stone Summer Theory Institute)系列丛书的第一卷。

[8] James Elkins, "Writing about Modernist Painting outside Western Europe and North America", in John Onians ed., *Compression and Expansion,* Williams MA: Clark Art Institute, 2006, pp. 188-214。一个与此相关的版本已用斯洛伐克语出版,参阅 "Ako je mozné písat'o svetovom umení?"(书写世界艺术如何可能?)Ars (Bratislava) 2 (2003): 75-91,编者为此文附上了一份英文总结。

[9] 关于乌祖诺夫的材料和此类问题,是我目前正在研究的项目《绘画过程,1900—2000》(The Project of Painting, 1900–2000)的一部分。对于这类问题的背景,请参阅我对曼斯巴哈(Steven Mansbach)的专著《东欧的现代艺术:从波罗的海诸国到巴尔干半岛各国,1890—1939》(Modern Art in Eastern Europe: From the Baltic to the Balkans ca. 1890 to 1939)的评论: James Elkins, "Modern Art in Eastern Europe", *Art Bulletin*, 82 no. 4 (2000): 781-785; "Response [to Anthony Alofsin's letter regarding the review of Mansbach's *Modern Art in Eastern Europe*]", *Art Bulletin*, 84 (2002): 539。另参我为萨默斯(David Summers)的书《真实的空间:世界艺术史及西方现代主义的崛起》(Real Spaces: the World Art History and the Rise of Western Modernism)写的书评: "Real Spaces", *Art Bulletin* 86 no. 2 (2004): 373-380,该书评后来被收录到《艺术史是全球性的吗? 》一书中。

[10] James Elkins, *Stories of Art,* New York: Routledge, 2002.

[11] 我的书被误读为一种保守的、欧洲化的对传统艺术史的回归。但我的观点其实并非如此。读者可以参阅《艺术史是全球性的吗? 》一书中收录的我与穆克吉(Parul Mukherji)的对话。我在穆克吉的书即将出版之前发现了她的作品,并在 2008 年同她有过一次卓有成效的交谈——不过这些来不及收入她的著作之中了。有关穆克吉的作品,请参阅 Parul Dave Mukherji, ed., *The Citrasūtra of Viṣṇudharmottara Purāṇa, Kalāmūlaśāstra*, Series (K.M.S.) vol. 32, New Delhi: Indira Gandhi Centre for the Arts, 2001; 另参斯里宁瓦桑(Doris Meth Srinivasan)为这本书写的书评: "The Citrasūtra of the Viṣṇudharmo-ttara Purāṇa", *The Journal of the American Oriental Society* (July 1, 2004)。

[12] 请参阅 Dorota Biczel Nelson, "The Case of Piotr Piotrowski: The Avant-garde under the Shadow of Yalta", *Journal of Art History* 3 (2008)。http://journal.utarts.com/articles.php?id=12&type=paper&h=350(2008 年 8 月访问)。

过士行话剧《鸟人》：徘徊在传统与全球化之间的演绎[1]

——在先锋派理论的光芒下的当代戏剧演绎

洪安瑞

洪安瑞（Andrea Riemenschnitter）/ 瑞士苏黎世大学

西方的主义有自己的土壤，源远流长，鲁迅主张拿来固然不错，但拿来主义，则过于极端。况且能都拿得来吗？我以为不必照现代西方文学的路重走一遍。拿来多少是多少……作为一个作家，我力图把自己的位置放在东西方之间，作为一个个人，我企图生活在社会的边缘。在这个肉体嘲弄精神的时代，借用刘小枫的话，对我来说是一种较好的选择。至于能否继续做到，我也不知道。[2]

从未有剧作家像高行健（1940—　）那样对当代戏剧持续热心地作出理论性探讨，即使他在原则上不想被任何的理论以及主义所约束。台湾的同行学者如马森（1932—　）与赖声川（1954—　），也曾经就当代戏剧美学发表过新颖的看法。其间还有香港剧作家荣念曾（Danny Yung, 1943—　）在与主要话剧家的合作中，依据当地的音乐戏剧形式设计出世界级水准的实验戏剧。然而，高行健或许是目前唯一不需要在创作中做任何理论主义宣言、却又同时把作品本身当作理论的人。关于他的戏剧《独白》，高行健特别强调说，这是"我对于戏剧这种看法的小小

的宣言"[3]。这一场独幕剧在多国的舞台艺术家中引起了强烈反响，但它却从未真正上演过。在国际性演出中，高行健的其他作品总会或多或少地适应当地的文化环境。他通常在不改变对话台词的前提下在布局策划上作出修改。譬如在维也纳演出的《车站》中，一个失业男青年会变成一个朋克女孩，同时一个中国供销社的领导忽而变为德国的女公务人员。在《夜游神》（1993）中，高行健自己在舞台指导中提出相应倡议：改编不同文化背景的角色，并给他们穿上合适的服装。在对应双方戏剧传统的要求之下，替换服装以及面具的规则在表面上好似生成了角色套路。实际上，他这种改编方法的目标就是个体化或者个体化的典型。其实，高行健更关注的是当代人的生存危机。除此以外，高行健还坚持表明，他的先锋戏剧首先追求的是古代东方的戏曲精神，其次才是追求其跨国界的可翻译性。我们可以从他的戏剧《野人》（1985）中看出，它不再被认为是引进的国外的话剧，而是被归入亚洲的以唱念做打四功为主的戏曲，是实验性地运用中国传统元素的持续性转换实例。他于2002年在台湾重金打造的实验禅曲《八月雪》，正是他目前日渐汲

取佛教灵感的最高体现。同样我们可以从高行健的后戏剧性的创作中读出他所作出的尝试，将舞台艺术嵌入对于当代艺术及其市场的、普遍的和跨文化的讨论中。我在开篇时引用了《没有主义》中高行健的特别告诫，即不要依赖任何的教义与智慧。他将此视为中国现代文学于 20 世纪早期向西学渐进初期的最大问题。前面所说的西方主义有自己的土壤，其将一个跨文化对话的根本性问题作为研究题目，那么当省略掉历史环境与经验之时，艺术将迅速沦落为空洞虚无的装饰品。为了避免此情形，高行健有意识地将自己定位于两种社会的边缘，与布莱希特（Bertolt Brecht,1898—1956）的陌生化效果相对，他建立了一个非相关的观察者和双重外来者的位置。他的角色常将自己陷入毫无希望的困境，只为一幕绝望的、甚至于超越死亡的自决之举，于死亡之后在舞台上用鬼魅之形象持续演出。这也可以被视为是影响解释权的实验。高行健再度和布莱希特的纲领对立：它不对演员、角色、舞台以及观众作出区分，而是追求一种先锋化的情景交融的美学原则。

他在不断地寻找后现代人类生存的矛盾、荒谬、非理性、伴随着挑衅与诱惑的路途，用不附从、颠覆的艺术眼光挖掘出自给自足的自恋主义、我们的惯性思维、社会实践和语汇构成的问题。综上所述，在高行健看来，最有效的破解力量是人的本能直觉而不是启蒙哲学的理性中心主义，他在他的戏剧理论中也是如此身体力行的。同许多全球知名的艺术同行一样，比起语言方面，他更重视身体形态的践行。国际舞台上的中国戏剧常常因为观众缺乏文化基础和上下文，无法领略其蕴含至深的神秘晦涩。因此，遍及世界文化圈的观众已经开始改变他们的解读方式：从专注台词转向专注形态和氛围。这一切导致：由偏向用语言的审美性去理解变为以直觉接受的过

程。这既带来好的影响，也带来不理想的影响，并且暗示着一种危险，即重返殖民主义世界对于东方精神文化的欲望，通过挪用东方美学现象而试图归于一种不自觉的普遍主义。[3] 这既是一个现代性一直无法解决的问题，又是一种误解。那些殖民主义时期的、东方异国风味的产物，现在越来越被多元文化性的消费资本主义所取代。而两种现象都不是启蒙性的。要了解历史资料的特殊地域性影响和它所面对的阻力，人人都必须更新他们的美学认识，必须有所感悟。在先锋式戏剧全球化的状况之下，我们需要更积极地对此作出贡献。

像高行健那样对佛教思想颇感兴趣的创作人士越来越多。他们带给我们的启发企图超越历史性的知识，趋于玄学。然而，并不是只有形而上学和诸如身份认同、爱情、价值危机与死亡或者自我异化的生存等大问题被搬上舞台；舞台上更多的是看上去平庸的日常话题，如对于历史、政治、社会和谐和犯罪率的质疑等等。为了增强理解和批判，不一致的重复结构是新视角的基础，譬如在亚洲电影以及实验戏剧中常会吸收莎士比亚戏剧的元素。在电影《夜宴》中，麦克白和哈姆雷特都被编入情节之中，并与五代十国的时代特征和跨时代的服装以及当代问题融为一体。这种模式是重新修改熟悉的危机情形，并将它以异国方式演绎出来，从某种意义上来讲，正与高行健想要用戏剧表达的内容相反。这种文化上的穿越在冯小刚（1958— ）的电影里，在更高层面上以各种类型，更确切地说以各种媒体（戏剧，电影）、角色（性别）和素材的方式被搬上了银幕。《夜宴》这类电影的主题表面上是政治斗争，而实际上是剧中人在忠诚和承诺之间摇摆不定。

近年来，在北京享有盛名的剧作家过士行（1952— ）在西方崭露头角，而他引起人们注意的主要作品是 2004 年于北京首演的《厕所》

一剧。在此话剧中，一所公厕成为了几代城市居民与国家历史、日常生活与经济政策、大小便排泄与过量全球化等问题的聚点。在1998年，过士行最初将其构思为一部批判现代性和由于过量消费所产生、方滋未艾的垃圾堆的作品。这部作品反映了在现代文明中日常生活逐渐奢华、同时也逐渐非人性化的过程，而这一视角又源于道家的文化概念。过士行在这部剧中特别强调全球化的超越国界的现象："现代社会是一个消费社会，许多不必要的消费是整个社会做出来的，资本要流动，生产要扩大，游戏才能进行下去。……现代文明使世界充斥着人和人的排泄物，生理的、精神的、物理的、化学的、基因的、信息的，人最大的困境就是人自身。"[4]当代中国文化创造者的戏剧美学定位多姿多彩：从高行健戏剧中隐晦的、多元缠结的文化转换，到近年来冯小刚及其他历史电影导演们的多文化主义，甚至到过士行抽丝剥茧的地方文化描述及对超越亚里士多德二值原理的分离主义的充分演绎。过士行还有一部作品在90年代获得了巨大成功，这部作品彻底地对国际化政治实力在舞台上演出的潜力进行了挖掘。这就是北京人民艺术剧院于1993年首演、林兆华导演的话剧《鸟人》。该剧分析了以本土为保护色、脱离了消费资本主义的殖民地化。过士行在该剧中进一步拓展了基于国际性反思样本的美学性乌托邦空间。在下文中，我们会提到《鸟人》与判决案例、医学病例（西方也说医学档案）、学识与禅学公案等等。本文主要强调的是一种反思档案的思考方式。这是现代派艺术家对思想传统之权威性和它如何赋予本土文化自强等类似问题的反思。

"它们［指cases］协调了法律经典作品与情节、密码与罪行、医学经典与心理学治疗策略之间的间隙。记录下一个特别的情形，或许会给将来出现的同样特殊的情形提供有用的佐证。档案之间的知识性链接，导致我们在特殊危机情形下处理它们时必须采取主动策略。另外，法律性或科学性的案例有目的性地导向本土，呼吁着权威经典，而实际上却是有所不足，而且观点对立的情节一直存在。"[5]

致力于"反思案例/档案"的美国汉学家最显著的优势是专家知识与行动的特殊组合。因此参与者在作档案性的叙述的时候不仅仅是鉴定，还要实事求是地插手介入；不仅仅是分析证据，还要用他们的创造事件的力量来复制事实。所以，案例性的叙述所依靠的通常不只是证据，还有技术鉴定之外的个人意见和看法。这样一来，源于特殊经历和无法预测的事件，对西方的普遍主义进行质疑。

京剧的复兴：西方为什么无法治愈东方

司法审判在皇朝时期的文学作品中是常常出现的主题，它同时拥有教育性和较强的娱乐性，今天的读者与电视观众也很熟悉这些内容。传统的故事中也不乏犯罪小说。关注社会秩序问题的法官两袖清风，作为文学形象隆重出场。与当代相同的是，这些社会秩序问题常源于性感美女。她们或是被侵犯，或是因为美色导致红颜祸水。而作品的核心主题往往是对法官正直廉洁的推崇。判案故事在明末达到全盛时期并不是毫无缘由，太监擅权导致国家腐败，这已经人尽皆知。在90年代的文化领域中，以正直道德观来重建被资本主义全球化损害的社会秩序，或者是以国家的廉洁与个人的正直作为融入社会的前提，不仅在中国是讨论的焦点，也是全世界文学作品热衷的一个主题。从那时开始，文化创造者开始重点关注这个问题，尤其是在戏剧表演方面。在90年代的中国美学文本中，出现了一些新的、关于如何跨越西方的解释权的建议。如果说80年代的知识分子还会认为现代性、民主与人权基本上是归于西方的；90年代的文人则在本地与国际的观念之间发现了许多矛盾、冲突，他们日渐抵制所有的普遍性概念，无论其源于国内或国外。于是他们的创造内容重新找到了代表物，真理与主题之间的关系，尤其是有权和无权之间的关系。如果说许多80年代的戏剧都对政治势力有所抵制，90年代的作品则伴随着跨国界的文化、资本以及移民长河的波涛汹涌。因此，美学的构思逐步转向让观众漫游于对文化内部的、跨文化的、文化转换的演绎的反思。综上表明，全球性的多元文化交换现象交叉穿越着，同时也连接着不同时间地点的各种文化，却并不见得有支撑不同价值观念下的协调进程。在此审美的再现不再是抵制，或者是对于弥补的呼吁，而是积极耐心地接受、详尽无疑地磋商矛盾。换句话说，是对于某些关键性场景的多次演绎与反思：它们是在不同文化间谈判协商的主管机关。除了在目前文学作品中常常出现的、类似于武侠小说的江湖那种域外生活秩序空间与仗剑履行公道的大侠形象以外，还有哪个主管机关比传统的法庭审讯更适用于审查那些把权力和法律当成通用的统治工具的当代政治势力，或者审查那些定位于个人价值的对于公正性的局部想象？

包拯，又称包公或包青天，历史原型源于由11世纪的一位机智无私的审判官的判案故事改编成的无数经典故事和地方戏曲。这样的审讯出现在过士行的话剧《鸟人》中，不过却是双重的模拟：在现代的话剧中模拟19世纪的京剧；而在京剧中又模拟11世纪的经典判案故事。过士行的这部作品是"闲人三部曲"的第二部。三部都附带讲述了日渐壮大的、不再融入辛苦工作生活的闲人的问题；而位于过士行审美干预中心的，是关于两代人之间的、人与自然之间的、生存与死亡之间的关系问题，因而照亮了中国社会现代化的历史性问题。过士行笔下的退休的鱼人、鸟人和棋人，不仅仅被他们所处的社会环境所疏远，更重要的是因为外来的势力进入中国社会系统带来了冲突，使他们越来越多地倾向传统价值观和文化密码，从而反射出多样化的分歧与冲突。

过士行1952年出生于北京，1978年脱产参加记者培训班，次年成为《北京晚报》见习记者，后以笔名"山海客"在《晚报》主持文艺评论"聊斋"专栏。他在长期撰写戏剧评论的过程中自学成家，1989年完成处女作《鱼人》，1992年完成其代表作"闲人三部曲"的第二部《鸟人》。如果要解读《鸟人》这部以悖论的眼光看待人类生存的困境、荒诞和尴尬的作品，那么除了非同寻常的、唯美以及犀利的语言表现力之外，其主题的现实意义、引人瞩目的文化理论运用也是我们所要感悟的重要部分。

《鸟人》的关键人物之一是在美国学过心理学的华裔心理分析师丁保罗。他试图在自己新开的心理治疗所里，对一群北京的养鸟闲人以及京剧爱好者进行心理治疗。对于这位西方心理学者来说，这群闲人固执地抓住了传统文化的智慧方式来舒缓他们日常生活的困境，而没有采用治疗性或者说政治性的方式去解决其根本问题。同时，在丁保罗看来，这正映射了中国社会的病症。对他来讲，表面上，治愈这群养鸟爱好者的目标是国家的利益，其实他还有个隐藏的目标，那就是提高他的事业成就。为了实现这个目标，丁保罗把他的心理治疗中心以看似无心的殖民主义的方式（当然是凭借付出了一定数额的政府补助），恰好建在了城市公园里养鸟爱好者每天相聚遛鸟的地点。由于遛鸟的空间被新建的心理疗养中心殖民性地掠夺，养鸟爱好者们失去了每日的集聚点。于是，他们虽然有些犹豫，但还是接受了心理学家的邀请，答应参与丁保罗的分析课程，条件是带着他们的鸟儿。

三爷是养鸟爱好者中的大师，曾经是京剧演员。现今他还在北京一所破落潦倒的剧院里做一份小兼职，尽管对他来说这剧院的演出情况是入不敷出。公园最近新加入一名鸟人成员——来自天津的中年鸟友小胖，他虽然资历非佳，但却是狂热的京剧爱好者。小胖十分钦佩三爷在京剧上的专业修养，非常愿意向他求学。三爷、小胖和其他几位鸟友搬进了心理治疗中心，与此同时丁保罗也努力说服鸟类学家陈博士加入他们的队伍，或者说让陈博士也成为他的分析研究工作的新对象。丁保罗表示，在陈博士身上也发现了所谓的心理缺陷，这缺陷表现在他的窥阴癖（也带有鲁迅笔下的"看客心理"的含义）上。由于美食和豪华的房间都不能完全吸引陈博士，丁保罗用诱惑的方式让他在治疗所里翻阅非洁本的明清时代禁书。"你对知识分子的照顾超过了国家"[6]，陈博士高兴地接受了安排。

被丁保罗严密观察的陈博士也在观察鸟友们，因为他有任务在身——要找到世界上最后一只的褐马鸡。据说它被倒卖到北京，最终会出现在北京的鸟市。在这样一群象征意义上的和真正的鸟友中，除了我们已提到的人物外，还要再添加一位因错手购买了进口金丝鸟而成为众矢之的的孙经理。另外，还有一位名叫查理的美国人，他是国际鸟类保护组织观察员。查理追踪陈博士，陈博士追踪褐马鸡的踪影。这样一来，形成了一种多层面的形势：丁保罗观察鸟友们，陈博士也在观察他们，殊不知他同时也被查理观察。剧末，我们会发现，其实三爷也一直在观察丁保罗。每个人都是某种意义上的间谍——这熟悉的操控形象不正是极左时代的过于政治化的特征？

"黄毛（让人联想到金丝雀），三爷新收的非自愿的京剧学徒，选唱的一段京剧曲调是属于一种模仿鸟儿唧唧叫声的歌唱风格，而囚禁鸟笼的鸟儿又是在模仿受束缚的京剧舞台。小胖模仿三爷，黄毛模仿小胖，三爷模仿丁保罗。环环相套而又没有止境的重复模仿关系，这也就可以说是莫比乌斯环。这整部剧都是对于社会生活与社会力量的一次模仿。三爷的加冕，或者说是地方文化的加冕，由此可被称为一种歧义性的、不稳定性的仪式。"[7]

剧中的里层表演是模仿庭审的京剧段子。《鸟人》的最后段落遗留下来的也是模仿：一种稀有鸟种褐马鸡的标本。恰是身为丁保罗助手的外来打工妹小霞的未婚夫，带着鸟类学家陈博士寻找的目标褐马鸡出现了。他想将它卖个好价钱，筹钱最终将未婚妻带回家。鸟类学家陈博士想要在拿到鸟之后马上拘捕小霞的未婚夫，而京剧大师三爷却又欣赏他的嗓音，因而坚持要他留在心理治疗所，以便于将他培养成京剧演员。"真想学的你不上心，不想学的你非教他不可。"[8]小胖委屈地抗议，因为三爷曾经以他没有天分为由拒绝收他为徒。而这年轻的鸟贩子被强迫留在那里，和难友鸟儿们一起被人训练歌唱和杂技的技巧。同时他的未婚妻帮他扇凉风、喂他喝茶水，与她对所有"病人"鸟友的鸟儿们所做的一模一样。

丁保罗"成功"分析出天津京剧爱好者小胖心理上患有俄狄浦斯情节。陈博士满心欢喜地以科学家的热情与好奇心来等待小胖实施他所谓的谋杀计划。按照丁保罗的理论，这次谋杀的牺牲者应该是京剧大师三爷，因为他既是专家也是俄狄浦斯情节中的父亲这个角色的扮演者。三爷感到这论点似乎有些道理，不安地找寻从这个困境中逃脱的出路。

不管是三爷也好，还是年轻鸟贩子黄毛也好，他们既不能逃出心理治疗所，也不能以法律方式解决他们的问题。因此，三爷觉得，必须从根本上去解决它。他果断地用热闹又豪气冲天的中国京剧表演，令人吃惊地来挑战丁保罗的美国心理治疗表演秀。心理学家丁保罗抗辩说这有着七十多年历史的、有危险性的对话疗法只能让真正的科学家来实施。"我还不用你那套洋聊天儿，我就用咱们京剧，就能问你一个底儿掉"[9]，被丁保罗指证为性无能和过分渴望心理平衡的三爷在个人被双重侮辱后呐喊道，"我不分析，当场断案"[10]。这段以中国古代的京剧形象来对抗现代的招魂方式的情节体现了多重意义：这既是一次对于西方文化方法的权威资格的挑战，也是对其专家和施行方法的一次挑战，表明它其实并不具有它认为的客观性。又表明这些泊来物与古代依赖的宗教心理治疗的对应物一样，根本上都取决于信仰的有效性。三爷试图利用基于传统道教、礼仪和医学角度的治疗方式的戏剧化实施来恢复社会秩序。而实施的剧本正是传统戏剧艺术里面的庭审。

三爷正是选择了包拯的脸谱角色，开展了一场引进外来文化与家族相传的本土文化，关于揭露事情真相和他们真实地位的决战。被告丁保罗半是好笑半是施舍性地参与了这场游戏，扮作衙役的小胖须得先教他一些合乎时宜的上庭举措。在判官面前，他首当跪下。让他抬头，他须得先回答"犯夫不敢"。这之后他才可以真正回答判官的提问。庭审严格按照证据、证人与威胁用刑的程序进行。这样的方式意外地让丁保罗暴露出一些他隐藏多年的秘密。从文化性和仪式的角度上讲，这场庭审和心理分析相比至少具有同等效力，因此让科学家丁保罗陷入了与非高学历的京剧大师三爷相竞争的尴尬境地。

三爷（抬惊堂木）：大胆窥阴癖！为何以小人之心度君子之腹？你适才言道鸟人胖子有杀人之心？

胖子：你？

丁保罗：确有此事。

三爷：可有证据？

丁保罗：全是分析。

三爷：他要杀哪一个？

丁保罗：京剧权威。

三爷：何为权威？

丁保罗：大专家。

三爷：何为大专家？

丁保罗：就是对越来越少的事物知道得越来越多，直到对无法证实的事情知道得一清二楚。

三爷：既然如此，鸟类学家可算专家吗？

丁保罗：算的。

三爷：精神分析学家可算专家吗？

丁保罗：当然。

三爷：这两种专家比京剧专家地位如何？

丁保罗：高于京剧。

三爷：既是高于京剧，当在先杀之列。为何他单杀我老包一人？

丁保罗：这……这……[11]

这一幕对于观众来说很有娱乐效果，面临传承危机的京剧这种戏剧形式被这一幕灌注了新的生命。在此须提到的重要细节是将京剧和褐马鸡进行类比。当传统京剧在现代话剧中获得全新的生命力时，鸟类学家陈博士将最后一只褐马鸡杀死并做成标本，为的是不让它通过非法贩卖而流失到国外。

历史悠久的、模拟传统庭审法的京剧在这里赢得了双重的胜利：第一是以它的这个形式将京剧推向了复兴，第二是以打破砂锅问到底的方式对付着骇人听闻的——既不合礼仪也无历史性的事件——所谓弗洛伊德的对白艺术。三爷以他的问讯技能将被告丁保罗自身的（也是他在所有其他鸟人身上诊断的）各种病症定罪。这所谓专属于中国人的病症只是臆想出来的，是西方对于东西方文化之间的势力分配的推理调节的错觉。三爷模拟古代庭审法，以案例的演绎艺术打败了丁保罗这种模拟源于西方国家传教的、而由此让人质疑的心理学。同时，丁保罗对鸟人的行为及三爷的反映让所谓的科学普遍性成为了局外的、边缘的以及与本土秩序相矛盾的干扰。作为京剧舞台上的法官包拯和他的当代话剧化身三爷在道德上的胜利，挖掘出了外来的正统观念的动摇性：最初被歧视的鸟人的不安在遭遇到这位招摇撞骗的灵魂偷窥者后，变成了恼怒。而他们的恼怒，和三爷对假借科学需求谋杀最后的褐马鸡的鸟类学家的恼怒汇集在一起。丁保罗所断定的鸟人的性变态心理终于在他自身得到验证。下台时，他万万想不到被定罪的竟然是他自己。鸟类学家陈博士也被定罪，因为他以"保护"的名义杀死了最后一只褐马鸡并将其制成标本。更荒诞的是国际鸟类保护组织观察员查理为此伟大之举颁发给陈博士的国际鸟人勋章。于此，三爷以文言口吻斥责他为番邦，让他回到番邦狼主身边，并威胁若他再来干涉中原之事发什么鸟人勋章，便将他也制成稀有标本之一。查理的中国翻译罗漫嫁他为妻，但面对其他鸟友忧虑的提醒时，她担保她并不会一辈子跟着他。她的另类拿来主义使我们把情况看透了：最终在意识形态层面上中外两方都没有得到胜利，而更多的是迷惘：当不同文化发生碰撞而产生矛盾的时候，其中哪个才有适当的道德规范，哪一种规律系统才能保障本地社会制度的公平稳定？

陈博士、罗翻译所扮演的角色证明了本土文化文本已带有杂交的特色。外来的、源于西方科学的现代文化正统观念在中国各地的日常生活中早已经生根发芽。在几个系统的竞争中，当中国反对西方对于普遍有效性的非分要求从而保留自理权利时，中国传统文化相对于西方现代科学文明也因此获得了臆想中的阶段性的胜利。可落

叶归根的政策到底能不能真正贯彻这一权利呢？这又是另一个问题了。于是，庭审相对于被剥夺权利的公园使用者，以及新出现的国际势力，只不过是将背后隐藏的双重道德标准，特别是将权势阶层的利益用理论/治疗的方式揭露出来。它巩固了以上的，包括历史、医学、艺术和生态学问题的案例的不公平性。在此被披露的是，全球性的利益将自己包裹上盲目的、自以为是的、合理的外衣，强迫性地把自己的文化密码——就是自己的、带来福音的治疗方式——转嫁到被宣告为下等的、实际上却并不理解也不想理解的本土文化身上。我们在这个案例中已经看到，京剧文化的必要条件包含了师傅长年累月将这复杂的艺术形式传授给徒弟的过程。这被烙印为过时的、背离社会常规的艺术暂时赢过了科学的原因之一是它其实没有任何优越感。原因之二是源于西方的文化在不断全球化的过程中，狂妄自大地认为自己能够创造更好的社会秩序，却很少向发展中国家证明其合理性。

然而，本土的文化在现代化的情况之下也同样不是全能的。林兆华导演的电影版本的《鸟人》在成功庭审之后又加上了一个跨文化的"建筑工地"的景象。表演者从舞台上消失了，而遗留在台上的是被囚禁在笼中的鸟儿。然后事业有成的、曾经在剧中第一幕试图用进口金丝雀来贿赂公园的鸟友以得到一席之地的孙经理登台了。他把所有鸟笼子打开，可那些小囚徒并没有飞走。而褐马鸡的标本还站立在台中央，活脱脱正是因现代科学文化而日趋荒芜的世界的忧伤墓碑。可是我们已经提到过，这个舞台造型能够最清晰地显现出剧作家的计谋：艺术——尤其是在此混种的说唱戏剧中明显地提炼出它的跨文化性，或者也可说它是包含普遍性的——作为征服世界的成分来讲远比科学要更好。面临危机的中式戏曲被过士行的创造性的干涉所挽救。因为

他把京剧进行转换，给传统的京剧添加了现代色彩。这成功是象征性的还是持续的尚待考证，目前后者是趋势所向。而相反的是褐马鸡，它积淀于历史物质的精神被科学的条例提前变成了冷冰冰的博物馆展览物。在现代化既破坏了生态环境又破坏了本土文化的情况下，没有一个选择是最优的。

跨文化间隙中的尴尬与矛盾

综上所述，我们可以确定的是，过士行的创造，可被解读为本土势力和国际势力之间的跨文化交易的社会志学，也提出了关于合乎其势力的权利要求和贯彻当中的法律秩序的问题。这些问题，在 90 年代的中国逐渐又具有感染力。过士行附带追溯到一个对于所有参与者来说都可谓尴尬的事件。三爷呼吁大家要遵守中国衙门庭审的规则，观众们成为了修改历史的证人。也许我们能从三爷的要求中看出这是在影射 1793 年乔治·马戛尔尼在清朝皇帝面前拒绝磕头一事。在京剧中模拟庭审，过士行让我们联想到西方在面对中国政府时曾持的优越态度。90 年代需要治疗的不再是中国的文明，而是大自然的灵魂和人民的意识形态。鸟友们用黑色幽默以高超的手段对（后）殖民地主义进行了反抗。就像我们提到过的明朝判案的故事一样，法官具有教育性与娱乐性的审判延伸到本地的法律实践。

鲁迅 20 世纪初就曾在《野草》和许多其他的散文作品中表达过现代人面对本土文化传统和外来的西方文化的双重傲慢狂妄。这也是一种全球性的精神状态，在 20 世纪晚期、21 世纪早期的非西方的文化中，表现得尤其显著。这正是活在现代的、存在于危机中的我们人类沦陷于不同文化的解释，有效性与行动要求的间隙存在的原因之一，又是过士行话剧中在鸟类以及京剧爱好者和科学家之间的争端之源。过士行为我们展示

了揭示这一现象的方法：他的点子相当狡猾，他在跨文化和跨历史的判决之中为古典的面具赋予更强大的能力。文学中虚构的判官形象用他来自过去的睿智目光毫不费力地展望九个世纪以来深刻的政治性和精神历史性的变革。过士行也不会否认，面对着价值危机的全球化的主题还必须努力地寻找新的、有能力解决目前层出不穷的社会问题的方式。也许我们必须利用跨文化美学性的演绎（不管是文学的、戏剧的，还是艺术方面的），创造出一个能够协调这些冲突的空间。这种间隙性的空间必须建立在理论与不同层面的、关联性的历史经验、政治和文化程序相结合的基础上。这是一项要求很高的任务。如果要让艺术完全地绽放出它的领悟潜能，不仅仅停留于跨文化的循环，它就不能专属于少数的专家，而应让大众参与有效地诠释现代性的危机和可能性。在这些条件之下，国内外的现代文化创造者最后也会更注意到过士行在他的作品《厕所》里已经提出来的建议："请掩埋好你们的排泄物！"[13]

（何晓婷译）

注　释

[1] 本文曾以德文发表：Andrea Riemenschnitter, (2010). Ein Fall für die Bühne: Guo Shixings Drama "Die Vogelliebhaber" zwischen Traditionsanschluss und Globalisierung. Asiatische Studien / Études Asiatiques, 64(4), pp.791-815.

[2] 高行健：《没有主义》，3~14 页，台北，联经出版社，2001。

[3] 同上书，269 页。

[4] Lehnert, Martin, "Inspirationen aus dem Osten? Aneignungen zwischen Identifikation und Universalitätsanspruch"（来自东方的灵感？在辨认和普遍性要求之间的获取）, in Hickel, Jörn Peter, ed., Sinnbildungen. Spirituelle Dimensionen in der Musik heute（象征：当今音乐的精神层面）, Mainz: Schott 2008, pp.191-214.

[5] 过士行:《我的戏剧观》,载《文艺研究》,2001(3),4~5页。

[6] Furth, Charlotte, Zeitlin, Judith, and Hsiung, Ping-chen, eds., *Thinking with Cases. Specialist Knowledge in Chinese Cultural History.* Honolulu: University of Hawai'i Press, 2007, p.19.

[7]《坏话一条街——过士行剧作集》,107页,北京,中国国际广播出版社,1999。

[8] Noble, J.S., Cultural Performance in China: Beyond Resistance in the 1990s. Ph.D. diss, The Ohio State University 2003, p.75f.

[9]《坏话一条街——过士行剧作集》,125页,北京,中国国际广播出版社,1999。

[10] 同上书,130页。

[11] 同上。

[12] 同上书,136~137页。

[13] 同上。

[14] 谷海慧:《文明的代价——过士行新作〈厕所〉的现代性悖论》,载《戏剧文学》,2004(11),141~146页。

岛作为"一"或多于"一"
——诗人北岛与中国现代诗关涉

张依苹

张依苹（Chantelle Tiong）/ 马来西亚拉曼大学

当笔画出地平线
你被东方之锣惊醒
回声中开放的是
时间的玫瑰

——《时间的玫瑰》

引 言

作为诗人的北岛（原名赵振开[1]，1949— ）在 2002 年前于美国接受访问时表示，"对《回答》那一类诗基本持否定态度"，"在某种意义上，它是官方话语的一种回声"，并且认为自己"一直在写作中反省，设法摆脱那种话语的影响"[2]。但是，作为《今天》杂志[3]创办人之一的北岛其实更愿意称"朦胧诗派"（文学论争中带有贬义的命名[4]）为"《今天》派"[5]。吊诡的是，尽管北岛从 90 年代开始长期辗转居住于世界各地，他的诗歌语言也发生了明显的变化，然而留在广义文化中国印象里的北岛似乎还是那个在等待《回答》的"大写的北岛"，还加上无所不在的脚注：最有可能获得诺贝尔文学奖的中国诗人。[6]

另一方面，在属于小众的、真正意义上的中国现代诗人[7]当中，近年有相当多人对作为诗人的北岛表现出一种疑惑。这些人包括这些年和北岛一起编《今天》的中国诗人欧阳江河，以及德国诗人汉学家顾彬（Wolfgang Kubin）。

北岛的朋友或诗人同行指出："北岛可能陷入自我重复的危机。"这种看法背后的解释不一。欧阳江河则称："北岛像在盖一座塔，越盖越高。但他的语言还是很好的。"欧阳似乎并未负面地看待北岛的变化，其评论多有保留。（但对一个诗人而言，重复不就等于消失？）欧阳又补充说："也许北岛存在的意义就是为了消失。"[8] 而这种补充本身又预留了诠释的可能。作为北岛诗歌德语译者的顾彬则指出："一些学者担心北岛在重复自己。我想那是因为他的诗歌老是关于中国和政治，他的散文老在谈西方。由于他不能回中国，他是一个被中断来源的诗人。我希望不是这样，我希望北岛会继续写诗。"[9]

以上是和诗人北岛有往来的诗人对晚近北岛诗歌的理解。而纯粹作为读者的诗人是什么态度呢？以华文创作的马来西亚诗人黄远雄称："我对北岛近期的诗，态度保留。我好像遇到了一道进不了的墙。他早期的作品，一直到《零度以上的风景》，我还是蛮喜欢。再后来的诗集《开锁》，我就被他的文字意象卡住，很困扰。"[10]

事实上，北岛 1998 年在台湾出版《开锁》[11]之后，直到 2008 年才出版另一本诗集《结局或开始》[12]。这本诗集相当于北岛始自 1970 年的诗歌生涯的收束之作，其中的作品大多选自诗集《太阳城札记》、《在天涯》[13]、《午夜歌手》[14]、《零度以上的风景》[15]、《开锁》，另收入初次发表的新作 15 首。因此，除非北岛的抽屉里还藏着写于这 10 年中未发表的若干诗作，否则，这几乎表示 10 年之间这位当代中国备受瞩目的诗人平均一年得诗 1.5 首！[16] 这除了是一个惊叹号之外，更是一个令人费解的问号。

对此，有"德语北岛"之称的顾彬加双引号称"北岛已经完成工作了"[17]。他指的显然是，"作为诗人的北岛"已经完成（中国当代）的诗歌工作了。顾彬还附注了一句，"他在写散文，所以他还是一位作家"。

北岛诗歌的德文版诗集分别是 *Notizen vom Sonnenstaat Gedichte*[18]（《太阳城札记》）、*Post Bellum*[19]（《战后》）及 *Das Buch der Niederlage*[20]（《失败之书》），这涵盖了北岛近 40 年诗歌生涯的作品。其中，以北岛散文集《失败之书》命名的 *Das Buch der Niederlage* 与《结局或开始》同时于 2008 年秋天在德国和中国完成。[21] 这一年也是与北岛几乎画上等号的《今天》杂志迈入的第 30 个年头。

值得思考的是，身为诗人的汉学家顾彬在编译北岛诗集时，并不以北岛的个别中文诗集为德文版命名，因此，德译书名的选择似乎富有另一层的意义，隐含另一种诠释的角度。

基于上文，笔者的假说是，中文现代诗自五四白话文运动以降并未有定论，所以仍有探索空间，属于现在进行式的艺术载体；现在进行式则意味着意义的一再改变和重新定义，因此，本论文只能从一种"后见之明"的鸟瞰视野，去诠释从 20 世纪 70 年代以至 21 世纪的今天，北岛作为一，竟或是少或多于一。

一、从相信到不相信的一代

在中国内地，从 1919 年五四白话文运动开始的现代文学建构，中断于 1949 年。随后，积极介入政治的革命文学占据主流。笔者认为，始自白话文运动的这一脉络在 1979 年后才真正出现重新复苏的迹象，继北岛、芒克于 1978 年创办《今天》诗刊之后掀起的"朦胧诗"浪潮，就是复苏的迹象之一。由于主要代表诗人北岛从不讳言自己开始写诗是出于郭路生（笔名食指）的影响[22]，郭路生作为"朦胧诗"先驱的说法几乎已成定论。郭路生最为人知的诗有两首，即《这是四点零八分的北京》和《相信未来》。这两首诗和后来北岛的诗歌有着某种内部精神的对应：一是北京，或广义的北京作为母亲的象征；二是关于相信的命题。

我的心骤然一阵疼痛，一定是 / 妈妈缀扣子的针线穿透了心胸 /…… / 我再次向北京挥动手臂 / 想一把抓住她的衣领 / 然后对她大声地叫喊 / 永远记着我，妈妈啊北京

——《这是四点零八分的北京》

北岛的写作中亦不乏母亲的意象，然而，北岛作品中母亲作为象征却有着较为曲折的投射。由于诗人写作之象征系统的显现是一个漫长的过程，这一点会表现得愈来愈清楚。在这里，至少我们或可同意，几乎所有当时在北京生活的年轻人都会对郭路生在 1968 年、也就是"文化大革命"初期呼喊的妈妈北京产生共鸣，包括当时 19 岁的赵振开——后来的北岛。

郭路生另一首被广为传颂的诗《相信未来》同样写于1968年。

用美丽的雪花写下：相信未来 /…… / 在凄凉的大地上写下：相信未来 /…… / 我要用手撑那托起太阳的大海 /…… / 用孩子的笔体写下：相信未来 / 我之所以坚定地相信未来 / 是我相信未来人们的眼睛 / 她有拨开历史风尘的睫毛 / 她有看透岁月篇章的瞳孔 / 朋友，坚定地相信未来吧……

——《相信未来》

1978年的第一期《今天》，北岛正式发表了被论者视为"中国的声音和良心"[23]的诗作《回答》。

告诉你吧，世界 / 我——不——相——信！ / 纵使你脚下有一千名挑战者，/ 那就把我算作第一千零一名。

——《回答》

这首诗在29年之后被诗人自己称作"基本持否定态度的那一类诗"，其实仍可被视为理解北岛诗歌本质的第一道入口。北岛这个比原名更能代表诗人的笔名，据诗人自道，是由于本身个性孤独，住在北方，取其"北方之岛"的意思，"把我算作第一千零一名"等于是强调个性的诗宣言——强调自己作为单数，甚至是奇数，在高度强调共性的"文革"年代，无疑是一种划时代的新声。

北岛这首诗很明显是呼应郭路生《相信未来》之作。北岛16岁时因"文化大革命"而失学，投向文学抒发欲望和苦闷，白天当建筑工人，夜晚则在灯光下写作[24]，《相信未来》这首诗大约还在思想中盘旋，也随着赵振开思索未

来。诗人最终以回答者的位置发声，这不会只是偶然。写作者的敏感和理想让年轻的诗人尖锐地批判：

卑鄙是卑鄙者的通行证，/ 高尚是高尚者的墓志铭。

仿佛看穿了真相，诗人以石破天惊的破折号宣布："我——不——相——信！"吊诡的是，他喊出"我不相信"很可能是因为，他那么渴望世界上真的存在着郭路生《这是四点零八分的北京》里承诺的"终于抓住了什么东西"，那"相信未来"中的未知的"未来"。年轻的北岛在诗的最后道出他的期待："那是五千年的象形文字 / 那是未来人们凝视的眼睛。"于此，《回答》中的"未来"已经和《相信未来》的"未来"置换了位置。《相信未来》的"未来"已经成了《今天》（或后来的《明天，不！》），而《回答》中的"未来"则会通过"未来人们凝视的眼睛"，看到"今天的人们"如何实现"五千年的象形文字"。《回答》在当时的年轻人当中产生了类似《相信未来》的思想效应，北岛的诗因而被视为强调个性和自由的政治反抗诗。北岛的诗被视作当代中国的良心。

北岛的《宣告》写于1980年他30岁时，这首诗是献给遇罗克[25]的。诗句延续着《回答》式的宣言：

我没有留下遗嘱 / 只留下笔，给我的母亲 / 我并不是英雄 / 在没有英雄的年代里 / 我只想做一个人

另一首写于同一年，也是献给遇罗克的《结局或开始》则沉重地宣告：

我，站在这里／代替另一个被杀害的人／为了每当太阳升起／让沉重的影子像道路／穿过整个国土／……／我是人／我需要爱／我渴望在情人的眼睛里／度过每个宁静的黄昏／……／一生中／我曾多次撒谎／却始终诚实地遵守着／一个儿时的诺言／因此，那与孩子的心／不能相容的世界／再也没有饶恕过我

从诗的视角来看，作为 1979 年后中国现代诗复苏期灵魂人物之一的北岛"被国家辞退"，不应被纯粹地当作政治事件，而更应该从中国现代诗之路的角度来解读。毕竟，北岛不是一个政治人物，而是一个诗人。

二、从诗人到流浪者

从历史的大叙述看来，不管是《回答》或《宣告》，北岛以宣告者、预言者的声音发言的诗歌路线[28]，在相当程度上必然象征公共言论空间。反过来，从北岛作为诗人的背景——即中国现代诗的历程来看，《宣告》只不过是作为诗歌的过场，或竟是"机场"。北岛在奇妙的偶然中成为一个现代意义上的中国诗歌言说者，一个只能往前走的信使。

诗人的考验真正开始了，因为，他旧有的一切生活的依据被取走，只剩词语，在完全取消了旧的生活形式的环境中，只能通过言说而存在。这种新的生活方式带着实验的前提：必须取消某物，实验结果才能证实，一些事物确实经由此物或是彼物产生。当时，北岛初次发现"回不了家"，因而沉重地宣布"词的流亡开始了"[29]。

在那之前，北岛的作品除了在中国大陆出版的《北岛顾城诗集》、《太阳城札记》，1985年英文版 Waves[30]（《波动》），1986 年与舒婷、顾城、江河、杨炼的合集《五人诗选》[31]，还有一本 1988 年在台湾出版的《北岛诗集》。之后直至

2004 年，北岛的作品才再次于中国大陆出版。

等于说，在此期之间，北岛的作品都是以繁体字出版的，其中包括诗集《在天涯》[32]、《午夜歌手》[33]、《零度以上的风景》[34]、《开锁》[35]，以及散文集《蓝房子》[36] 和《午夜之门》[37]。

就北岛的作品而言，发表作品和出版书籍应该分开来看。因为，北岛绝大部分的书在内容上是肌理相连的。譬如，1993 年出版的《在天涯》所收录 1989 年至 1992 年的诗作的一部分，也出现在 1995 年出版的收录 1974 年至 1994 年诗作的《午夜歌手》中。1996 年出版的《零度以上的风景》则收录了《午夜歌手》中 1993 年和 1994 年的诗作加上迄至 1996 年的新作。直到 1999 年的《开锁》，北岛才出了一本全新的、没有收录旧作的诗集。从全新内容或诗歌语言来看，《开锁》或可被视为北岛的"新诗集"。

从 1995 年的《午夜歌手》开始，北岛的作者背景多了一行介绍——"被译成 20 多种文字"。这在 1988 年台湾版《北岛诗集》和 1993 年香港版《在天涯》中皆未出现。我们由此得知，90 年代后，北岛的诗被大量的翻译，这也扩大了北岛之中国诗歌在世界上的影响，由此确立了北岛作为当代中国诗人的代言身份。到了 1996 年的《零度以上的风景》，作者背景在"被译成 20 多种文字"之外又附加了一行——"屡获诺贝尔文学奖青睐的诗人"。（有趣的是，2000 年当高行健成为第一位获诺贝尔文学奖的华人时，与讨论高行健得奖缘由同样热烈的另一种讨论是：为什么获奖的不是北岛？）

被大量翻译和成为诺贝尔文学奖关注的焦点有至少两层意义。其一，证明北岛的诗歌被狭义的"世界"当成"中国的声音"；其二，诗歌本身就会被大量复制、"增加或减少"[38]，而在那样的时代氛围中，复制的效果很可能会烘托出大写的"北岛"。马悦然认为："北岛的诗是斗

争中锋利的武器，强调诗人和每一个人都有权维护自己在这个对诗人自己来说越来越奇怪的世界上的人格……对人类文明的发现和人类无法驾驭自己命运的反应，不时地汇入诗人个人的罪疚感。"[39] 宇文所安则说："我以为西方听众的注目是一种成功的广告功能。北岛是一位著名的中国当代诗人，但他绝不能说是名声最响的。通过卓越的可译传的诗歌，通过遇到一名天才的翻译者以及出版社的幸运，他才可能在西方赢得成功，并且无可争议地成为当代中国诗人中最著名的……而广大的西方人认同这一事实又促使他的杰出性在中国得到承认。我们应当了解这样一个奇怪的现象，即一名在他的祖国成为领袖的诗人只不过因为他的作品的译本比别人的翻译得好罢了。"易言之，北岛的诗歌先是作为中国诗歌，经大量翻译而进入世界诗歌，既是世界眼中的中国诗歌，也是中国诗歌进入国际的显著范例。对此，宇文所安的看法是："在创造'世界诗歌'中的成功并非没有标准"，认为"北岛，一般而言，已写出世界诗歌"[40]。

出国以后，北岛最大的收获也许是通过与世界各地语言使用者的接触，拼贴出新的"整体"思考，而不是以唯一一个中心。就中文而言，之前以国家地理为定点的思考已经失去根据，唯一证明自己是中国人的是中文。而中文在更广大的中华文化版图中，包括和自己一起使用同一种语言的、并不具中国人身份的那些人。在美国的"海外华人"中，中文也称华文，或就口语而言，称作汉语或华语。2002年北岛因父病[41]得以回国，他在接受访问时表示："对于一个在他乡用汉语写作的人来说，母语是唯一的现实。"[42]对于母语的体会，在这个阶段大约已经替代了出国前作品中的"母亲"意象。"母亲"从具象的北京或祖国，转化成作为"唯一的现实"的"母语"。收在《午夜歌手》里的《乡音》一诗可以

在某种意义上作为上述观点的参照：

我对着镜子说中文 / 一个公园有自己的冬天 / …… / 祖国是一种乡音 / 我在电话线的另一端 / 听见了我的恐惧

这是从异乡回听"故乡"的声音，有别于在异乡所把握到的"异声"，诗人称为"乡音"的"祖国"是"我的恐惧"。

《午夜歌手》之后的《零度以上的风景》里的《旧地》可以证实这种诠释角度是可行的。"此刻我从窗口 / 看见我年轻时的落日"、"饮过词语之杯 / 更让人干渴"、"旧地重游 / 我急于说出真相 / 可在天黑前 / 又能说出什么"。当诗人在"新地"重新阅读自己的旧作时，他将之称为"年轻的落日"，因此我们知道，词语的"太阳"在新地的视境里已落入黄昏。即便是在出国之后，北岛的诗作仍然不注明确定的写作日期，这其实是一种声明——他的诗作不必是一时一地之作。按艾略特的说法，"一首诗每一次被重新阅读，等于再次复活"，以前的作品可在新的出版和诠释的方式中获得新的意义，甚或成为先验式的"回答"，我们可以想象，在"新地"的诗人读着早年在"旧地"的《白日梦》[44]有可能感觉如遭电击：

你没有如期归来，而我一无所知。

雾时，时空倒错，诗时空的编年与现实的时间原来是两回事，甚至是倒反的，后者在前，前者在后。蓦然回首，早年诗之诗的元素刹那显现。再（往回）走远一点，更早的诗也现出缘由："我来到这个世界上 / 只带着纸……"（《回答》），"我没有留下遗嘱 / 只留下笔，给我的母亲……"（《宣告》）。那是原诗的自白，来到这

文学对话

Dialogues on Literature

个世界就是为了诗（纸和笔）。然而，词被无限量地放大和复制，造出一个多于"一"的"北岛"：大写的北岛、从外部投射而成的复数北岛，以致在即将抵达之时才惊恐失落于出发的意义（诗作为"一"的本质）："汇合着的啜泣抬头 / 大声叫喊 / 被主所遗忘"[45]。于是漂泊的抵达之境成了守夜人的情境，"漂泊是穿越虚无的没有终点的旅行"[46]，结局或开始皆在一线之隔。

> 不仅是编年史 / 也包括非法的气候中 / 公认的一面 / 使我们接近雨林 / 哦哭泣的防线。
>
> ——《守夜》

那是词语的关键时刻。诗人曾经一再重申，诗歌是苦难的艺术，祷告的形象成了关键时刻的身影。"洛尔迦哭了：我妈妈全都教过我，你知道，现在我忘光了……"[47] "默默祷告，为了此刻也为了来生，为了战胜内心的软弱……"[48] 那是诗歌正在靠近深渊的话语，在尽头（在天涯）的抉择。而终于决定了：

> 滑向我：空房子 / 一扇窗户打开 / 像高音C穿透沉默 / 大地与罗盘转动 / 对着密码——/ 破晓！
>
> ——《开锁》

那是关于"开锁"的奥秘。按诗人初期以黎明象征写作的脉络，漫漫长夜里，终于决定了什么是那四点零八分之时，一片手的海浪之中抓住的"管他是谁的手，不能松"的"最后的北京"。"漂泊是穿越虚无的没有终点的旅行……"，于是在穿越虚无的尽头抵达空无，开锁的方式是"反"过来的，似乎不是开门进去，竟是"大地与罗盘转动 / 对着密码——"，"咯嚓！"——里

面一震，"一扇门打开……破晓！"

一则死生的隐喻，生命的歌哭暴露出"零度以上的风景"，终于被听见了、存在了。

三、失败之书与失败之书

我们有充分的理由相信，作为写诗的个人，与自己唯一有关系的是母语。过去，北岛以写诗为武器维护人格，如马悦然所说，"北岛的诗是斗争中锋利的武器，强调诗人和每一个人都有权维护自己在这个对诗人自己来说越来越奇怪的世界上的人格"；而在美国，北岛并没有以写诗"作为武器维护人格"的迫切需求，反而更需要思考的是如何"作为乐器唱出优美的诗歌"，而要写出优美的诗歌则只能是通过语言的锤炼。

除引言中北岛于2002年接受访问时的表述之外，顾彬在《二十世纪中国文学史》中有关诗人北岛的评价，可谓是学界第一次正面将视角从"政治北岛"转向"语言北岛"。"北岛写作的初衷就是突破语言的牢笼，迄今没有改变。北岛一直称写作为打破毛泽东为准的思维和语言规范（所谓'毛体'）。"[50]2008年，顾彬在其题为"今日世界文学与中国文学"的演说中也提到，"北岛多次和我一起在德国参加读书会，时常重复同样的话：大陆或来自大陆的中文作家无法摆脱'毛体'。"[51]顾彬认为北岛的语言已经摆脱"毛体"，发展出"北岛体"[52]。那么，什么是"北岛体"呢？

70年代以降，太阳、影子、风暴、夜……这些巨大的意象充斥大陆的中国现代诗，北岛也未能例外。那么，最典型的、走在前线索要回答的北岛，如何破体[53]（作为多数的群体）而出，自成"北岛体"？笔者认为，"北岛体"毋宁指的是作为中国现代诗人的北岛在出国后显现的"一种自觉、反思的精神"。那事实上不是个人意义的北岛，而是被中心辞退，"回不了家"的诗

人北岛。他一直在搬家,七年之内搬了十五次,发现"这些年恐怕不是我在搬家,而是世界的舞台转动"[54],于是"感谢这些年的漂泊,使我远离中心,脱离浮躁,让生命真正沉潜下来"[55]。在沉潜的日子回忆早期创作接触到的诗歌,重新阅读、认识,"我认出风暴而激动如大海"[56],认出诗歌的玫瑰,将风暴重新置换回"风暴"。

　　一个被国家辞退的人 / 穿过昏热的午睡 / 来到海滩,潜入水底

　　那是一段词穿越无边的虚无,是词与死亡干杯,是像"上帝死了"一般的自我(既是大我,也是小我)否定:重估一切价值。那通往加略山的勇气在《芥末》篇幅的安排中显示了犹疑。

　　《芥末》分别收录在1999年的《午夜之门》(九歌版),2004年的《失败之书》(汕头大学版)和2008年的《青灯》(凤凰版)之中。[57]《芥末》分一、二两个部分。《失败之书》第二版的《芥末》只有前半部。后半部的开始是诗作《创造》的最后几行,文中角色芥末突然背起他的诗:"一个被国家辞退的人 / 穿过昏热的午睡 / 来到海滩,潜入水底",叹了口气,说:"我十五岁前没穿过线裤,我怕谁?"[58]

　　《午夜之门》的第一版和《青灯》的第三版都有《芥末》的第二部分。潜入水底,那是水路。对一座岛而言,不走山路而走水路是一种自我否定。那是"失败之书"曲折的内在历程,显现在书的编辑过程之中。这其实也是诗人北岛原有的成分,毕竟作为诗人和作为编者[59]的北岛是同时出发,甚至是形影不离的。《芥末》不是唯一的例子,另一个例子是献给遇罗克的《宣告》。出国前在中国大陆发表的版本题辞是"献给遇罗克烈士",2008年长江文艺出版的《结局

或开始》中去掉了属于革命话语的"烈士"这个词。中国诗人张枣的《开锁》序文是内行人的判断:"流亡或多或少是自我放逐,是一种带专业考虑的选择,它的美学目的是去追踪对话,虚无,陌生,开阔和孤独并使之内化成文学品质"[60]。欧阳江河在《零度以上的风景》序文中引用北岛的《初醒时的孤独》也显明他们当真不愧为一起编撰《今天》的同伴。诗时空的旅程是倒着走的,走得越远越接近起点。当年在一片"相信未来"之中清醒的单音"我——不——相——信!",在穿越虚无之际,在某个触电的时刻抵达时间,醒转。

　　这个转折在倒转的时空看来,是可以预期的。事实上,李欧梵的《午夜歌手》序文已经记录在案。当时在国内的北岛和另一位作家正在争辩"文学的目的是什么",令李欧梵印象深刻的是,"而北岛,出乎我意料之外,却持相反的看法,认为文学必须脱离政治而独立自主,并回归其艺术的本身。在当时大陆的政治氛围下,我感到这几乎是不可能的事。然而,我错了,事实证明,北岛所走的才是当代大陆文学发展的正途"[61]。

　　沿着这个"相反的看法"来看,我们可以脱离既有的大写的、作为多的北方之岛,回归小写的、作为一的孤独之岛来解读北岛的诗歌。

　　一个早晨触及 / 核桃隐秘的思想 / 水的激情之上 / 是云初醒时的孤独

　　　　　　　　　　　　　　——《无题》

　　风在耳边说,六月 / 六月是张黑名单 / 我提前离席 / …… / 而忠实于大海的 / 低音喇叭说,六月

　　　　　　　　　　　　　　——《六月》

　　大雪散布着 / 某一气流的谎言 / 邮筒醒来 / 信已改变含义 / 道路通向历史以外

岛作为"一"或多于"一"
——诗人北岛与中国现代诗关涉

——《下一棵树》

词语继续寻路。走过自我怀疑、自我否定（不！）、大写与小写的我相互对话、关于诗歌的终极信念，都在"一"和"多"或"少"之间辩证着。

我的影子很危险／这受雇于太阳的艺人／带来最后的知识／是空的

——《关键词》

诗人意识到，在大写的阴影之下，所有诗艺的演出终将徒然。看来，小写的北岛、持相反看法的北岛一直都在。但如北岛所坦承的："那时候我们的写作词和革命诗歌关系密切，多是高音调的，用很大的词，带有语言的暴力倾向。我们是从那个时代过来的，没法不受影响……对于我们这代人来说，是一辈子的事。"[62]

这是"我——不——相——信！"之后的再次否定。"我——不——相——信！"否定的是"大我"，第二次的否定是由于，诗歌本身领悟到"我"的来生只能来自"我"（大我和小我）的彻底死亡，因为，创作主体意识到的不只是相反的看法，而是自身与问题本身属于共同体的结构。就如张枣《开锁》序文所说的"用来克服暴力的词，也只能是施暴者的词"，那是在开锁而出之后，发现本身既是一把词语的钥匙，也是锁的一部分……

于是诗人写下另一道关涉《午夜之门》的题记："关于死亡的知识是钥匙，用它才能打开午夜之门。"

对于一个诗人来说，不变就是诗的意义的死亡。重复的题材、重复的意象、重复的句子，像永劫复归的历史，一再重复，一再遗忘。或许，

这就是命名《失败之书》的一种方式。大写的历史之中所有的时代幻象，重复又重复，以致让人疑惑甚至不再阅读，象征着诗歌与时代一起老去，沉入回忆：

和词语一起冬眠／编织的时光留下死结／或未完成的诗

——《冬眠》

北岛于1989年到德国。命名为《失败之书》的德语诗集与中国版北岛诗歌精选集《结局或开始》（也是"剪去多余的岁月"后的"最新诗集"）于2008年秋天8月同时完成。德文版《失败之书》目录的编年刚好是倒过来的，即以"2002—2008来自手稿"（Aus den Manuskripten）卷开始，以"1992旧雪（Alter Schnee）至1993在天涯（Am Horizont）"收束。有趣是，德文版《失败之书》的德文命名 Das Buch der Niederlage，其实还可以有别的译法。"Niederlage"一曰失败，二曰仓库，三曰分店或支行[63]，不止一个意思。如此说来，虽然北岛自称"一无所有地漂流"[64]，不管从作为一或因裂变而少于一、又因多义而多于"一"的角度来看北岛，都可以说"北岛体"代表的是一种内省的反思精神。就如顾彬《二十世纪中国文学史》的简介："二十世纪中国文学的中心形象是作为'病人'的中国，但过度沉溺于此形象则是主体放弃自律的表现，鲁迅等作家的伟大恰在于同一切时代幻象都清醒地保持了距离。"这里把"病人"二字换作"革命"则或可借以定义北岛。

从这个意义解读，集结北岛诗歌精华的德版《失败之书》并不是一本败笔之作，而是一部和解之书。

四、小结：未完成的诗

行文至此，我们或可说，在诗人生涯临近

40 载的今天，北岛诗歌的"大我"和"小我"在现代中国文学的意义上及在词语的意义上，都已穿过一道分水岭。于此，我们可以做一个阶段性的、类似"活结"的小结论，算是结绳为记。

除了北岛所认为的"诗歌是苦难的艺术"，诗歌当然还有更多的定义，因为诗的奥秘关涉时间，是不可预测的。或者，这里我们还可以参照"德语北岛"的诗歌定义，那就是"作为对话的诗歌"。汉语北岛交出关键词（keyword）开锁，其德语译者顾彬作为汉学家也交出了主题演说（keynote）："中国的语言曾经，绝大部分，在1949 年至 1979 年间遭遇破坏，就如德语在 1933 年至 1945 年间遭到毁坏。因此中国作家有必要从头学中文，就像德语作家有必要重新学他们的母语。"[65]

回顾过去，"文革"和"八九"政治风波已成为历史，在时空现场与当代对话的舞台逐渐架空。新的一代人正面对着语言和历史的双重断层。因此，作为对话者的上一代，今天的任务很可能是让记忆浮出水面，和遗忘对峙。诗是象征的语言，说的是未来而非故事。散文却是自传性最高、最个性化的文学形式，或曰个人史。相对于大叙事历史，说出个人生活细节的散文可作为"比历史更真实"的小叙事。诗是无限而深邃的"零度以下的风景"，散文是有限而含蓄的"零度以上的风景"。

北岛的诗歌《开锁》走出沉默[66]，在穿越分水岭之后，他又通过写作随笔散文与早期写作的小说和解。散文是中国文学的大传统，就加入散文行列的意义上，北岛其实已经回家——文学中国："大门口的陌生人，正砸响门环"（《青灯》）。词语找到了回家的路："必须改变背景 / 你才能够重返故乡"[67]。今天北岛的背景是散文，诗歌则成了背影。就中国现代文学而言，他不是时代幻象之中高调出现的那个北岛，而是全新的、以西方生活经验为写作基础的散文作家，写散文的北岛对历史大叙事而言是个陌生人。巧合的是，1989 年之后又隔了 15 年，北岛在中国大陆出版的第一本书（2004 年的《失败之书》）就是散文集，而不是他更具代表性的诗集。[68] 在那之前，北岛在中国大陆未曾出版过散文作品。所以，北岛的散文会是他写作系统的线索之书。

写散文让北岛从词语恢复为一个人，一个西游之后回家的浪子，和母亲（母语，请参附录）在一起。但他还是一个诗人和文人，写的是作为诗歌的汉语在西方的游学记，流亡和流浪都成了回忆，成了翻阅中的散文大地上移动的华文汉字。

谁醒了，谁就会知道 / 梦将降临大地
——《走向冬天》
是爱的光线醒来 / 照亮零度以上的风景
——《零度以上的风景》

那是词语经历二律背反的痛苦、终至破晓的一则隐喻，也是中国现代诗受难的一则寓言。诗歌作为未完成的诗进入冬眠，散文则作为散居世界各地的日常生活、人与事的回忆录，或称，随着苦难的词语和世界各地语言交流的诗歌笔记。

是笔在绝望中开花 / 是花反抗着必然的旅程。
——《时间的玫瑰》

经过反复尝试，时间的玫瑰或已化作散文，开花了。

文学对话

Dialogues on Literature

　　附录：北岛未公开发表的汉语诗《母亲》，由顾彬翻译成德语[69]：

Mutter

Für Di Yungxia

Damals warst du noch jung

Auf den Wegen begleiteten dich Möwen

Die Pflaume nahm sich blut, der Ostwind borgte sich Tränen

Sie weckten so viele Nöte

Morgenlieder, Abendtrommeln, Stimmen, so mählich

Dein Haar ist weiß nun

Adler und Dämmer ringen umeinander

Auf der Höhe an einem Geländer, helle Spiegel, Abendlieder

Die Näharbeit zur Hand weist den Weg

Frühlingsfluren kehren heim

Heute abend ist schwer schlafen

Vergangenes treibt zum Ufer

Lichter trunken, der Gezeitenstrom, Vorhänge rollen Glockenklänge auf

Fremde, Wehmütig wie junge Weiden,

wünschen dem Horizont Wohlbefinden

Ein Blick zurück, schon ist der Himmel alt

Ein abnehmender Mond prägt ringsum die Lande

Freundliche Zeichen, einsam gestern und heute

Unter Menschen ist am ehesten ein Ort der Liebe

Heimkehr, Regengewölk, Herdrauch

注　释

[1] 亦有笔名石默。

[2] 北岛：《游历，中文是我唯一的行李》，见《失败之书》，291页，汕头，汕头大学出版社，2004。

[3]《今天》于1978年问世，在《沉沦的圣殿——中国20世纪70年代地下诗歌遗照》（新疆青少年出版社，1999）一书中，记有关于《今天》的创刊及《今天》诗人活动的详细备忘录。

[4] "1980年第8期《诗刊》刊载了《令人气闷的'朦胧'》（章明）的文章，对那些'写得十分晦涩、怪僻，叫人读了完全不懂，百思不得其解'的作品，称为'朦胧体'。"引自《朦胧诗新编》序，程光炜、洪子诚编选：《朦胧诗新编》，5页，武汉，长江文艺出版社，2004。

[5] "北岛不喜欢别人把他纳入'朦胧诗派'，因为那是别人强加给他的，而且这在当时还带有强烈的贬抑性。他宁愿把他们那一批人命名为《今天》派'。"马铃薯兄弟：《访问北岛》，载《中国诗人》，2004(3)，转引自杨四平：《20世纪中国新诗主流》，231页，合肥，安徽教育出版社，2004。

[6] 台湾九歌出版的《零度以上的风景》、《开锁》及《蓝房子》都以北岛作为"诺贝尔文学奖"热门人选为作者简介的第一笔。

[7] 指诸如诗人、译者、编者、学者等现代诗专业读者。

[8] 引自欧阳江河于2008年11月15日在北京外国语大学作的题为"一个诗人眼中的中国文学史"的发言，他的发言中延伸出来了一些有关中国当代诗歌的谈话内容。

[9] 2009年6月3日，顾彬教授在笔者请教有关其对北岛写作的看法时，透露了他和一些学者朋友对北岛写作处境的关心。

[10] 许通元：《走出树林，行走的树——黄远雄专访》，载《蕉风》，第500期，63页，新山，南方学院，2008。

[11] 北岛：《开锁》，台北，九歌出版社，1999。

[12] 北岛：《结局或开始》，武汉，长江文艺出版社，

2008。(大略按先后分成七辑, 不按年份。)

[13] 北岛:《在天涯》, 香港, 牛津大学出版社, 1993。

[14] 北岛:《午夜歌手》, 台北, 九歌出版社, 1995。

[15] 北岛:《零度以上的风景》, 台北, 九歌出版社, 1995。

[16]《结局或开始》一书含新诗作的是第七辑, 收诗 15 首。*Das Buch der Niederlage* 一书含新译诗作的是排在最前的 *Aus den Manuskripten* (2002-2008), 收诗 17 首。比《结局或开始》多出的两首分别是 "Die Sage vom Blitz" 和 "Mutter. Die Sage vom Blitz", 中文版没有收入诗集, 据德译者顾彬所了解, 因为此诗是应宝马(BMW)公司之邀为广告而写, 属商业性质的创作。至于 Mutter 为何未收录在内, 原因未解。然而, 顾彬记得北岛本人曾经在德国朗诵过这首诗。

[17] 同注 9。

[18] 由 München Wien: Carl Hanser Verlag 出版社于 1991 年出版。

[19] 由 München Wien: Carl Hanser Verlag 出版社于 2001 年出版。

[20] 由 München Wien: Carl Hanser Verlag 出版社于 2009 年出版。

[21]《结局或开始》于 8 月出版, *Das Buch der Niederlage* 的翻译和译后记亦于秋天完成。

[22] 被问及 "刚开始写诗时, 谁对你的影响最大" 时, 北岛直截了当地回答:"郭路生, 也就是食指。" 北岛形容, 初次听到朋友朗读食指的诗, "对我的震动很大"。同注 2, 290 页。

[23] 顾彬对北岛早期诗作的评价, 认为 "这些诗使他成为中国的声音和良心"。顾彬:《二十世纪中国文学史》, 范劲等译, 302 页, 上海, 华东师范大学出版社, 2008。(德文原著于 2005 年出版。)

[24] "I worked at night, while my colleagues slept," he said. "We all stayed in the same dormitory room–about 100 workers–but I made a lamp that had a straw hat for a shade and the light was very concentrated, so I did not disturb other people." 这是 1999 年北岛在斯坦福大学朗诵诗歌时接受访问的内容。网址: http://news-service.stanford.edu/news/1999/december1/beidao-121.html, 下载于 2009 年 5 月 1 日中午 12 时。

[25] 1966 年, 24 岁的遇罗克写《出身论》驳斥 "血统论", 该文于 1967 年刊登在《中学文革报》上。1968 年遇罗克被捕, 被 "预审" 八十多次后未获任何罪状, 最后以莫须有的罪名判处死刑, 1970 年被处决, 1979 年 11 月 21 日始被宣告无罪。见江迅:《五四运动九十年反思遇罗克事件》, 载《亚洲周刊》, 30 页, 香港, 柴湾出版社, 2009 年。

[26] 事实上,《回答》里带着三个破折号的 "我——不——相——信!" 除了强调语气, 也可以是群众集体声音的写照, 这对一开始即希望标榜 "个性" 的北岛又是吊诡。

[27]《无题》, 15 页, 同注 13。

[28] Zhao Zhenkai, *Waves*, Bonnie S. McDougall & Susette Terent Cooke Trans., Hong Kong: Chinese University Press, 1985, p. xi。杜博妮在 1984 年的北京为英文版《波动》写的序文以 "Zhao Zhenkai, granted the recognition he deserves as a writer of international stature, may yet become a symbol of national pride and unity" 来评价当时 35 岁的北岛。

[29] 北岛、舒婷、顾城、江河、杨炼:《五人诗选》, 北京, 作家出版社, 1986。

[30] "收录 1989—1990, 1991—1992 诗作"。

[31] "收录 1972—1978, 1979—1982, 1983—1985, 1986, 1989—1990, 1991—1992, 1993—1994 诗作"。

[32] "收录 1993—1996 诗作"。

[33] "收录 1996—1998 诗作"。

[34] 北岛第一本散文集在台湾以繁体字出版。

[35] 北岛:《午夜之门》, 台北, 九歌出版社, 2002。

[36] 作者注:翻译必然是一个 "增加或减少" 的过程, 这是翻译学的通识。

[37] 刘翔:《那些日子的颜色—— 中国当代抒情诗歌》, 第七章:北岛, 94 页, 上海, 学林出版社, 2003。

[38] 同上。

[39] 2002—2005 年之间, 北岛因父亲病危而被允许回国。

[40] 同注 5, 244 页。

岛作为 "一" 或多于 "一"
——诗人北岛与中国现代诗关涉

[41] 见《午夜歌手》和《结局或开始》。

[42] 出自《抵达》，见《零度以上的风景》，此为该书开篇之作。

[43] 见《失败之书》自序及封底文案，同注 2。

[44] 洛尔迦是北岛最早的诗歌源头。因此，北岛在《洛尔迦：橄榄树林的一阵悲风》末节描绘了洛尔迦的祷告（信仰，就诗人来说是诗），应该有共鸣的含义。见北岛：《时间的玫瑰》，47 页，香港，牛津大学出版社，2005。

[45] 同注 5。

[46]《二十世纪中国文学史》，300 页，同注 22。

[47] Wolfgang Kubin, "The Importance of Language or—What does Native Language have to do with World Literature?" 此系顾彬先生于 2008 年 10 月 16—19 日在北京师范大学"今日世界文学与中国文学"研讨会上的主题演讲。译文《语言的重要性——本土语言如何涉及世界文学》（张依苹译）发表在《扬子江评论》2009 年第 2 期上。

[48] 同注 9。

[49] 指文化幻象中的，作为多数的群体。

[50] 同注 24，214 页。

[51] 同注 43。

[52] 出自里尔克的诗行。北岛：《里尔克：我认出风暴而激动如大海》，见北岛：《时间的玫瑰》，96 页。

[53] 2006 年出版的《青灯》（香港牛津版）没有收入《芥末》。

[54]《芥末》《午夜之门》，214 页，同注 35。《芥末》、《青灯》，34 页，江苏，凤凰出版社，2008。

[55] 从创刊到复刊直至今天，北岛一直都是《今天》的主编。

[56] 张枣：《当天上掉下来一个锁匠……》，9~10 页，同注 11。

[57] 李欧梵：《既亲又疏的疏离感》，10 页，同注 14。

[58] 291 页，同注 2。

[59]《现代汉德／德汉词典》（第三版），379 页，北京，北京大学出版社，1999。

[60] "从哪儿来到哪儿去无所谓，重要的是持未知态度，在漂流中把握自己，对，一无所有地漂流。"见《搬家记》，158 页，同注 42。

[61] 同注 46。

[62] 此沉默指的是，真正意义上的，作为"一"的诗歌北岛因大写或复数北岛的掩盖，无法充分地发出声音，实质上是少于"一"而且声音薄弱的，就像《错误》的诗行："有人交易／有人演讲／却没有声音"。

[63] 出自《背景》，205 页，同注 14。

[64] 2003 年出版《北岛诗歌集》的南海出版公司在海南岛，不在大写的"北方之岛"的地理范围之内。

[65] 见 Das Buch der Niederlage, München Wien: Carl Hanser Verlag, 2009。

文学对话

Dialogues on Literature

马礼逊《圣经》译本之辨正

曾庆豹

曾庆豹／台湾中原大学

引　言

英国来华的新教传教士马礼逊（Robert Morrison, 1782—1834）在中国生活了短暂的二十七年，正值其壮年不幸逝世。他的传教工作基本上并没有什么太大的建树，但是唯有一件事，是马礼逊念兹在兹的，也是其最关键的成就，那就是"《圣经》翻译"的工作。马礼逊充分地意识到，这是一件非做不可的事——"争千秋"之事业也，就这一点来说，"怀着将来把《圣经》翻译成汉语的愿望，马礼逊将他的精力都放在学习汉语上"[1]，因为再清楚不过的一件事是：对于传教事业而言，没有什么会比翻译《圣经》带来更深远的影响。马礼逊曾于1808年4月3日说："我的主要目标是翻译《圣经》。"而且，他从事汉语辞典工作的目的也只有一个："为了《圣经》的翻译，也为了给我生前死后的后继者清除障碍，我担负了编纂汉语辞典的工作。"[2]

的确，伦敦传道会派马礼逊到中国的目标也就是要完成《圣经》的汉译工作；米怜（William Milne, 1758—1822)评价了"新教在华前十年工作"的重点即是在《圣经》翻译的成就上[3]；马

礼逊向其差会伦敦会所做的一次重要的工作报告中（1819年11月25日)，所有的焦点都放在说明自己翻译《圣经》的工作上，把自己的工作视为类似"威克利夫和丁道尔的《圣经》影响我们现在的英文版《圣经》一样"[4]，认为后世对他的评价应该是从这方面的贡献说起。

因此，这也就意味着"《圣经》翻译"是马礼逊最值得被纪念或被赞扬的功绩，对于他在《圣经》翻译的过程中所经历的，包括对于翻译工作的理解，以及其中所遭遇的困难等等，都应该成为我们讨论的焦点。换言之，如果不是为了《圣经》翻译，像米怜这样的助手也许就没有必要存在了，如果不是《圣经》翻译上的需要，也不需要去编写《华英字典》这样的工具书，英华书院成立的初衷也是为了这个译经的工作。

评价马礼逊应该从《圣经》翻译的这项工作入手。马礼逊在《圣经》翻译上的成就无疑奠定了一切传教事业的基础，之后欧美传教士前仆后继地来到中国，包括各种对于中国传教工作的支持、动力和吸引力都可能来自于马礼逊的《圣经》翻译。这也是之后的传教士注意到中国或留意到中国的原因之一。马礼逊不愧为"经典翻译

与宗教传播"最为典型的代表人物。无疑，马礼逊通过《圣经》翻译——这一极其重要的传播媒介，用中国的文字敲开了中国大门："中国，开门"，应该就是从这个意义来说的。[5]

关于马礼逊在《圣经》翻译上的相关问题，学界已有不少的讨论，本文将利用新发现的研究材料，对"第一本完整版的新旧约《圣经》"的《神天圣书》[6]究竟是如何完成的（"底本"）提出不同于过往的说法，尝试对照"史路连抄本·中国马礼逊誊本"和"罗马稿本"，以进一步理解《神天圣书》在《圣经》汉译史上的地位。

一、白日升译本：《神天圣书》的底本？

通常认为，马礼逊在《圣经》翻译的过程中除了参考他请中国人容三德从大英博物馆抄写回来的称作"史路连抄本"（Sloane Manuscript）的稿本外，另一个影响他的文本可能是"贺清泰（Louis de Poirot, 1735—1814）译本"的稿本，因为马礼逊在华期间流行于天主教圈子的《圣经》译本据说即是"贺清泰译本"，这个说法一直并未获得直接的证实，但却间接证实马礼逊很可能参考了不止一种汉语《圣经》的稿本。[7]

被马礼逊指称作"无名氏的译文"[8]，后经考证，译者为法国外方传道会（Missons Etrangeres de Paris）的神父白日升（Jean Basset, 1662—1707，或译作"巴设"），"史路连抄本"即是根据白日升的译稿抄录下来的。[9]现存于大英博物馆的"史路连抄本"据说是1737年在广州被抄录的，1739年在香港辗转流落到英国皇家学会会长史路连爵士（Sir Hans Sloane, 1660—1753）手中，后来再由他捐赠给了大英博物馆，故称为"史路连抄本"。马礼逊托人抄录的"史路连抄本"，由于抄本上有不少发音及其他相关的注记，又称之为

"马礼逊誊本"（Dr. Morrison's Transcript），应该不同于目前看到的大英博物馆"史路连抄本"的原件，可视为两个独立的抄本，因此，后者称为"史路连抄本·马礼逊誊本"较为正确。该稿本现存于香港大学，中原大学有一份复印本，书名作《斯隆抄本·马礼逊誊本》。

事实上，不管是马礼逊或是米怜，当时的他们都不知道这份抄本真正的译者是谁，仅仅知道这是一份出自天主教神父之手的译稿。这份抄本被证实为白日升译本后，就有不少人因此认为"史路连抄本·马礼逊誊本"即白日升译本，并将其与之后发现的"剑桥抄本"（Cambridge Manuscript）进行比对，认定同为白日升之作。他们通过比较《使徒行》白日升译本之前的译作，根据"史路连抄本·马礼逊誊本"和"剑桥抄本"的形式，断定白日升的四福音译作为"四史攸编耶稣基利斯督福音之合编"，即我们一般所习称的"合参"，米怜在其报告中也将其称之为"the Harmony of the Gospels"。

1945年方济会士韦利基（Bernward H. Willeke）、1949年美国传教士及汉学家慕阿德（A. C. Moule）、1987年施福来（Thor Srandenaes）的博士论文《汉译〈圣经〉的翻译原理》（Principles of Chinese Bible Translation as Expressed in Five Selected Versions of the New Testament and Exemplified by Mt. 5:1-12 and Coll）、1999年尤思德（Jost Oliver Zetzsche）的博士论文《〈圣经〉在中国》（The Bible in China）基本上赞同上述说法，除了证实上述抄本译者为白日升外，还论说了四福音书是以会编的形式译出的。[10]但在发现了真正的白日升译本，并经过比对之后，这种超过半个世纪的想法恐怕要被推翻，因为罗马发现的最新稿本显示，真正白日升译本的四福音书是完全独立之作，即按照传统四福音书先后顺序的排列为：玛窦、麻耳谷、圣路

加、若翰，而非大家根据"史路连抄本·马礼逊誊本"和"剑桥抄本"所看到的"四史攸编耶稣基利斯督福音之合编"。换言之，真正的白日升译本每一个福音书都是独立的，不同于我们在"史路连抄本·马礼逊誊本"中所看到的经文被拆散后又重新组合会编，后者以28章的形式重整取自四福音书的相关经文。

这里也就引发了一个问题：白日升的"《新约圣经》译本"与马礼逊请容三德在大英博物馆抄写的"史路连抄本"到底是不是同一本书？一般认为，白日升"《新约圣经》译本"的四福音部分是"四史攸编耶稣基利斯督福音之合编"，这种说法最早是日本学者矢泽利彦提出的。然而，这个说法经过教授的查证并与从罗马取得的"稿本"对照，显然是被推翻了。[11] 从罗马取得的这份稿本才是真正的白日升译本，页首明确留有白日升的签名注记：

Novum

Testamentum

Ms

Sinice

Redditum

A domino Johanne Basset

以上注记可译作"《新约圣经》，手稿本，汉语，译者，Johanne Basset 即 Jean Basset"。因此可以确定，的确存在白日升的译本。早在1811年，法国汉学家雷慕沙（Joseph Abel Rémusat, 1788—1832）已对白日升的译本相当熟悉，他曾经证实罗马存放着"七卷本"的译稿。这个被说成"七卷本"的译稿即目前我们所掌握的"罗马稿本"，也就是真正的白日升译本。[12]

此一最新发现的"罗马稿本"[13]，其内容排列如下：

全七卷一册，364页

Ⅰ. Evangelium S. Matthai（马太福音）

玛窦攸编耶稣基督圣福音　二十八章

Ⅱ. Evangelium S. Marci（马可福音）

麻耳谷攸编耶稣基督圣福音　十六章

Ⅲ. Evangelium S. Lu（路加福音）

圣路加攸编之福音　二十四章

Ⅳ. Evangelium S. Jo.（约翰福音）

若翰攸编耶稣基督福音　二十一章

Ⅴ. Acoa（使徒行传）

使徒行　二十八章

Ⅵ. Squ S.Paul

福保禄使徒与罗玛辈书　十六章（罗马人书）

福保禄使徒与戈林辈第一书　十六章（哥林多前书）

福保禄使徒与戈林多辈第二书　十三章（哥林多后书）

Ⅶ.

福保禄与雅辣达辈书　六章（加拉太书）

福保禄与厄弗所辈书　六章（以弗所书）

福保禄与［非+邑］里比辈书　四章（腓立比书）

福保禄使徒与戈洛所辈书　四章（歌罗西书）

福保禄与特撒罗辈第一书　五章（帖撒罗尼迦前书）

福保禄与特撒罗辈第二书　三章（帖撒罗尼迦后书）

福保禄使徒与氏末陡第一书　六章（提摩太前书）

福保禄使徒与氏末陡第二书　四章（提摩太后书）

福保禄使徒与的多书　三章（提多书）

福保禄使徒与斐肋莫书　一章（腓利门书）

福保禄使徒与赫伯辈书　一章（希伯来书）

其他没有译出的包括：希伯来书第二章至第十三章、雅各布书、彼得前书、彼得后书、约翰一书、约翰二书、约翰三书、犹大书、约翰启示

马礼逊《圣经》译本之辨正

录。

白日升《新约圣经》译文"罗马稿本"的内容与"史路连抄本"是基本一致的——从第五卷到第七卷的顺序相同，而且，都只抄到《赫伯辈书》（希伯来书）一章，之后的新约译文完全阙如。但比较明显的不同是，"史路连抄本"的四福音部分为"四史攸编耶稣基利斯督福音之合编"，但"罗马稿本"的卷一至卷四则先后为四福音书：玛窦、麻耳谷、圣路加、若翰。

有学者已注意到：无法推断白日升的福音书合参究竟根据的是什么样的背景参考资料。他们甚至认为这个译本的形式完全是由白日升自编的。[14] 这种说法等于间接地承认，"四史攸编耶稣基利斯督福音之合编"与白日升译本之间存在某种非必然的联结。我们在此可以充分地说明，"史路连抄本"与"罗马稿本"在四福音部分存在不一致，但由于"四史攸编耶稣基利斯督福音之合编"段落经文译文与"罗马稿本"的译文完全相同，因此，可以断定"史路连抄本"的本源是白日升的译本，但是作者究竟是谁，可能另有其人，也可能就是白日升，这个问题成了一个有待厘清的新悬案。[15]

有学者对照另一个藏于剑桥的抄本认为："史路连抄本"在"四史攸编耶稣基利斯督福音之合编"部分与"剑桥抄本"是一致的，虽然"史路连抄本"有些地方抄得不太完整，而且两个抄本的页码也不同。这也许可推论"剑桥抄本"比"史路连抄本"更早些，也许"史路连抄本"其实与"剑桥抄本"一样，是从其他的稿本中传抄过来的，其共同的译本来源都是白日升的译文。

我们基本上可以证实的是，不管是"史路连抄本"或是"剑桥抄本"，它们的源头都是白日升之作。我们在对照"史路连抄本"与"罗马稿本"时可以发现，"史路连抄本"篇首的"四

史攸编耶稣基利斯督福音之合编"完全是根据白日升的译本节录重编的，因为译文基本上是相同的，差别仅在于"四史攸编耶稣基利斯督福音之合编"打散了所有以福音书之顺序排列的白日升译本，变成了所谓的"合参"，其篇章（共28章）及经文段落如下：

第一章（路加篇首；若望篇首；路加一章；玛窦一章），1~9 页；

第二章（路加一章；路加二章；玛窦篇首），9~17 页；

第三章（路加二章；玛窦二章；路加二章；玛窦二章；路加二章），17~24 页；

……

第二十七章（路加二十三章至二十四章；马耳谷十六章；玛窦二十八章……若望二十一章），290~305 页；

《使徒行》；

……

《希比留书》一章

可见，由于真正出自于白日升的"罗马稿本"、"史路连抄本"和"剑桥抄本"尽管从《使徒行》到《希比留书》一章的内容是一致的，但四福音书的排列形式则明显有别，因此"四史攸编耶稣基利斯督福音之合编"的真正编者将是一个开放性的问题。

翻遍《马礼逊回忆录》，我们会发现马礼逊只谈到这份公开的抄本，没有提到其他任何可能参考的抄本，以至于有人认为他也参考过贺清泰译本。我们多少可以推断出马礼逊可能不只看过或手边只有"一位虔诚天主教传教士翻译"的抄本。马礼逊的确知道一位叫"贺清泰"的法国传教士[16]，也许因此才被人说成他理应在翻译《圣经》的过程中参考过"贺清泰译本"，然而，通过他的日记可以获知，马礼逊对发生在中国天主教圈子里的事情是相当熟悉的[17]，这也间接地

说明马礼逊可能对天主教圈子里存在的部分译本略知一二：

> 将《圣经》的意义用中文表述出来时，英国博物馆的中文《圣经》抄本、几部在中国流传的天主教著作、汉语辞典抄本都对我有所帮助，我的中文教师也帮助过我。[18]

天主教在中国的传教工作并不十分重视《圣经》翻译，自阳玛诺（Emmanuel Diaz, 1574—1659）的《〈圣经〉直解》以降[19]，情况并没有任何突破，但是，天主教在中国的著作或相关礼仪的文献中肯定包括了不少经文的片段翻译，或许马礼逊看过一些，这对他的译经工作一定有所推助，但详细的情形很难做进一步推断。

二、《神天圣书》之《使徒行传》是否为马礼逊译作？

1807 年，马礼逊来到中国，第二年就开始翻译《圣经》，1814 年译成全本《新约圣经》，之后米怜加入，1823 年把全本《旧约圣经》译成汉语，分作二十一卷，题为《神天圣书》，前后花了约十八年的时间。值得注意的是，马礼逊完成并发行的第一本《圣经》经卷译文为《使徒行传》（时称《耶稣救世使徒行传真本》），当时是 1810 年，也就是在他抵达中国后的第三年。与《使徒行传》同时发行的，还有两份重要的布道小册子：《神道论赎救世总说真本》和《问答浅注耶稣教法》。[20] 这次成功之举不仅为马礼逊带来了极大的声誉，也促使英国圣经公会对他在中国的译经工作表示肯定并提供经费支持。

马礼逊 1814 年 1 月 11 日写给圣经公会约瑟夫·塔恩（Joseph Tarn）的一封信中如是说：

> 福音书、使徒书信、启示录全都是我翻译的。《新约圣经》中间的部分借鉴了藏于大英博物馆无名氏的译文，我对那些必须修改的地方进行了修改和补充。[21]

1819 年 11 月 25 日完成全部《圣经》的翻译后，他在写给圣经公会的重要工作报告中提到：

> 米怜先生译完了《乔布记》和旧约中历史书部分（按：包括《复讲法律传》、《若书亚传》、《撒母以勒传书》、《列王书传》和《历代史纪书传》），这是他选择翻译的部分。其余完全由我一个人翻译的部分有：
>
> "旧约"：……
>
> "新约"：《马窦书》、《马耳可书》、《路加书》、《若翰书》、《希比留书》、《者米士书》……[22]

眼尖的读者一定注意到，马礼逊列出《新约圣经》的经卷名称时，从前四本福音书直接跳到《希比留书》（即希伯来书）、《者米士书》（即雅各布书）……显然漏了《使徒行传》、《与罗马辈书》、《可林多辈第一书》等等。

马礼逊 1819 年的这份总结报告相当清楚地说明了哪些是他翻译的，哪些不是他所译。尤其引人注意的是，马礼逊翻译的第一本《新约》经卷《使徒行书》，并非米怜所译，却明确地不包括在他列举的自己翻译的经卷中，同样他译的《希伯来书》之前的"使徒保罗的书信"也未被列举。于是，我们好奇地想问：为何马礼逊没有提到这些同样收列其书并出版的经卷呢？特别是他为何只字不提第一本译成的《使徒行传》？其中反映的事实又是什么？

事实上，关于马礼逊可能抄袭他人译作一事早已传得沸沸扬扬。因为两人的语法书究竟谁抄袭谁的问题，与其发生争执的印度的马士曼（Joshua Marshman, 1768—1837），就曾公开指责马礼逊的《耶稣救世使徒行传真本》实为抄袭，全书有 70 页，约 21 500 字，马礼逊只改动了 1 113 字。[23] 马礼逊曾针对此事做过间接、含蓄的交待，在总结自己的译经工作时又为此做了相应的辩解与说明：

> 假如我想让整部《圣经》看上去都像是我翻译的，我可以多做一些改动，这样做甚至比决定留用某一部分更容易。但这并不是我的目的，也不是你们的目的，我们并不在意是谁将《圣经》翻译成各种语言，而是以何种方式翻译《圣经》，并且如何选择资助出版最佳的译本。[24]

这一段等于间接地承认了《神天圣书》是一本集体的"编译"之作而非是个人的"全译"之作。《新约圣经》大部分译文如此大量地直接抄录那位"虔诚的天主教传教士的翻译"，仅仅出于考虑到"以何种方式翻译《圣经》，并且如何选择资助出版最佳的译本"，马礼逊同时也提到："英国博物馆的中文《圣经》抄本、几部在中国流传的天主教著作、汉语辞典抄本都对我有所帮助，我的中文教师也帮助过我。"

这是否意味着马礼逊很可能参考过不止一个抄本，尽管马礼逊对此没有详细论述，但流传于中国的那些哪怕仅仅是段落的天主教译文，都有可能对马礼逊的译经工作有极大的帮助。

大体而言，马礼逊是诚实的，他坦诚："我有一部手抄本中文《圣经》译本，原稿由英国博物馆收藏，通过伦敦会我获得了一个抄本。正是在这部抄本的基础上，我完成了《圣经》的翻译和编辑修订工作。"[25] 对他之前宣称自己所翻译

的《使徒行传》和使徒保罗的其他书信表现出沉默是完全可以理解的，原因是《使徒行传》和使徒保罗的其他书信基本抄袭了"史路连抄本"，尽管马礼逊指出"我首先印刷的《使徒行传》是从手抄本中摘选的"，但是，何种程度算是"摘选"而不是其他？

我们可以从另一个角度来理解这件事。《使徒行传》完成于马礼逊来华的第三年，当时他一边学习中文一边习惯中国的生活，翻译工作进展得如此顺利令人称奇。然而同时，依靠他的中文水平能如此快速地完成《使徒行传》的翻译也不免令人怀疑，因此，可以完全断定真正要做到"摘选"也是不易的。[26]

也许考虑到两方面的问题：一方面是急于向英国方面交待，期望他们可以肯定并支持他在中国的译经工作，快速地交出部分译稿是一个相当具说服力的做法，因此这完全是基于策略的考虑而交出第一份译稿《使徒行传》；另一方面也许是因为"史路连抄本"的特殊编排形式使得他选择了最为完整的《使徒行传》起头，而不是从任何福音书开始，道理就在于"史路连抄本"是一本以"合参本"（"四史攸编耶稣基利斯督福音之合编"）的形式编辑的四福音书，四福音的经文以片段或段落的形式穿插构成，相对而言，要在短短的三年内根据所有"四史攸编耶稣基利斯督福音之合编"摘选出任何一本福音书作为翻译的起头是非常不容易的。所以，马礼逊在 1810 年出版第一个《新约》译本《使徒行传》之后，到了 1812 年才提及他正在翻译《圣路加氏传福音书》。

当然，最直接的证据即通过对照《神天圣书》和"史路连抄本"，我们可以轻易地发现，《使徒行传》可以说完全是抄录而非摘选（见表一、表二）：

章节	白日升	新遗诏书	史路连抄本
一章1节	陡斐肋。余先言耶稣始行训诸情。	弟阿非罗乎、余先言耶稣始行训诸情。	陡斐勒。余先言耶稣始行训诸情。
一章2节	至于以圣风嘱所选之使徒。而升天之日盖受难后。	至于以圣风嘱其所选之使徒后而被取上去之日。	至于以圣风。嘱所选之使徒。而升天之日。盖难受四旬多。
一章3节	四旬多自证己活。现伊等而言天国之情。	盖受难后其以多实凭据、四旬之间、现己活与伊等看、而言神国之情。	自征己活。现伊等而言天国之情。
一章4节	又同食间命曰。勿离桑撒冷。惟候父之许。汝曹所曾闻出吾口。	又同食间命曰、勿离耶路撒冷、惟候父之许、汝曹所曾闻出吾口。	又同食间。命曰。勿离桑撒冷。惟候父之许汝曹所曾闻出吾口。
一章5节	盖若翰固授水洗。汝曹乃不日受圣风之洗。	盖若翰固施水洗、汝曹乃不日必受圣风之洗。	盖若翰固受水洗。汝曹乃不日受圣风之洗。
一章6节	且会集者问之曰。主。尔复举依腊尔国于此时乎。	且集会者问之曰、主、尔复举以色耳以勒国于此时乎。	且集会者问之曰。主。尔复举依腊尔国于此时乎。
一章7节	苔白伊等曰。汝弗宜知父能特定之时刻	答伊等曰、尔弗宜知父能特定之时刻。	苔伊等曰。尔弗宜知父能特定之时刻。
一章8节	惟汝将受上临汝圣风之德而汝为吾证于桑撒冷与如达诸方。于撒玛列至地末之境也。	惟汝将受上临汝圣风之德、而汝为吾证于耶路撒冷、与如氏亚诸方、于撒马利亚、至地末之境也。	惟汝将受上临汝圣风之德。而汝为吾证于桑撒冷。与如达诸方。于撒玛列。至地末之境也。
一章9节	言斯毕。众见之腾上。而云搂之于厥目。	言此毕众视之时升上、而云接之于厥目。	言此毕。众见之腾上。而云接之于厥目。
一章10节	众仰天视其升时。突有白衣二人。近伊等立。曰。	众仰天视其升时、突有白衣二人近伊等立曰、	众仰天视其升时。突有白衣二人。衣近伊等立。曰。
一章11节	加里辣人。汝曹何立仰天耶。此耶稣。由尔辈举升天者。依尔见其往天之样。后必如此来也。	加利利人、汝曹何立仰天耶、此耶稣由尔辈举升天者、依然见其往天之样、后必如此来也。	加里辣人。汝曹何立仰天耶。此耶稣。由尔辈举升天者。依然见其往天之样。后必如此来也。
一章12节	伊等方自山名遏里无。离桑撒冷撒罢德肋斐理伯。	伊等自山名阿利无离耶路撒冷嗽咭日路者、归耶路撒冷。	伊等自山名遏里无。离桑撒冷 撒罢路者。归桑撒冷。
一章13节	及多默。巴多茂。玛窦。亚阜之子雅各布伯。西满及雅各布伯之弟。茹苔。皆屋之所。	而入腾高庭。彼多罗及者米土若翰、及安德路 腓利百、及多马士巴耳多罗茂、马窦、亚勒腓五之子牙可百、西们洗罗氏、及牙可百之弟如大士、皆居之所、	而入腾高庭。伯多罗及若翰。雅各布伯及安德肋。斐理伯及多默巴多茂。玛窦。亚阜之子雅各布伯。西满。及雅各布伯之弟菇苔。皆居之所。

文献钩沉

Exploring the Historical Documents

续前表

章节	白日升	新遗诏书	史路连抄本
一章 14 节	此众偕数妇。及耶稣之母玛利亚。及厥弟兄。合一心恒于祈祷。	此众偕数妇及耶稣之母马利亚、及厥弟兄们、合一心恒于祈祷。	此众偕数妇。及耶稣之女玛利亚。及厥弟兄。合一心。恒于祈祷。
一章 15 节	彼日间。会集约一百二十人。而伯多罗中起曰。	彼日间会集一百二十名、而彼多罗中起曰、	彼日间。会集一百二十人。而伯多罗中起曰。
一章 16 节	吾弟兄。经内。圣风以达未口所预指茹苔率擒耶稣辈者之情。夫经必验矣。	人与弟兄们经内圣风以大五得口所预指如大土率擒耶稣辈者之情、夫经必验矣。	吾弟兄。经内圣风以达未口。所预指儒达率擒耶稣辈者之情。夫经必验矣。
一章 17 节	其向入吾数。而幸获斯职分。	其向入吾数而获斯职分。	其向入吾数。而幸获斯职分。
一章 18 节	其以恶逆之价。得一地而缢。衷破。而厥诸肠尽倾泄。	其以恶逆之价买一地、而缢衷破而厥肠尽倾泄。	其以恶逆之价。得一地而缢。衷破。而厥诸肠尽倾泄。
一章 19 节	凡屋桑撒冷者悉知焉。致斯地。以厥音名哈瑟达玛。即血之地也。	凡居耶路撒冷者悉知焉、致斯地以厥音名哑嘞啐呋吗卽血之地。	凡居桑撒冷者悉知焉。致斯地以厥音名哈瑟达玛。即血之地。
一章 20 节	蓋咏书纪云。其屋之所即为荒废。无人住之。而其牧职。即他人受之。	盖诗书记云、其居之所即为荒废无人住之、而其牧职卽他人受之。	蓋咏书记云。其居之所。即为荒废。无人住之。而其牧职。即他人受之。
一章 21 节	是以此众偕我辈常会集。见吾主耶稣出入。	是以由此众偕我辈常集会、见吾主耶稣出入。	是以此众。偕我辈常集会。见吾主耶稣出入
一章 22 节	始自若翰洗。至其吾辈举升者。当选一。同吾辈做其复活之证矣。	始自若翰洗至其自吾辈升举日、必选一同吾辈为其复活之证矣。	始自若翰洗。至其自吾辈升举者。常选一。同吾辈。为其复活之证矣。
一章 23 节	遂立二。若瑟。名巴撒巴。称义者。及玛弟亚。	遂立二若色弗名巴耳撒巴称义者及马太亚。	遂立二。若瑟名巴撒巴。称义者。及马弟亚。
一章 24 节	众祈曰。主。知众心者。恳示此二。尔所选之一。	众祈、曰、主知众心者、恳示此二、尔所选之一、	众祈曰。主。知众心者。恳示此二。尔所选之一。
一章 25 节	补茹苔。已负义。以往已所者。使徒之位。	补如大土已负义以往已所者、此职使徒之位。	补儒达已负义。以往已所者。使徒之位。
一章 26 节	遂给伊等闽。而闽落玛弟亚。即入十二使徒之数。	遂给伊等卦而卦落马太亚、其即入十一使徒之数。	遂给伊等闽(卦)。而闽(卦)落马弟亚即入十二使徒之数。

章节	白日升	新遗诏书	史路连抄本
二十八章1节	我等既脱。方知其岛名獦利达。	我等既脱、方知其岛名来利天。	我等既脱。方知其岛。名獦利达。
二十八章2节	诸蛮歁待我等。用仁不浅。盖大烧火温慰。为当时之冷及雨。	诸蛮人待我等用仁义不浅乃大烧火温慰。为当时之冷及雨。	诸蛮待我等。用仁不浅。盖大烧火温慰。为当时之冷及雨。
二十八章3节	保禄揽葡萄枝。束置于火上。蝮蛇被火热。突出。跳含其手。	保罗揽葡萄枝求置于火上、蝮蛇被火热突出跳含其手。	保禄揽葡萄枝。束置于火上。蝮蛇被火热突出。跳含其手。
二十八章4节	诸蛮见蛇于其手。相谓曰。此人果为大凶者。脱于海。而神讨不容之生。	诸蛮见蛇在其手、相谓曰、此人果为大凶者、脱于海而神讨之不容生。	诸蛮见蛇于其手。相谓曰。此人果为大凶者。脱于海而神讨不容之生。
二十八章5节	保禄乃抖蛇落火。而毫未受害。	保罗乃抖蛇落火、而毫未受害。	保禄乃抖蛇落火。而毫未受害。
二十八章6节	伊等忆其必转瘅。速倒地。俟候既久。而见全无害。转意而谓其为神。	伊等忆其必转肿速倒地、俟晚既久而见无害、转意而谓其为神。	伊等忆其必转肿。速倒地。俟候既久。而见无害。转意而谓其为神。
二十八章7节	彼所有岛主。名布彼略之庄。其延我等。而三日歁待。	彼所有岛主名布彼略之庄、其延我等、而三日歁待。	彼所有岛主。名布彼略之庄。其延我等。而三日歁待。
二十八章8节	会布彼畧之父。害疟痢而卧。保禄进厥所。既祈祷。置手于其上救痊之。	会布彼略之父害疟痢而卧、保罗进厥所既祈祷置手于其上救痊之。	会布彼略之父。害疟痢而卧。保禄进厥所。既祈祷置手于其上救痊之。
二十八章9节	自此以后。岛内凡害病者。都来受痊。	自此以后岛内凡害病者都来受痊。	自此以后。岛内凡害病者。都来受痊。
二十八章10节	伊等敬其敬待我等。而将开船。厚馈所需之物。	伊等甚敬待我等、而将开船厚馈所需之物。	伊等甚敬。待我等而将开船。厚馈所需之物。
二十八章11节	三月后。航于勒三得来之舟。名斐加斯多。已过冬于岛者。	三月后航亚勤山氏亚来之船、号加士多波路士过冬于岛者。	三月后。航于勒三德来之船。名双加斯多。已过冬于岛者。
二十八章12节	既到西辣居。三日住焉。	既到数拉古士三日住焉。	既到西辣。居三日住焉。
二十八章13节	自彼挨岸至肋约。一日后。乘南风吹。第二日至布索。遇弟兄。领其请。住厥屋七日。	自彼挨岸至利至翁、一日后乘南风吹、第三日至布氏阿利	自彼挨埠。至肋约一日后乘南风吹。第三日至布索遇弟兄领其请住厥屋七日。 、
二十八章14节	且如是往罗玛。	遇弟兄领其请往厥屋七日、且如是往罗马。	且如是往罗玛。
二十八章15节	诸弟兄闻。出迎我等。至阿必之市。及三行之所。保禄见伊等。感谢神。加毅壮。	诸弟兄闻出迎我等至亚比以之市、及三馆之所、保罗见伊等感谢神、加毅壮。	诸弟兄闻出迎。我等至阿必之市。及三行之所。保禄见伊等。感谢神加。毅壮。

续前表

章节	白日升	新遗诏书	史路连抄本
二十八章16节	我等既至罗玛。许保禄随便住。偕兵守之者。	我等既至罗马百总付因与总兵、惟随保罗便住偕兵守之者。	我等既至罗玛。随保禄便住偕兵守之者。
二十八章17节	第三日后。请如达辈诸宗集会曰。诸弟兄。我未有害民。犯吾祖之规。而自桑撒冷。被继。付于罗玛辈之手。	第三日后如大如天辈诸宗集会、曰、诸人弟兄、我未有害民、犯吾祖之规、而自耶路撒冷被缧被付于罗玛之手。	第三日后请如达辈。诸宗集会曰。诸弟兄我未有害民。犯吾祖之规。而自桑撒冷被缧。被付于罗玛辈之手。
二十八章18节	伊等既查问我情。欲释。因全无死之罪。	伊等既查问我情欲释因无死之故。	伊等既查问我情欲释因无死之罪。
二十八章19节	然如达辈不服。余不得已而呼责撒。非为告吾民。	然如大辈不服、余不得已而呼西撒耳、非为告吾民。	然如达辈不服。余不得已而呼责撒。非为告吾民。
二十八章20节	因此。请尔等相见余面。盖为依腊尔之望。我被此炼之禁。	因此携尔等相见汝面、盖为以色耳以勒之望、我被此炼之禁。	因此请尔等相见余面。盖为依腊尔之望我。被此辣之禁。
二十八章21节	伊等曰。我辈自如达未受书表尔情由。未有弟兄新来讲尔。何恶端。	伊等曰、我辈自如天未受书表尔情由、未有弟兄新来讲尔何恶端。	伊等曰我等（辈）自如达未受书表尔情由。未有弟兄新来。讲尔何恶端。
二十八章22节	惟欲闻尔意见。盖此门。我等已知到处被人攻。	惟欲闻尔意见、盖此门我等已知到处被人攻。	惟欲闻尔意见。盖此门我们已知到处。被人攻。
二十八章23节	伊等既相定日子。许多集来见之于馆。保禄陈布证天国。自朝至暮。以每瑟法。以先知之言。表耶稣之情。	伊等既相定日子、许多集来见之于馆、且保罗陈布天国、自朝至暮以摩西法、以先知之言、表耶稣。	伊等既相定日子。许多集来见之于馆。保禄陈布。证天国自朝至暮。以每瑟法以先知之言。表耶稣。
二十八章24节	有数信其言者。有数不信者。	有数信者、有数不信其言者。	有数信者。有数不信其言者。
二十八章25节	伊等不相和而退。保禄乃讲一言曰。圣风善谓吾祖曰。	伊等不相和而将退、保罗乃讲言曰、圣神风与先知以赛亚善谓吾祖曰、	伊等不相和而退。保禄乃讲一言曰。圣风善谓吾祖曰。
二十八章26节	尔往至此民而语之。尔将以耳闻而不聪。看而不见。	尔往至此民而语之、云、尔听将闻而不晓得、看将见而不明白。	尔往至此民而语之。尔将以耳闻而不聪。看而不见。
二十八章27节	盖此民之心粗钝。厥耳鹊闻。伊等自紧闭目。恐厥目见。厥耳听。厥心达。而转改受我之痊矣。	盖此民之心顽钝、厥耳重听、伊等自紧闭目、恐厥目见、厥耳闻、厥心达、而转改受我之痊矣。	盖此民之心顽钝。厥耳鹊闻。伊等自紧闭目。恐厥目见。厥耳听。厥心达。而转改受我之痊矣。

章节	白日升	新遗诏书	史路连抄本
二十八章28节		则尔当知以神之救、今使于异民、且其就闻之。	
二十八章29节	保禄既言如此。如达辈退出。多有相辩论之端。	保罗既言如此、如天辈退出多有相辩之端。	保禄既言如此。如达辈退出。多有相辩之端。
二十八章30节	保禄全二年。住于自租之屋。而迎诸进已者。	保罗全二年住于自租之屋、而迎诸进已者。	保禄全二年。住于自租之屋。而迎诸进已者。
二十八章31节	宣神国。训吾主耶稣基督之情。坚直言无遇禁阻。	宣神国、训吾主耶稣基督之情、坚执言、无遇何人禁阻矣。	宣神国训。吾主耶稣基督之情。坚执言。无遇禁阻。

事实上,仔细比对《神天圣书》和"史路连抄本"中包括《希伯来书》之前的"使徒保罗的书信",我们就会发现马礼逊没有提及这些书是由他翻译的,完全是有道理的,因为在《神天圣书》中上述这些经文,绝大部分都抄自"史路连抄本",有所改动的译文主要是人名和地名。不少学者正面地善意评价,此举表明了天主教译经对新教的"影响"(包括将 God 译作"神")。[27] 但是,由于马礼逊改动了人名和地名,以及《圣经》各卷篇名,由此天主教与新教在中国受译名问题困扰而走向不同的命运,拥有各自代表的《圣经》译文。

马礼逊的一些出版成果很快就传到了欧洲,并为人所知悉。另外一个极具参考价值的文献是雷慕沙的来信,雷慕沙在 1817 年 5 月 20 日的信中提及他看到了"在伦敦出版的《中国杂文集》(*Horoe Sinicoe*)"[28] 和两页翻译成中文的《使徒行书》[29],了解了马礼逊以及他在中国的工作。从雷慕沙写给马礼逊的几封信可以看出,他感兴趣的是马礼逊在汉语词典方面的工作,对他的《圣经》翻译,雷慕沙在 1818 年 11 月 24 日的信中委婉地说道:

我观察到你的谦虚使你保持沉默,对于那些

足以震惊学界并引起人们敬重的成就却不张扬。我指的是许多已译成汉语的《圣经》部分。我猜不出你如此保守的意图,为谨慎起见,我也仿效你的做法,在我们的《巴黎学术期刊》(*Journal des Savans*)上既未评论《新约圣经》的翻译,也未论及你的《养心神诗》(*Psalms*)及《问答浅注耶稣教法》(*Catechism*)。除非你授权我这样做,否则我将只在参考书目中列出你的著作。[30]

留意雷慕沙对马礼逊的"观感",特别是对《圣经》翻译"的评价,我们很难想象马礼逊会如此的"沉默",相较他的其他书信,马礼逊总是谈论他的《圣经》翻译工作,雷慕沙如此"谨慎",也许透露了可能存在的问题。我们也可以从伦敦会的司库汉基先生(Hankey)的信中间接证实,雷慕沙确实只对马礼逊有关汉语的著作感兴趣。[31] 因此我们的问题是:马礼逊对于他的《圣经》翻译似乎刻意地在这位汉学家面前表现得特别的低调,这究竟是为什么呢?

据了解,雷慕沙相当熟悉白日升的译本,他早在 1811 年就证实了罗马存放着"七卷本"的译稿,他很可能看过这个译本,而这个被称作"七卷本"的译稿即目前我们所掌握的"罗马稿本"，也就是真正的白日升译本。

仔细阅读《马礼逊回忆录》中汉学家对马礼逊在出版方面贡献的评价，大部分都针对他在字典或对汉语的掌握方面，然而，似乎很少谈论马礼逊最为自得的《圣经》翻译。事实上，我们不难猜想，汉学家如雷慕沙等人，不可能不知道天主教某些教士翻译过《圣经》，显然大家也一定了解甚至对照过马礼逊译本。正如马礼逊自己的坦承：重点"不在于是谁翻译，而在于有一个最好的《圣经》中译本"。这位汉学家刻意在马礼逊《圣经》翻译（当然是指《新约圣经》的部分）的事情上征得其同意，难免不令人猜疑。因此，我们或许可以间接地认为，包括那部类似于天主教"教理问答"的《问答浅注耶稣教法》，都有可能是传抄或摘录自当时已流传的天主教作品。

也许是因为心虚或是诚实，马礼逊一再提到那份来自大英博物馆的抄本，特别是他第一本出版的中译本《圣经·使徒行传》即是"从手抄本摘选的"。也许真是基于现实的需要，马礼逊的译经工作必须取得实际的资助才可能继续，无疑，《使徒行传》虽不是他的译作，但在速度策略上则已奏效，不仅他的工作得到了高度的关注，更重要的是经费来源获得了有效的解决：1812年，英国圣经公会为他出版中文《圣经》慷慨捐赠了500镑。[32]

结　语

本文的结论是，"罗马稿本"是白日升的译本，经文顺序与目前的"剑桥抄本"和"史路连抄本"均不同，前者按原来四福音次序译出，后者则采以俗称"四史攸编"或合参的形式呈现，但可以肯定的是，它们都是根据白日升的译本抄录并重编的。

马礼逊曾针对他在《圣经》翻译过程中参考的译本及数据，做了如下的说明：

我翻译时，力求译文忠实、表述清晰、语言简练。相对于生僻高雅的词句，我宁可使用普通易懂的词句；我尽量避免使用异教徒的哲学和宗教术语。我宁肯译文不够典雅，也不愿它晦涩难懂。在难译的段落中，我从人们普遍认可的最庄重虔诚、最中规中矩的词里获取语感。……

我在履行译者的首要职责即确定《圣经》的意义时，使用了英国的通用《圣经》译本、《〈圣经〉原典》（Original Scriptures）、蒙塔努译本（Montanus's Version），同时还参考了通俗拉丁文译本（Vulgate）、法文译本、七十士希腊文译本（Septuagint translation），汤普森（Charles Thompson）的七十士译本的英文本。

关于究竟以何种文体翻译《圣经》，米怜转述了马礼逊的推敲：

在将《圣经》译成中文的过程中，马礼逊先生有段时间对选用最适宜的文体风格感到茫然无措。正如在其他大多数国家的情况一样，中文书籍中也有三种文体风格：文言、白话和折中体。"四书"和"五经"中的文体非常简洁，而且极为经典。大多数轻松的小说则是以十分口语化的体裁撰写的。《三国演义》——一部在中国深受欢迎的作品，其文体风格折衷于二者之间。起初，马礼逊先生倾向于采用折中体；但后来看到一本《圣谕》，使用全然口语的体式，每个月两次在各省的公共场所向百姓宣读，以训诫相关人士并指点他们的政治责任，马礼逊先生决心仿效这本《圣谕》。第一，因为广大民众更易理解。第二，在人群中宣读的时候，它清晰易懂，而这是经典文言体无法达到的。折中体在公众场合宣读时也很清楚，但不如白话体容易理解。第三，在口头讲道时，白话体可以逐字引述而不用加上任何引申解释。

但是，在重新考虑这件事后，他决定采用折中体；因为这种文体从各方面都最适合于一本旨在广泛流通的书。一方面，这种文体保有古代经书严谨和尊贵气质的一些成分，而没有过于凝练使其难以理解。另一方面，它对于阅读水平尚可的读者都清晰易懂，而不会陷入口语粗俗的泥沼。这种文体既没有超越目不识丁之人的理解水平，又不会让受过良好教育之人感到鄙俗。每当中国人进行严肃的谈话时，都假装瞧不起口语化的小说作品，但同时，他们又不得不承认古代经书的风格没有普遍适用性。……

学习中文的人，无论是在口语或书写中，若想轻松通达地表述清楚自己的意思，都应该仔细研读和模仿《三国演义》。将经书的注疏与《三国演义》结合在一起的文体，更适合中文的《圣经》和一般神学理论著作。这些注疏中所涉及的通常是一些严肃的主题，需要全神贯注地反复研读，因此其文体风格可能也适合于基督教神圣事物的尊贵性；而以《三国演义》为范本所塑造出来的风格会使语言的表达更为平实流畅。[33]

上述两段话对于我们理解《神天圣书》这个译本帮助并不大。如果"史路连抄本"所代表的"白日升文体"是《神天圣书》最为重要的参考文体，那么，参考版本的《圣经》或采取何种中文何种文体都不是最为关键的事。换言之，天主教中文《圣经》译本作为新教汉译《圣经》译本的先行者，应该被予以肯定和感谢。这也是《圣经》汉译史研究必须正视的。

注　释

[1] 艾莉莎·马礼逊（Eilza Morrison）编：《马礼逊回忆录》，第一册，北京外国语大学中国海外汉学研究中心翻译组译，35页，郑州，大象出版社，2008。

[2]《马礼逊回忆录》，第一册，117页。

[3] 米怜：《新教在华传教前十年回顾》，北京外国语大学中国海外汉学研究中心翻译组译，25页，郑州，大象出版社，2008。

[4]《马礼逊回忆录》，第二册，3页。

[5] 一般教会史家（如简又文的《中国基督教的开山事业》）对于马礼逊的评价主要是赞扬他如何艰苦或如何饱受磨难，这种评价他的方式的确是"太儒家了"，好像非把他说得多么的艰辛才算能称得上伟人似的。事实上，比起那些更为艰苦的教士而言，马礼逊所遭遇的还真的没有什么"可歌可泣"的事，我们完全可以从《马礼逊回忆录》中看到一个平顺、安和的马礼逊，试问在那个年代来华的教士，不都是要经历这些史家们所言的"磨难"吗？

[6] 分别为《神天上帝启示旧遗诏书》共十七本及《神天上帝启示新遗诏书》共四本，1832年镌。本文参考的是哈佛燕京图书馆的微缩卷。

[7] 学界谣传"贺清泰译本"收藏于上海徐汇藏书楼，但没有人亲自看过并证实过。据说"贺清泰译本"收藏于香港思高圣经学会，另可参见赵晓阳：《二马〈圣经〉译本与白日升〈圣经〉译本之关系》，载《近代史研究》，2009（4）。

[8]《马礼逊回忆录》，第一册，209页。

[9] 人们是通过白日升的助手李安德（Andreas Le）之日记证实的，大概是在白日升于1707年逝世前之作，译本是从《新约》福音书到希伯来书（原件称为《赫伯辈书》）第一章。

[10] 最新的一篇论文加上了比"史路连抄本"发现更早的"剑桥抄本"，也以此作结论，参见蔡锦图：《〈圣经〉白日升的中文〈圣经〉抄本及其对早期新教中文译经的影响》，载《华神期刊》，2008（1）。

[11] 日本学者内田庆市先生已有非常精辟的分析与见解。参见内田庆市：《モリソンが元にした漢訳聖書—新しく発見されたジャン·バセ訳新約聖書稿》，载《アジア文化交流研究》，2010（5）。

[12] 另一提到"七卷本"的例子，即是诚质怡于1947时说过的两段话，惠志道（J. Wherry）说："现今

在罗马图书馆中保存的一册汉文的《新约》稿本，共计七卷，也可以归清初的著作之内，"大英博物院的稿本……为1739年东印度会社的和治孙（John Hodgson）在香港所得，以后捐给大英博物院。该稿本的译者并未注明，故无从考知"，参见诚质怡：《〈圣经〉之中文译本》，收入贾保罗编：《〈圣经〉汉译论文集》，香港，基督教辅侨出版社，1965。另参见尤思德（Jost Oliver Zetzsche）：《和合本与中文〈圣经〉翻译》，蔡锦图译，17页，注19，香港，国际圣经协会，2002。

[13] "白日升的《新约圣经》"（*TESTAMENT NOUVM SINICE*，下称"罗马稿本"）之原始稿本（光盘版）由北京外国语大学中国海外汉学中心张西平教授慷慨提供，特此致谢。本文诸多论点参照并受惠于关西大学内田庆市先生的大作，撰写过程中与助理黄子轩先生多次进行讨论并获得他的协助，一并表示感谢。

[14] 蔡锦图：《白日升的中文〈圣经〉抄本及其对早期新教中文译经的影响》。

[15] 曾阳晴以《白日升"四史攸编耶稣基利斯督福音之合编"之编辑原则研究》为标题的写法恐怕应该更保守些，载《成大宗教与文化学报》，2007（11）。

[16]《马礼逊回忆录》，第一册，216页。

[17] 同上书，229页。

[18]《马礼逊回忆录》，第二册，6页。

[19] 参见钟明旦（Nicolas Standaert）：《〈圣经〉在十七世纪的中国》，蔡锦图编译，收入伊爱莲（Irene Eber）等主编，《〈圣经〉与近代中国》，16~17页，香港，汉语圣经协会，2003。

[20]《马礼逊回忆录》，第一册，158~159页。

[21] 同上书，209页。

[22]《马礼逊回忆录》，第二册，2页。

[23] 苏精：《马礼逊与中文印刷出版》，150页，台北，台湾学生书局，2000。

[24]《马礼逊回忆录》，第二册，3页。

[25] 同上书，2~3页。

[26] 最早作出此怀疑的，是"委办译本"译经者之一的娄理华（Lowrie）。

[27] 雷慕沙曾在给马礼逊的信上提及他对把God或Deus译为"神"持反对的意见。

[28] 本书收录了马礼逊翻译的《三字经》、《大学》及其他杂文等共计70页，1812年于伦敦出版。

[29]《马礼逊回忆录》，第一册，255页。

[30] 同上书，272页。

[31] 同上书，281页。

[32] 同上书，171页。米怜在《新教在华传教前十年回顾》经常性地提及翻译耗费及相关资助等事宜。

[33] 米怜：《新教在华传教前十年回顾》，43~44页。

卫礼贤《易经》德译本的翻译过程及底本初探 [1]

李雪涛

李雪涛 / 北京外国语大学

一、卫礼贤生平述略

从实际影响来看，卫礼贤（或为尉礼贤，Richard Wilhelm, 1873—1930）一生最大的成就无疑是他的《易经》德文译本，这部花费了他近十年心血的译本奠定了他在德语学术界的声誉。他对《易经》的翻译和阐释，一直到今天依然在广泛传播，并且得到了学术界的认可。从这个译本移译至英文的《易经》（后来同时在美国和英国出版）使他赢得了国际性的声誉。[2]

卫礼贤于 1873 年生于德国斯图加特，早年入神学校学习基督教新教神学。后加入同善会（AepMV），并于 1899 年被派往青岛——当时德国的租界——传教。后来他脱离了教会，担任了普鲁士的国家公职。他在青岛创立"礼贤书院"，1911 年与清朝的遗老们共同建立了尊崇孔子的研究学会——尊孔文社。这期间他在中国学者的帮助下，翻译了多部中国典籍，包括《论语》《孟子》《老子》《列子》《庄子》等。这些书在德国出版之时，正值欧洲的感伤主义者们试图在文化危机之中抛弃日益趋于没落的西方文化，转而研究遥远东方之思想的时刻，卫礼贤将中国人的生活智慧理解为"现代欧洲的药方和拯救手段"[3]，这些译本迎合了欧洲人对内心生活的追求，使得卫礼贤名声大噪。

第一次世界大战之后，卫礼贤于 1920 年返回德国，一年后他又作为德国驻北京公使馆的参赞回到中国。这期间他与蔡元培、胡适建立了友谊。1924 年他回到德国法兰克福，创立了中国学院（Frankfurter China-Institut），出版《汉学》（Sinica）刊物，组织各种学术讲座和专题研究班。他曾于 1926 年邀请伯希和（Paul Pelliot, 1878—1945）和胡适前往中国学院作报告。在法兰克福时，他与当时的很多著名学者建立了友谊，包括荣格（Carl Gustav Jung, 1875—1961）、黑塞（Hermann Hesse, 1877—1962）等。1930 年卫礼贤在图宾根（Tübingen）去世。

二、《易经》的德译过程

辛亥革命之后，晚清的王公显贵们纷纷逃往外国租界避难，这其中也包括青岛的德国租界。卫礼贤在《中国灵魂》一书中，对当时他与旧文人在青岛的交往，作了详细的记载，除了一般的文人之外（第十一章"青岛的遗老"），同样也记载了他与恭亲王的往来（第十二章"亲王"）。对有关中国经典（特别是《易经》）的翻译情况，卫礼贤作了非常详细的说明。

卫礼贤提到在曾任山东巡抚的周馥（1837—1921）的举荐下，他拜曾任京师大学堂总监督兼署学部副大臣的劳乃宣（1843—1921）为师，在劳乃宣的指导下，精研、翻译《易经》的过程。早在 1904 至 1908 年周馥任两江总督时，劳氏即为其幕僚，周馥极为推崇劳氏的学问。卫礼贤在回忆录中谈到他在此之前的一个奇异的梦：

> 一位眼神友善的白胡子老人来看我，他自称为"劳山"，愿意带我到古老的山中探秘。我向他鞠躬并表示感谢。他消失了，我也醒了。[4]

周馥在给卫礼贤举荐劳乃宣时，认为中国文化之所以总在世界面前蒙羞是因为人们没有遇到真正的国学大师：

> 你们欧洲人总是只在中国文化的外围使劲，你们之中没有谁理解其真正的意义和确实的深度。其中的原因在于，你们从来没有得到过真正的中国学者们的帮助。你们所认作老师的是已经被解了职的乡村私塾先生，他们仅仅了解表面的东西。因此在你们欧洲有关中国的论述大都是愚不可及的东西，这也没有什么值得奇怪的。如果我给您找到一位真正能根植于中国精神的老师，他会引导您进入中国精神的深处，不知您意下如何？这样您就能翻译一些东西，其余的自己来写，中国也就不会不断在世界面前蒙羞了。[5]

卫礼贤记载的这一段话中有两点值得我们注

意：其一是周馥认为只有跟随根植于中国精神的国学大师，外国人才能真正领会中国文化的深层意义；其二是周馥希望卫礼贤不仅仅翻译，同时也通过自己对中国精神的理解，让中国文化不再蒙羞于世界。我认为，这两点正是后来卫礼贤在《易经》翻译中取得重要成就的原因。

卫礼贤高兴地接受了这位"其先祖来自崂山地区的劳姓"的老师，感觉他和在梦中造访过自己的白发老人很像。[6]1913 年秋，劳乃宣应周馥之邀来到了青岛，主持卫礼贤组织的"尊孔文社"。而卫礼贤对中国经典的理解和翻译这时才真正得以展开：

> 我翻译了一些，读了很多，每日的交谈使我进入了中国文化大厦的深处。[7]

正是在这种情况下，劳乃宣建议卫礼贤翻译《易经》。劳氏认为，《易经》尽管不容易，但也绝不像通常所认为的那样不可理解：

> 事实是，在最近，这一活的传统已经几近消亡。不过他（指劳乃宣——引者注）还有一位依然能接续上古老传统的老师，劳氏家族与孔子的后代是近亲。他拥有一束采自孔墓的神圣的蓍草茎，并通晓如何借助于这些来占卜未来的艺术，而这在中国也几乎不为人知了。因此选择了《易经》这本书来予以讲授。[8]

1863 年劳乃宣在曲阜娶孔悦庭之女为妻，成为了孔府的女婿。实际上，卫礼贤有关《易经》的知识均来自劳乃宣的系统讲解。从卫礼贤的描述中我们可以知道，劳氏并不仅仅是一位研究《易经》方面的学者，同时也是一位实践者。他们是如何在一起研读和翻译《易经》的呢？卫礼贤对此也做了记录：

他用汉语解释经文，我做笔记。之后我将经文译成德语。在此基础之上，我不看原书再将我译成德文的经文回译成汉语，由他来进行比较，我是否在所有细节方面都注意到了。之后再对德文本的文体进行润色，并讨论细节文体。最后，我再对译文进行三到四次的修改，并加上最重要的注疏。就这样这个译本不断增多。[9]

以上整个的翻译方式有些像早期佛教的译经方式，劳乃宣好像是外来的"译主"，他主要用出发语来解释经文。据柯劭忞所撰的《劳公墓志铭》记载："德意志人卫礼贤建尊孔社于青岛，请公讲《易》，卫君北面受学。"[10] 卫礼贤的职位相当于"度语"、"书字"、"证梵本"、"润文"以及"校勘"的工作，其中"证梵本"是将译成中文的经文再译回成梵文，与原文进行比较，以检查所译的经文是否与梵文原文一致。我认为这一翻译方式是非常科学的，卷帙浩繁的中文佛典也证明了这样的译经制度和译场规则的有效性。

在翻译工作没有完成之前，第一次世界大战爆发了，1914 年 8 月劳乃宣和其他学者一道退避到了济南和曲阜。直到 1917 年 7 月张勋复辟失败之后，劳氏才得以重回青岛，与卫礼贤继续合作共同译完了《易经》。方志浵称德译本的《易经》"是卫教授最得意的译品，实在也是出众之作，因为他常常就《易经》质疑于劳乃宣"[11]。1924 年这部凝聚着卫礼贤与乃师劳乃宣十年心血的《易经》德译本在德国出版，而早在三年前，也就是 1921 年 7 月 21 日，劳乃宣就已在青岛与世长辞了。由于劳乃宣可以算作是中国传统中传承了《易经》的理论和实践的最后学者，因此，他与卫礼贤"合译"的《易经》对于中国来讲也是弥足珍贵的。1923

年夏天，在北京德国公使馆任科学参赞的卫礼贤，在《易经》德文版第一版的前言中对让他进入《孟子》、《大学》、《中庸》，特别是《易经》世界的老师劳乃宣（Lau Nai Süan），表达了发自肺腑的感激[12]，之后他在《中国灵魂》一书中，还收录了劳氏的头像。[13] 卫礼贤后来在回忆他同劳乃宣的交往时写道："他以幽默诙谐著称，其实他是一位真正出色的严谨的人，但他却采取了不拘小节的行为方式。他属于神秘的圣者这类人。"[14] 劳氏和卫礼贤的这段交往，也被写入了劳乃宣的传记之中："时士大夫多流寓青岛，德人尉礼贤立尊孔文社，延乃宣主社事，著《共和正解》。"[15] 可见他们之间的交往对劳氏也产生了影响。

三、《易经》德译的底本初探

在德译本的"导论"中，卫礼贤主要谈了三个问题，一是《易经》的使用，他是将之分为"占卜书"和"智慧书"来谈的；二是《易经》的流传史；三是译文的安排。在流传史中，卫礼贤除了对历史上《易经》的重要版本进行梳理之外，特别谈到了清代的重要版本："在康熙年间组织编纂了一个非常好的版本：《周易折中》，《经》和《十翼》是分开来处理的，并且包括了所有时代最好的注疏。德译本就是以这一版本为基础翻译的。"[16]

《周易折中》全名为《御纂周易折中》，共 22 卷，由康熙皇帝御纂，大学士李光地（1642—1718）总裁，于康熙五十四年（1715）春完成。参加此项工作（校对、分修、缮写、监造）的共有 49 人之多，他们用了两年的时间完成了这部卷帙浩繁的《周易折中》。本书援引以往共 218 家的学说，其中包括宋代的 98 家，每每以"本义"、"程传"、"集说"、"按语"及"总结"的方式，尽管基本上是以程朱易学为宗的[17]，但其中也不乏对程朱观点的质疑和批评之处，同时对经文卦义也多有发明。因此可以说，《周易折中》既是以往《易》之集大成者，同时又提出了很多新的观点。[18]

在众多的有关《易经》注疏的版本中，劳乃宣为什么要为卫礼贤推荐《周易折中》这个本子呢？我认为可能有以下几个方面的原因：

第一，从学术价值上来看：《周易折中》可谓是有关《易经》的集大成者。有了这本相当于"集注"的大全之后，就几乎全面掌握了康熙朝及其之前的所有关于《易经》的学说。因此，从学术传承上来讲，劳乃宣的选择是有道理的。此外，劳乃宣基本上将《易经》看做是占筮之书，他自己也是占卜的实践者。而朱熹的《周易本义》并不把《易经》看做是占筮之书。因此，劳乃宣没有选择朱熹，而卫礼贤也继承了劳乃宣使用《易经》占卜的做法。

第二，从政治上来看：劳乃宣一直是保守派的代表，主张还政于清室，甚至著书立说，为清室奔波。民国后，他一直反对共和，在青岛，他与周馥、吕海寰（1842—1927）等结为"十老会"，策划清室复辟。张勋复辟，劳乃宣被任命为法部尚书、学部尚书，尽管他没有赴任。从身份认同上来看，他是清代的遗民。这也解释了他为什么没有选择朱熹的《周易本义》或明代的《周易大全》的原因，因为只有在康熙年编纂的《周易折中》才能接续上清廷的命脉，这一选择显示了其政治正确的倾向性。

第三，从个人学术兴趣上来看：劳乃宣和李光地有诸多共同的学术兴趣，如古筹算与音韵。劳乃宣在筹算方面曾著有《古筹算考释》（六卷，1883）、《筹算浅释》（二卷，1893）等六种之多，在音韵方面也写有《等韵一得》等文章。作为康熙时代杰出的政治家的李光地，非常重视实学，他认为经世致用的礼、乐、书、数是最为要紧

的，因此他也特别推崇梅文鼎（1633—1721）在历算方面的杰出贡献："算学，中国竟绝。自定老作九种书（筹算、笔算、度算、三角形、比例法、方程论、勾股测量、算法存古、几何摘要），而古法竟复还三代之书，此间代有奇人也。"[19]李光地同时很重视顾炎武的《音学五书》，他在《顾宁人小传》中写道："有顾氏之书，然后三代之文可读，雅颂之音各得其所，语音形者自汉晋以来未之有也。"[20]因此，劳乃宣对这样一位与自己志同道合的学者之《易经》著作的重视，是再自然不过的事情了。

根据慕尼黑巴伐利亚科学院档案馆（Archiv der Bayerischen Akademie der Wissenschaften, München）的卫礼贤所藏中文图书目录，有关《易经》的中文图书计有：

1. 和瑛《读易汇参》16 卷，1823 年，易简书室。（原编号 4）

2. 李光地等《朱子全书》36 卷，1714 年，渊鉴斋。（原编号 12）

3. 曹本荣等《易经通注》7 卷，1886 年。（原编号 17）

4.《周易遵程》6 卷，1890 年，石印。（原编号 76）

5. 单维《周易介》4 卷，1816 年，半山亭。（原编号 77）

6. 李光地等《御纂周易折中》10 卷，1715 年，皇家版本（Kaiserl. Ausgabe，疑为武英殿刻本）。（原编号 214）

7. 吴佩孚《易箴》1 卷，1926 年，黄嗣艾刊。（原编号 221）

8. 吴闿生《周易大义》1 卷，1923 年，文学社。（原编号 222）

9. 韦汝霖《奇门阐易》1 卷，1927 年，北京白衣庵。（原编号 247）

10. 恭亲王手书《周易》1 卷，1914 年，手

迹。（原编号 248）

11. 黄福《系传说卦辑义》1 卷，1922 年，永盛书馆。（原编号 249）

12. 杭辛斋《易楔》2 卷，1922 年，研几学社。（原编号 250）

13. 刘沅《周易恒解》5 卷，1918 年，道德社。（原编号 251）

14. 周馥《易理汇参臆言》2 卷，1921 年，华新印刷局。（原编号 252）

15. 仇兆鳌《参同契集注》4 卷，1708 年，洪熙揆校印。（原编号 253）

16. 王洪绪《卜筮正宗》6 卷，1904 年，北京文成堂。（原编号 256）

17. 杭辛斋《学易笔谈》4 卷，1922 年，研几学社。（原编号 349）

18. 杭辛斋《易教偶得》1 卷，1922 年，研几学社。（原编号 350）

19. 杭辛斋《愚一录易说订》1 卷，1922 年，研几学社。（原编号 351）

20.（作者不详）《监本易经》2 卷，广益书局。（原编号 361）

在抄本（Manuskripte）当中有：

21.《易类》1 卷。（原编号 414）

22.《易经次序大略》1 卷。（原编号 415）

在当代书（Moderne Bücher）中有：

23. 马其昶《周易费氏学》4 卷，1904 年，自板。（原编号 542）[21]

卫礼贤所留下来的他所藏的中文图书目录共 566 种，包括古籍、抄本和当代书（又包括新印古籍、辞书、期刊等），而其中有关《易经》的书籍共有 23 种。除了他作为翻译底本的《御纂周易折中》之外，还有 22 种，既包括一般的普及型读物，也有宋儒的注疏，因此总体来看，卫礼贤对《易经》的把握还是比较全面的。

四、《易经》德译本的结构、特点以及对它的评价

由于《易经》年代久远，词义晦涩，因此，如果脱离了用于解说《经》的《易大传》的话，就无法解释清楚《经》的部分。由于《经》和《传》产生的时代不同，原本是分开的，但自西汉费直开始，便以《象》、《彖》、《系辞》等传来解经。后来郑玄和王弼开始以传附经，在经文条目下附以《彖》、《象》传文，而《系辞》等传则附在经后。

卫礼贤的《易经》德译本除了前言（Vorrede）和导论（Einleitung）之外，正文分为三个部分：第一部：经文；第二部：文献；第三部：注疏。他的主导思想是，经文部分与经传部分是不可分的。因此，他将《传》的内容拆开，附在了各卦之后，以便于读者理解。

第一部：经文（Erstes Buch: Der Text），除了对每一卦的解释之外，也包括了《易传》中大象的译文和解说。大象主要取八卦所象征的天、地、风、雷、水、火、山、泽等自然现象解释卦象和卦名的含义。

第二部：文献（Zweites Buch: Das Material），主要是翻译和解释了《十翼》中的《说卦》和《系辞》部分。

第三部：注疏（Drittes Buch: Die Kom-mentare），是将各卦、爻与其相关的《经》、《彖》、《象》、《文言》、《序卦》、《杂卦》的内容重新组合，进行翻译和解说，这可以说是非常有创意的。

卫礼贤在译本后面的"《易经》不同部分的翻译说明"（Nachweisung der Übersetzung der verschiedenen Teile des *Buchs der Wandlungen*）中对他的德译本中《经》和《传》的关系，予以了介绍[22]：

卫礼贤在德译本"导论"的第三部分"译

卫礼贤《易经》德译本的翻译过程及底本初探

文献钩沉

经文。上半部分	第一部，第1页
下半部分	第一部，第91页。
象。卦象凶吉断定，上下部分。	第三部，分在每一个卦下。
象。图像，上下部分。	第三部，分在每一个卦下。
系辞或曰大传，上下部分。	第二部，第211页。
文言，用以解说经文的。	第三部，用以解说"乾"、"坤"两卦。
说卦，对卦象进行评说。	第二部，第197页。
序卦，对卦象进行排序。	第三部，分在每一个卦下。
杂卦，混合卦象。	第三部，分在每一个卦下。

本的安排"中，对德译本进行了具体的说明。他指出：

　　经文的翻译尽可能的言简意赅，以便给人一种源自远古的印象效果，这在中文中也是如此。因此不仅仅是经文，从中文的注疏中选取最为重要者翻译出来，也是必要的。这一节录最好是让人感到一目了然，它包含了从中文方面来讲能帮助理解的最重要的概貌。有一些常常与西方的文献非常接近的观念和譬喻，也尽可能以简洁的方式给出，并且一概特别地予以标引出来，以便于让读者将《经》《传》部分看做是真正的中国思想的再现。我之所以要特别指出这一点，是因为某些基本特征与基督教的完全一致，这常常是非常明显的。

　　为了让非专业人士也可能轻松地深入到这一著作之中去，我首先在第一部中给出了六十四卦的经文以及客观的解释。读者可以不受形式和图像世界的干扰，依据给出的想法来通读第一部。比方说读者可以顺着"乾"卦一步步往前进：它是如何在第一个卦中借助于大师之手勾勒出来，并且首先静静地容忍"龙"，它的状态又是怎样？通过这种方式可以想象，中国的人生智慧是如何看待不同的人生处境的。

　　在第二、三部中给出了解释，为什么一切是

这样。这里提供了用以理解卦的结构之所以如此组合的最必要的文献，不过只是那些绝对必要的，并且尽可能是最古老的文献，就像在附录中所列举的所谓的《十翼》那样。这《十翼》只是尽可能地分配到每一段经文后，在第一部的客观陈述以注疏的方式给出后，这一部分就可能给出稍微简单的概貌。如果谁要想进一步深入了解《易经》的知识，那么第二、三部就是不可或缺的。另一方面，鉴于欧洲人的理解力，我不建议一次接触太多的不熟悉的内容。按照这种方式，几次的重复阅读是必要的，一定要有耐心，这的确对透彻地理解这部书是有益的。有一点可以确信的是，每个学到了《易经》真谛的人，会在经验和真实的生命认识中得到充实。[23]

　　在上述三部之中，在翻译了经文以及相对应的《传》的部分注疏后，卫礼贤都加入了自己的阐释。另外，他还逐一指出了《易经》中与西方思想的接近之处，目的是通过这样的方式让西方读者更容易接近《易经》。

　　与曾经在国内钻研过多年中国学术的汉学家不同，卫礼贤在1899年来到青岛之后才开始跟一位受过洗礼的基督徒李本庆学习中文。[24] 因此他对中国的认识，很多是基于他在中国的广泛经历以及与中国人的交往。同时，作为同善会的牧师，他也秉承了这一具有自由思想的新教差会的精神，因为同善会"主张首先在东亚的文明古国传播一种'非教条主义的基督教伦理'"，同时建议仿效 17 世纪耶稣会传教士的"适应政策"，"结合当地业已存在的'真理要素'，倡导当地的宗教和文化研究，并试图通过慈善和文化活动对这些人产生'间接的'影响"。[25]在卫礼贤之前，他的前辈花之安（Ernst Faber, 1838—1899）已经在这方面取得了相当的成就。因此，他将《易经》看做是一部中国古代智慧的著作，同时也是一部人生的指南。跟伦敦会（LMS）的传教士理雅各（James Legge, 1815—1897）为专家和学者翻译的《易经》英译本比较[26]，卫礼贤的德译本的对象是对中国智慧感兴趣的一般民众，因此后者通俗易懂，可读性强。著名心理分析学家荣格在 1948 年为卫礼贤《易经》英译本——The I Ching——所写的前言中对比理雅各的译本，阐述了卫礼贤译本的特点：

在马克斯·穆勒（Max Müller）的《东方圣书》（Sacred Books of the East）系列中的理雅各的译本，并没有做到让西方人的心灵更容易理解。相比之下，卫礼贤的努力却打开了理解这个文本象征意义——这常常是异常神秘的——的大门。多年来他也在实践方面以其所固有的技艺从事这部占卜书的研究，他也有能力从事这项工作，这一切当然都赋予他另外一种完全不同的可能性，亦即他能发展出对文本生机勃勃意蕴的感受力，这远远超过了仅仅是字面翻译所带来的东西。[27]

张君劢（1887—1969）也认为："英国人理雅各翻译了很多中国的古典著作，但是在对中国人生活智慧的理解方面远不及卫礼贤。"[28]卫礼贤在《易经》德译本"导论"的第二部分，用了将近 7 页的篇幅来讨论《易经》的使用，实际上正是这一部分的内容，真正唤起了欧洲学者对《易经》的兴趣。卫礼贤译本的注疏中，很大的篇幅也都是有关凶吉的内容，指导读者进行占筮之法的。这也是他从他的老师劳乃宣那里学来的。《清史稿》对劳乃宣有这样的评价："乃宣诵服儒先，践履不苟，而于古今政治，四裔情势，靡弗洞达，世目为通儒。"[29]其中"践履不苟"正说明了这一点。著名作家黑塞在 1925 年的书评中写道：

读者可以作为占筮之书来使用，以便在艰难的生活处境中有办法。读者也可以"仅仅"喜爱其智慧，并运用之。在这本书中，创造了一个形象化了的整个世界体系……[30]

据说，在聚会的时候卫礼贤也常常为荣格以及其他重要的人士使用蓍草茎占筮。《易经》的德译本更多的是使用意译的方法，以便让不同文化背景的欧洲人更好地理解中国文化的基础。在这个意义上，更加验证了张君劢的一句话："卫礼贤不是文化研究者，而是一个文化经历者，一个文化领会者。"[31]

与当时热烈欢呼东方文化的思想界学者不同，很多学院派汉学家对卫礼贤的《易经》德译本提出过异议。汉堡的中国哲学教授佛尔克（Alfred Forke, 1867—1944）在 1925 年的书评中认为，卫礼贤对《易经》的翻译和解释有过度阐释的嫌疑。他举出了卫礼贤所使用的一个抽象的概念："世界事件最深处的成就"（Gelingen aus den Urtiefen des Weltgeschehens）不可能在公元前 12 世纪由中国智者提出，同时这也不是中国注疏家的观点。卫礼贤所谓："万物始于观念形式的彼岸处，这些观念必然是为了成为现实。不过在'乾'卦中蕴藏着一种力量，它赋予这些观念的原型以形态。"佛尔克对此不无嘲讽地写道：

文献钩沉

在第一批哲学家出现之前，中国人必然已经知道了柏拉图的观念学说。[32] 佛尔克在分析了卫礼贤将六十四卦中的前两个"乾"、"坤"翻译成 das Schöpferische 和 das Empfangende 后，认为卫礼贤的《易经》名词翻译并不是很成功。[33] 尽管存在一些问题，佛尔克还是肯定了第一次用德文翻译《易经》"无可怀疑是一件功德无量的事情"[34]。

1950 年，荣格的学生美国人贝纳斯（Cary F. Baynes）将卫礼贤的德译本翻译成英文后，这本书迅速在英语世界产生了影响。美国汉学家卜德（Derk Dodde, 1909—2003）曾在书评中也对卫礼贤的译本提出了批评。卜德认为卫礼贤的译本有两大问题：第一是有关他的材料的编排。卜德赞同理雅各将《经》、《传》分开的做法，而不同意卫礼贤的做法，亦即第一部先是经文，其次是传文二，再加上卫礼贤的解释，以及以往中国最重要的注疏摘要；所有这些之后是传文五和三。第二册先是重复了经文，接下来是第一部剩下来的传文二，以及传文一、四、六和七。卜德认为，卫礼贤译本的体例非常混乱。第二是这些文献时间的界定和归类。卫礼贤坚持认为，《经》乃文王和他的儿子周公所作，而传文一、二乃是孔子所作，传文三是不同时代孔门后人所作，传文四是孔门传下的珍贵文献，传文五很可能包括了孔子之前的文献，孔子本人或他的门徒整理过这些文献，卫礼贤认为传文六、七与孔子根本没有关系。卜德认为，尽管卫礼贤的译本晚于理雅各的译本 40 年，但中外历史学界真正对《易经》研究有所突破的是顾颉刚的《古史辨》、韦利（Arthur Waley, 1889—1966）在《远东博物馆年刊》（BMFEA）发表的书评[35] 以及冯友兰的《中国哲学史》。因此，他认为卫礼贤的这些说法基本上跟不上时代了。尽管有以上的批评，卜德还是有足够的理由相信，卫礼贤的译本在一段相当长的时间内仍然是德语世界可以得到的最好的译本。[36]

卫礼贤呼吁一个新的时代的到来："东方和西方的伟大学说，必须结束其仅仅是某个国家的特殊财富的状态。"[37] 卫礼贤认为，莱布尼茨（Gottfried Wilhelm Leibniz, 1646—1716）欧亚文化一体化的理想即将实现，在这个一体化中，各个民族的思想都将只是普世思想的前提，而这一普世思想则为世界新文化的诞生奠定了基础。卫礼贤对《易经》的翻译和阐释，同样也是创立世界新文化的重要的一步。

注　释

[1] 本文的部分内容曾以"《易经》德译过程与佛典汉译的译场制度"为题发表在《读书》（2010（12），54~58 页。

[2] Wolfgang Bauer, "Zeugen aus der Ferne. Der Eugen Diederichs Verlag und das deutsche China-Bild", in *Versammlungsort Moderner Geister: Der Eugen Diederichs Verlag - Aufbruch ins Jahrhundert der Extreme,* Köln 1996, S. 450-485, Hier S. 470.

[3] Richard Wilhelm, *Die Seele Chinas*, Wiesbaden: marixverlag, 2009, S. 373。译文均出自本文作者。

[4] 同上书，183 页。

[5] 同上书，183~184 页。

[6] 同上书，184 页。劳乃宣曾考证"劳"姓的祖先即在崂山（古称"劳山"），"劳山为吾家得姓之地"，他因此自号为"劳山居士"。劳自述："癸丑（1912 年）冬，应德儒尉礼贤尊孔文社之招，移家青岛，在劳山麓。通志氏族略云：劳氏其先，居东海劳山。是劳山者，吾家最古之祖居也，此行为归故乡矣。"见桐乡卢氏校刻《桐乡劳先生（乃宣）遗稿一、二》之"劳山草"，收入沈云龙编：《近代中国史料丛刊 357》，589 页，台北，文海出版社，1966—1973。

[7] 同注 3，184 页。

[8] 同上。

[9] 同上。卫礼贤在《易经》德译本第一版的序言中也提到了翻译的方式："在对经文经过详细的讨论之后才译出了译文。之后再从中文译成德文，只有当文本的意义完全被表达出来之后，这一译文才被认为是有价值的。" *I Ging. Das Buch der Wandlungen*, Aus dem Chinesischen übertragen und herausgegeben von Richard Wilhelm, Diederichs, 2004, S. 5。

[10] 柯劭忞：《诰授光禄大夫劳公墓志铭》，见桐乡卢氏校刻《桐乡劳先生（乃宣）遗稿一、二》，收入沈云龙编：《近代中国史料丛刊 357》，72 页。

[11] 方志泸：《卫礼贤教授及其著作》，见《进步与研究》，第一卷第四期（1940 年 1 月），26 页。

[12] 同注 9 中的《易经》德译本，5 页。

[13] 可惜再版的德文《中国灵魂》中都没有收录这幅照片。见 Richard Wilhelm, *Die Seele Chinas*. Berlin: Hobbing, 1925。

[14] 卫礼贤：《在胶澳租借地的晚清官员印象记》，收入刘善章等主编：《中德关系史译文集》，309 页，青岛，青岛出版社，1992。

[15] 赵尔巽等：《清史稿》，卷四七二，12825 页，北京，中华书局，1977。此外，溥仪寿辰之际，当时居住在青岛的劳乃宣曾以祝寿为名，给溥仪带过一封信，希望溥仪与德国皇室联姻，以换得德国对复辟帝制的支持。见溥仪：《我的前半生》，101 页，北京，群众出版社，1980。这件事很可能也与卫礼贤有关。

[16] 同注 9 中的《易经》德译本，20 页。

[17]《榕村谱录合考》中李光地与康熙皇帝的一段对话，很说明问题：上曰："古今言易或理或数，有何定论？"奏曰："言数始于焦贡、京房，言理始于王弼，但王弼已中了老庄之说，故其学不纯；六朝唐浮华相尚，未见有深于经学者；直至邵雍传天下之图，立象尽意，其功极大；程颐易传，义理醇正；朱某折衷二家之学，礼教俱极，其归而易学定于一。"李清馥编：《榕村谱录合考》，466 页，北京，北京图书馆出版社，1998。

[18] 参考刘大钧：《读〈周易折中〉》，载《周易研究》，1997（2）（总第 32 期）：10~19 页。

[19] 李光地：《榕村语录／榕村续语录》（下），卷十六，765 页，北京，中华书局，1995。

[20] 李光地：《榕村全集》，卷二十三，1506 页，台北，大西洋书局，1969。

[21] 请参考 Hartmut Walravens 编辑出版的 *Richard Wilhelm (1873–1930) Missionar in China und Vermittler chinesischen Geistesguts. Schriftenverzeichnis. Katalog seiner chinesischen Bibliothek. Briefe von Heinrich Hackmann. Briefe von Ku Hung-ming*（卫礼贤（1873—1930）：在中国的传教士、中国思想财富的传递者，论著目录，他的中文图书馆的目录，哈克曼写给他的信，辜鸿铭写给他的信）. Zusammengestellt von Hartmut Walravens, Collectanea Serica, Institut Monumenta Serica, Sankt Augustin – Nettetal 2008, S. 201-237。

[22] 同注 9 中的《易经》德译本，638 页。

[23] 同上，20 页。

[24] 郑寿麟在《卫礼贤的生平和著作》（未刊资料）一文中说："卫礼贤登岸的时候，尚不懂中国语言文字，但他从头就和别的西人旨趣大相悬殊。他觉得他们完全不了解异族的生存与思想，甚为骇怪。"见鲁海：《卫礼贤在青岛》，收入孙立新等编：《东西方之间——中外学者论卫礼贤》，67~77 页，济南，山东大学出版社，2004。此处引文见 67 页。

[25] 引自吴素乐（Ursula Ballin），《卫礼贤——传教士、翻译家和文化诠释者》，收入马汉茂（Helmut Martin）等编：《德国汉学：历史、发展、人物与视角》，454~487 页，郑州，大象出版社，2005。此处引文见 458 页。有关同善会的传教方式，格林德（Horst Gründer）指出："同善会要求受过教育的基督徒接近印度、日本和中国的古老文化民族，尤其要接近这些国家中的受教育者，而且主要运用文学和教育手段，以便通过'西学'意义上的教育和教学改革——不包括宗教教学，使基督教文化——当然首先是带有德国色彩的基督教文化——得以广泛传播。"格林德：《卫礼贤——德国的自由派帝国主义者和中国的朋友》，收入孙立新等编：《东西方之间——中外学者论卫礼贤》，85~97 页，济南，山东大学出版社，2004。此处引文见 85 页。

[26] James Legge, trans. *The Yî King*. Sacred Books of the East Vol. 16, The Sacred Books of China, vol. 2 of 6, Part II of The Texts of Confucianism, Oxford: the Clarendon Press, 1882.

[27] Carl Gustav Jung, "Vorwort zum I Ging", in Ulf Diederichs (Hrsg.), *Erfahrungen mit dem I Ging. Vom kreativen Umgang mit dem Buch der Wanglungen,* Köln: Diederichs, 1984, S. 148-168。此处的引文见148页。荣格的德文原序与英文版翻译有较大出入，此处引文系据德文版译出。

[28] 张君劢：《卫礼贤——世界公民》，收入孙立新等编：《东西方之间——中外学者论卫礼贤》，26~29 页，济南，山东大学出版社，2004。此处引文见27页。

[29] 赵尔巽等：《清史稿》，卷四七二，12825 页，北京，中华书局，1977。

[30] 见 Ulf Diederichs (Hrsg.), *Erfahrungen mit dem I Ging. Vom kreativen Umgang mit dem Buch der Wandlunge,*. Köln: Diederichs, 1984, S. 133。

[31] 同注 28，28 页。

[32] Richard Wilhelm, I Ging, das Buch der Wandlungen, aus dem Chinesischen verdeutscht und erläutert, Angezeigt von A, Forke. *In: Zeitschrift der Deutschen Morgenländischen Gesellschaft,* 1925 (Bd. 79), S. 325-333, Hier 330.

[33] 同上，329 页。

[34] 同上，333 页。

[35] In: *Bulletin of the Museum of Far Eastern Antiquities (BMFEA),* no. 5 (1933), p. 121 ff.

[36] *The I Ching or Book of Changes. The Richard Wiilhelm Translation,* Rendered into English by Cary F. Baynes. Reviewed by Derk Dodde. In: *Journal of the American Oriental Soiciety* (JAOS), 70:4 (1950), pp.326-329, Here pp.327-329.

[37] Salome Wilhelm (Hrsg.), *Richard Wilhelm: Der geistige Mittler zwischen China und Europa,* Düsseldorf/Köln, 1956, S. 225.

近代关键词与近代观念史

沈国威

沈国威 / 日本关西大学

一、近代关键词

语言学家王力曾指出：

> （19世纪以降的）现代汉语新词的产生，比任何时期都多得多。佛教词汇的输入中国，在历史上算是一件大事，但是，比起西洋词汇的输入，那就要差千百倍。……现在一篇政治论文里，新词往往达到百分之七十以上。从词汇的角度来看，最近五十年来汉语发展的速度超过以前的几千年。[1]

这些汉语新词是接受西方近代新概念的产物，其主要部分是包括大量抽象词汇在内的科技术语。汉语新词中有一些至关重要的词语，表达了中国社会不可或缺的核心概念，我们把这样的词称为"关键词"。关键词与一般词语的区分因学术领域的不同而异，本文将那些与中国社会的近代特征密切相关的抽象语词称为"近代关键词"。有人说"概念是代号，是思想的出口"[2]，而语词则是概念的外壳；没有概念不足以形成思想，没有语词则无法表达概念。在讨论这一问题时，我们还常常使用另一个术语"观念"。"观念"

和"概念"有何不同？这两个术语对应的英语词都是 idea，concept。笔者的定义是：经过意识形态化的概念是为"观念"[3]，即只有那些得以编入某一语言社会意识形态体系的概念才能成为观念。这一过程姑且称之为概念的"观念化"。近代关键词之所以为关键词是近代观念史（准确地说是东亚容受西方新概念的历史）研究的课题，而非词汇史的内容；但近代关键词作为语词形成的诸种事实则是近代词汇史的考察对象。对西方概念的传入、接受过程（其中一部分语词经历观念化）的梳理不等于词汇史研究，反之亦然，对于关键词的词汇史的考察也不等于观念史研究。但是，近代关键词作为词汇体系的一员，一方面蕴含着新词、译词创造、普及、定型的问题，另一方面作为近代观念的承载者，又反映了东亚接受西方文明的进程。同时我们还需认识到，近代关键词的重要性在词汇史和观念史这两种研究中并不一定等同，例如"哲学"和"数学"的创制定型对于词汇史研究同等重要，但对于观念史研究却有着不同的意义。

谈及"关键词"，还有必要提到另一个术语"词化"。概念借助于语言而具形，概念可以用一

汉语研究

个说明性或比喻性的词组、短语或一句话来表达，也可以用一个词来表达。用一个词（包括使用既有词和新造词）表达一个概念叫"词化"[4]。词化是对概念的命名；现代语言学的一个基本观点是：语言无优劣之分，不管是科学技术高度发达的社会所使用的语言，还是原始农耕社会所使用的语言，只要有必要，就可以表达任何一种概念，但并不是所有的概念都能实现词化。[5] 在引入域外新概念时，能否发生词化要受到各种因素的左右。一般来说，容受社会出现频率高的概念比较容易词化，否则将停留在词组和短语等说明性（非命名性）表达的层面上。外来的新概念在引介初期常常采取词组或短语的形式来表达；词组、短语常常在反复使用中逐渐凝缩成一个词，完成词化。需要强调的是近代社会的核心概念，其词化常常是强制性的，即关键词的诞生。

概念的词化提供了表达上的便利性，也蕴含着概念异化，即名实乖离的危险。我们用一个词指涉一个概念时，常常忽视了概念的真正内涵及其潜移默化的演变。例如，今天说汉语的人使用铅笔，利用银行，却没有人留意"铅"、"银"的缺位。被观念化（意识形态化）的语词尤其如此，人们按照想当然的"观念"行事，而不是按照思想或严格定义的概念去把握事实。"个人"、"自由"、"革命"等观念在中国语境中的异变引起了研究者强烈的学术兴趣[6]；"个人"、"自由"、"革命"之所以成为独具中国特色的关键词不在于它们是 individual、freedom、revolution 的译词，而在于这些术语在中国意识形态体系中的定位，这种定位是以与其他词语的搭配组合关系体现出来的。

二、西方新概念的接受

我们说的观念史其实是近代观念形成史，即东方如何用汉字容受西方的新概念，并建构大同小异的各自近代意识形态体系的历史。在中国，西方概念的容受可分为三个阶段，即第一阶段19世纪初叶至中日甲午战争；第二阶段1895至1915年；第三阶段新文化运动时期。这三个阶段同时也是关键词创制、普及、定型的过程，即第一阶段是传教士造词，并在有限范围内传播的时期；第二阶段是日本译名大量涌入汉语的时期[7]；第三阶段是对在此之前存在的新词、译词进行整合，使其融入汉语词汇体系的时期。自马礼逊1807年登陆广州，新知识的引介就面对一个译词创制的问题。我们的语言接受外来新概念大凡有两种方法："译"与"借"[8]。"译者逖也"，即使用自语言中有意义的语言成分表达源语言中的概念。其方法主要有二，一是用既有的语词"移译"；二是新造译词对译。前者暗含这样一个前提：人类具有一个共同的意义体系，或者曾经有过一个共同的意义体系，即意义的"原风景"。有人否定这个前提，主张不可能有真正的"译"[9]。但是，严复则说："盖翻艰大名义，常须沿流讨源，取西字最古太初之义而思之，又当广搜一切引申之意，而后回观中文，考其相类，则往往有得，且一合而不易离"[10]。所谓的"艰大名义"即表达近代核心观念的关键词，严复对"自由"、"权力"、"经济"等都作了极细致、深入的探索。"移译"需要解决的最大的问题是处于不同的词汇体系中的语词在概念上、语体上、联想上所存在的种种差异。这种差异常常具有体系性[11]，译词与原词的对应常常仅在于一点，而不可能是整个词汇体系。

新造译词的方法有两种，直译（即逐字译）和意译。二法需要对外语和汉语都有较深的造诣，故在"西人口述中士笔录"的第一阶段运用的较少。传教士们主张利用既有词或古僻字翻译西方的概念，在不敷使用时提倡新造字。总之，在翻译内容、造词方法上，第一阶段都不能说取得了成功。

第二阶段，甲午之役，老大帝国败给蕞尔岛

国，亡国亡种的危机加深。而在此之前扮演传播西学主角的传教士淡出中国政治舞台[12]，虽有严复的孤军奋战终不能满足中国吸收西方新知识的迫切需要，国人只好将目光转向日本。留学日本、翻译日文书籍的热潮帮助汉语从日语获得了大量的新词、译词，并由此迅速完成了现代汉语词汇体系的建构，进而实现了书面语的言文一致。汉语不但从日语接受了新词，还刷新了旧词词义，近代关键词在第二阶段与原词更相吻合的现象正是日语影响的结果。

新语词的加入必然促成汉语意义体系的重组，大量语词被观念化成为关键词就是在被称为第三阶段的五四期间及以后的一段时间发生的。任何一种语言的词汇系统都具有自我调整的机制，可以容受外来概念，重构原有的意义体系。语言社会赋予语词以联想、语体、评价等周边义以及意识形态的价值指向。语词具有体系性，即作为概念的名称的"词"不是孤立存在的，而是与其他的词语保持着这样或那样的关系，织成一个意义网络。任何一个词的出现、消亡或意义用法的变化，都会引起该词汇体系内同一语义场中其他词语的变动，可谓牵一发而动全身。处于语义场中心位置的关键词尤其如此。正是由于这一原因，我们的考察不能仅仅针对个别语词孤立进行，而必须兼顾同一语义场中的其他概念。例如，在讨论"民主"观念的同时将"民权、民治、民政、共和、立宪、德谟克拉西"等纳入视野；"经济"与"经世、计学、富强、生计"，"科学"与"格致、格物致知、穷理、博物、生产力"等相关联。只有在特定的语义场中才能准确地观察关键词的诞生、普及、定型。

因此，以关键词为考察出发点的观念史研究必须以词汇史研究为基础。词汇史研究的主要任务是考察西方概念"词化"的过程，诸如以下这些问题：

1. 词化的实现，是由谁在何时怎样完成的？

2. 词的完成度，作为复合词的内部理据性、词义的透明度如何？

3. 与既有语词的关系，有无继承和冲突，互动情况如何？

4. 传播与普及，造词者个人的行为是如何变成全体使用者的社会知识的？

5. 使用过程中的变化，新词在编入现存词汇体系以后是否发生了意义、用法上的变化？

词化的最先尝试可以是书籍翻译，也可以是辞典类（双语辞典及各类术语词典）翻译。前者提供语境，后者提供对译关系。《新尔雅》（1903）等用语词典则两者兼顾。[13]近代词汇史的研究往往以新词、译词被大型语文辞典收录为终点，但这常常是观念史研究的起点；观念史研究更关注术语词典、百科辞典的记述内容及其变迁。

最初书证中的新词、译词主要以复合词的形式出现，而使用既有语言成分创制新词必然会发生"理据"问题。理据即"物之所以名"，是能指与所指的结合理由。[14]理据反映了造词者（通常是时代的先行者、启蒙家）在理解、接受域外新概念时的思维方式。观念史研究试图通过对理据的分析诠释观念化的某些过程；另一方面，词汇研究认为理据固然重要，但是理据的合理与否并不决定一个词的存亡。例如，严复在《天演论》中将evolution译为"天演"，将ethics progress译为"进化"。尽管"天演"的立意（即"理据"）极好，但最终为日本的"进化"所取代。[15]

王力曾谈到，来自日语的译词有两种可能性：如果是中国人译不会如此，或即使中国人译也会如此。[16]这是因为尽管日本也使用汉字造词，但是日本译者对汉字乃至中国典籍的理解有与中国不尽相同之处，汉语终究不是他们的母语。在中国士子看来很多借自日语的译词都存在着理据的认同问题。例如"经济"受到包括严复、梁启超在内的译者、读者的反对，其原因是日语的"经济"词义与中国古典中的意义用法差距太大。

三、语料库的射程

所谓"射程"即有效范围。随着电子计算机性能的提高和普及，语料库的建构和使用也越来越广泛。汉语由于自身的特点（不像西方语言那样分词），收录汉语历代文献的语料库常常只是一个未做语词切分和词性标注处理的数据库。这样的语料库在语言研究上的作用是有限的[17]，但是可以便捷地检索某一范围的语料中是否存在某一字符串（请注意不是词！），用例有多少。因此，建构观念史研究行之有效的语料库的关键是收录文献的范围和数据的误差。内田庆市研制的"近代汉语文献语料库"以图片和文字数据对应的方式保证了检索结果的准确性，而使语料库和观念史研究深度结合并获得丰硕研究成果的是香港中文大学金观涛、刘青峰的研究团队。金观涛等建构的《中国近现代思想史专业数据库（1830—1930）》共收录了1.2亿字节，主要文献群跨度100余年。这个数据库按照近代思想史研究的脉络以穷尽的方式收录相关文献，并从专家的视角对收录文献做了最适当的选择。研究者可以从该数据库中检索到某些关键词的最初书证（结合大量古典文献的语料库，初始书证的确认可以更精确），并追踪其后的历史演变。金观涛、刘青峰将其研究方法归结为：提出一个思想史上的假说，然后根据语词使用的情况去证明；或者相反，从语词使用的变动情况去解读具体的历史事件。[18]与以往的研究不同，他们试图通过对关键词的考察勾勒近代思想变迁的脉络，并"采用数据挖掘（data mining）的方法，把表达某一观念所用过的一切关键词都找出来，再通过核心关键词的意义统计分析来揭示观念的起源和演变"[19]。金、刘认为通过这种方法，"观念史就可以从思想史研

究中分离出来，成为思想史研究的经验基础"[20]。我们应当注意：某一文本（群）的某一词的使用词次，并不一定忠实地反映其在词汇体系内的地位，因为文本的性质、话题性、著者的倾向都与词次有关。近年，汉语典籍的数据化工作方兴未艾，比如包括《申报》等大型报刊在内的近代文献数据库已经完成并开始试用。研究者可以根据检索结果对相关语词进行数据库所允许的历时或共时的精密描写。

四、西学从东方来与日本知识

没有人否认近代关键词的发生是以西方新概念的接受为契机的，译书与辞典是概念导入、词化的主要线索。语词与格言、警句、诗文不同，创制（尽管有些词经过"一名之立旬月踟蹰"的过程）只完成了一半，任何新词、译词都需要语言社会的认同。内容与形式只是一种约定俗成，理据并不决定其生存。近代广东译词如"银行、保险、陪审、养气（氧气）、轻气（氢气）"等对当时的文人来说或俗不可耐；严复的"天演、计学"等又被誉为雅训之作。然而，译词作为"词"原本无所谓正确与错误，因为形式与内容的关系是任意的；同时又因为是"译"，必然有一个忠实原文的问题，即形式上对应的问题。请注意这里所说的是形式上的对应，而非意义上的等值。因此，前提是原文的词是可分析的。至于意义，任何一种语言的词汇系统都具有自我调整的机制，可以容受外来概念，重构原有的意义体系，这一切所需要的只是时间。第一阶段和第二阶段初期本土译词都将缓慢地接受洗礼，其结局也会更加自然。但是在世纪之交，日本译词决堤似的涌入汉语，中断了汉语自然演化的进程。从世纪之初的各科学术到20年代的社会主义、共产主义思想体系、文艺戏剧理论，可以说整个近代知识体系的建构都与日本知识有着深刻的关联，即西学从

东方来，马列主义从东方来。考察 1895—1915 年这一阶段的中国观念形成历史，日本知识是一个无法回避的问题。最大限度地利用包括相关的历史文献及研究成果在内的日本资源会使我们的视角更加全面，这在分析比较东亚各国近代化不同的进程时（共性与个性），尤为重要，因为这不仅仅是一个译词创制、借贷的词汇史的问题，而是对东亚近代史的整体描述。任达（Douglas R. Reynolds）的问题意识：当中国遇到日本（East meets East），以及笔者的近代知识环流的考察都试图对日本知识作出客观的评价。[21]

五、代结论

在汉字文化圈内，长期以来"汉字"是概念的唯一的外壳（载体）。以至于近代以降，汉字以及汉字构成的新词、译词是容受、表达西方新概念的唯一形式。问题的实质成为："东方如何用汉字容受西方的新概念？"特别是 19 世纪以来的中日之间的文化交流和语言接触使西方新概念的容受及其"词化"的过程成为跨语言的事件。这是一个共创共享的时代[22]，关键词的问题应该放在汉字文化圈来观察。在这样的视角下，下面我们来重新审视"科学"这个在汉语的普及定型过程中受到了日语（或称日本资源）强烈影响的关键词。

1881 年出版的《哲学字汇》中明确地建立了"科学"= science 的对译关系，在这以后，"科学"逐渐为日本社会所接受，成为 science 的标准译词。明治二十年（1887）后"科学"成为日本社会的流行词[23]，但是从日本工具书的释义上看，此时的"科学"意义仍偏重于自然科学，如《日本大辞书》（1893）的"科学，理学的另一名称"；《帝国大辞典》（1896）的"万物皆有法则，据此而进行的研究的学问的一切叫科学。与哲学相对而称，科学为形而下之学，哲学为形而上之学"；

以及《日本新辞林》（1897）的"科学，与哲学相对立"等。辞典类的注释反映了当时的日本社会把科学与哲学对立起来的理解倾向。而对于日本近代哲学与科学的关系，辻哲夫指出，日本在接受近代科学初期，并没有认识到治学方法、理论认知框架等都是科学内在的本质因素，所以对科学的把握也是肤浅的。但是，近代西方哲学的引介促进了日本对科学本质的认识。[24]

反观中国，1899 年"科学"首先零星现身于与日本知识有关的文献中，进入 20 世纪以后则"蜂拥而入"，令国人无暇细细咀嚼。对 science 作出深度思考的是严复。对于严复，"学（science）"与"术（art）"是两个对立的概念，"学"的目的在于对自然规则（严复语）的追求；"术"则是"设事而知方"，偏于实用。"术"可以升华为"学"，必要条件是付诸观察的诸事实现象的"体系化"。就"学"而论，严复认为：古时"学"分为"形气道德"（即形上形下二学），名学作为哲学的分支属形下之学；然而近代以降，形下之学的原则（即实测、会通、试验）亦为形上之学接受，故"形气道德"皆成"科学"，其中尤以考究归纳演绎等推论法的名学为诸学之学。严复指出中国传统旧学"既无观察之术""又无印证之勤"[25]，"是以民智不蒸，而国亦因之贫弱"[26]，亟须讲求如物理、化学、动物、植物、天文、地质、生理、心理等学。以归纳法为基础的此等"物理科学"既利民生，又益民智。崭新的、体系俨然的"科学"将改变旧世界，也是中国救亡的唯一途径。这就是严复推崇"科学"，尤其是"名学"、"物理科学"的原因。[27]

在译词的层面，严复在《天演论》中主要使用"格致"，《原富》以后开始转向"科学"，取义"一科之学"，这也是当时中国社会较为一般的理解。所不同的是，严复为"科学"注入了科学之所以为科学的涵义，可以说严复的译词转换

Study on Chinese Language

汉语研究

有着更深刻的观念史上的考虑，尽管他本人对此未置一词。但需要指出的是，严复始终没有放弃用"学"来指称整个人类知识、学问体系的努力。例如，1909 年起严复任清学部审定名词馆总纂，主持审定了近 3 万条科技语。对于 science，该委员会所选定的标准译词（即学部审定词）是"学"；列于第二位的"科学"只是作为广泛使用的新词介绍给社会而已，严复等审定者们对"科学"显示了保留的态度。[28]

"科学"的事例给我们提出了两个问题：第一，中日近代比较观念史研究是否可行？如笔者反复强调，西学东渐带来了外来新概念的容受问题，因此关于近代关键词，无论是词汇史的研究还是观念史的研究都无法在汉语或日语等单一语言内完成，而这同时也使"观念形成史比较研究"成为可能。日本的西周和中国的严复在引介、容受 science 这一概念的过程中都发挥了极其重要的作用，处于不同语境中的二人甚至有着惊人的相似之处。源泉在于西方，二人存在着某种相同之处并不奇怪。但是同样来自于西方的"科学"在中国和日本是否走了相同的观念化道路？为什么会这样？这些应该是思想史研究的重要内容。第二，启蒙家、社会精英群体对关键词能起到何种作用？语词的形成既有造词者的个人属性又有所有的语言使用者认同的社会属性。与一般性的概念不同，关键词及其由此表述的近代核心概念常常是由时代的先觉者或精英群体引入，经过一番曲折后为整个社会所接受。笔者认为：先觉者和精英群体的历史作用主要体现在概念容受上，而不是词汇史的层面。作为词汇学研究的一个基本原则，一个新词或译词能否普及、为语言社会所接受，其决定性因素常常不在语词本身，即内部原因，而在于该语言社会的价值取向，即外部原因。使用者出于某种原因，对旧词弃之如敝屣，在任何时代都是存在的。

注 释

[1] 王力：《汉语史稿》，516 页，北京，中华书局，1980。

[2] 方维规：《概念史研究方法要旨》，见《新史学》，第 3 卷，3~20 页，北京，中华书局，2010。

[3] 概念即语言所包含的意义内容，与语言的形式相对应。形式与内容的关系即"能指"与"所指"的关系，是语言符号系统研究的对象，故语言研究更多地使用"概念"这一术语。

[4] 或称"词汇化"。没有词化就没有观念化。

[5] 自然语言并不为所有的概念都准备一个词，如汉语的"兄、弟、姐、妹"等概念在英语中就是用词组形式表达的。

[6] 金观涛、刘青峰：《观念史研究：中国现代重要政治术语的形成》，香港，香港中文大学，2008。以下略为《观念史研究》。

[7] 笔者认为日语译词的涌入与传教士或国人造词的失败互为因果。

[8] "借"即借词，可分为"借音"与"借形"。借音即音译词，而借形如汉字文化圈内的语词借贷。译词的创制费时、费事，严复就曾说过"一名之立旬月踟蹰"。但译词存在着"理据"，易编入既有词汇体系。相反，借词简单、迅速，但是新词的诞生与概念的移入并不同步。汉字文化圈还有一个独特的方式：新造字为译词。造字方式尤其为传教士看重。请参照沈国威：《造新字为译词与西方新概念的容受——以日本兰学家与来华传教士为例》，载《浙江大学学报》（人文社会科学版），2010（1），121~134 页。

[9] 而我们的态度是：语言的词汇体系有极大的柔性，可以自我调节、自我完善。理论上或许没有绝对完美的对译，但是，随着人、物交流的增加，人类总能找到一个最大的近似值。不然，说不同语言甚至方言的人将永远生活在误解之中，这是不现实的。另一方面，人类具有或曾经具有过一个意义的"原风景"的主张也无法全面接受。意义体系的建构与语言文化有着密不可分的关系，说不同语言的人们用不同的方法切割世界，命名世界上的森罗万象。

[10] 严复:《与梁启超书》,见王栻编:《严复集》,第三册,518页,北京,中华书局,1986。但是,对于一般词语,严复认为只要有一个可以使用的译名,读者能够理解就达到了初步目的。再好的译名也不能避免各种批评。

[11] 例如严复指出:英文的constitution是抽象名词,由动词constitute派生而来。其本义是组织、建立。不仅可以说国家,也可以说一切动物植物,乃至社会组织,一切有形体之物都可以用。但是现在将constitution译为"宪法",就只能用于国家了。可见这个译名并不精确。严复:《宪法大意》,《严复集》,第二册,239页。

[12] 柯文(Paul A. Cohen)。费正清编:《剑桥中国晚清史》上卷,634页,北京,中国社会科学出版社,1985。柯文列举的第一个原因是传教士本身逐渐与政治问题拉开距离。亦参见任达:《新政革命与日本——中国(1898—1912)》,李仲贤译,12页,南京,江苏人民出版社,1998。

[13] 术语辞典《新尔雅》以及梁启超计划的《新释名》所采用的大词条形式是概念引介初期常见的一种形式。沈国威:《新尔雅·附解题索引》,上海,上海辞书出版社,2011。

[14] 索绪尔以后的现代语言学的一条基本定理是除了某些拟声拟态词以外,单纯词能指与所指的关系是任意的。但复合词则不可避免地存在理据。

[15] 在借入日本译名的世纪之交,日语的现代词汇体系几近完成,就是说,中国得到的是日本意义系统整合后的结果,某些译词即使在日语里也不再是创制初始的意义了。

[16] 王力:《汉语史稿》,329~331页,北京,中华书局,1958。

[17] 只能提供包含某些字符串的例句。单音节成分的检索由于结果数量太大,常常不具实际意义。

[18] 金观涛、刘青峰:《观念史研究:中国现代主要政治术语的形成》,253页。

[19] 但是,从"一切关键词"向"核心关键词"的收敛过程及其动机是观念史的问题还是词汇史的问题?金、刘似乎倾向于前者,而笔者主张这毋宁是社会语言学的现象。

[20] 金观涛、刘青峰:《观念史研究:中国现代主要政治术语的形成》,3页。不仅是思想史,观念史还将成为近代诸(人文系)学术史研究的"经验基础"。

[21] 沈国威:《时代的转型与日本途径》,见王森等:《中国近代思想史的转型时代》,241~270页,台北,联经出版社,2007。

[22] 沈国威:《中日近代词汇交流研究》,北京,中华书局,2010。

[23] 飞田良文:《明治生まれの日本语》,206~210页,京都,淡交社,2002。

[24] 辻哲夫:《日本の科学思想》,179~180页,东京,中公新书,1973。

[25] 王栻编:《严复集》,第二册,281页,北京,中华书局,1986。

[26] 同上书,285页。

[27] 详见沈国威:《严复与译词"科学"》,载《翻译史研究》,香港,香港中文大学出版社,创刊号,2010年12月。

[28] 沈国威:《官话(1916)及其译词——以"新词""部定词"为中心》,载《アジア文化交流研究》,2008(3),113~129页。

现代汉语的竞争能力

雷立柏

雷立柏（Leopold Leeb）/ 中国人民大学

汉语 —— 一种世界语言

本人于 1988 年的秋天开始在台湾学汉语，到现在这门语言已经陪伴了我 20 多年，在这些岁月里我始终关注汉语和西语之间的翻译问题。[1] 我也经常思考现代汉语成为一门重要的世界语言的可能性，即在全世界有很多中国人和非中国人听说和阅读汉语的可能性，类似于英语、阿拉伯语、法语或德语。

100 年以来，中国的伟大成就是，在无数翻译者的不懈工作下，普通话成了一种现代的语言，并能很准确地表达来自各种知识领域的信息，包括生物学、法学、哲学或语法等等。很多现代的词语是大约 100 年前从日本传入的，还有一些词语是在过去几十年创造的，这样现代汉语能描述整个现代世界："科学"、"社会主义"、"关系从句"、"永动机"等都能说出来。今天有很多汉语辞典和百科全书，似乎覆盖着所有的知识领域，而这个令人敬佩的事实表明汉语已是一门表达能力非常强的语言。

换言之，汉语已成了一门十分符合国际标准的语言，而在 1897 年的《马氏文通》（第一部开拓性的汉语语法著作）之前，汉语并不是一种国际化的语言。今天的中国知识分子一般都可以分辨出"国际法"、"刑法"、"宪法"、"自然法"等概念之间的差异，但在清朝末年时，中国大部分的文人很可能不太明白这些词的含义。[2] 古汉语是一种充满诗意的、模糊的、缺少公认定义的语言，而现代汉语则是一种具有明确定义的语言，是一种很有效的媒介，它能传达技术知识，也能探讨最深邃的哲学思想。这种情况是漫长翻译工作的结晶。

在过去的 400 年当中，很多西方术语的汉译经过相当多的变化，但如今已经定型，并且将来大概不会再有太多改动。比如，意大利的传教士利类思（Ludovic Bugli, 1606—1682）曾以"克己学"翻译 ethics，以"性学"翻译 philosophy，但今天通用的词是"伦理学"和"哲学"[3]，而这些词大概不会再有很大的变化。如果说现代汉语是一种科学的、具有精确表达能力的语言，我们也可以这样问：什么因素能阻碍汉语成为一种具有主导地位并在学术界具有影响力的语言呢？据我所观察，主要的问题可能是汉语的文字体系，即汉字。

繁杂的文字体系是一个障碍吗？

一位日本籍的柏拉图（Plato, 约前427—前347）专家不久前抱怨说欧洲的柏拉图专家们似乎完全忽略了日本学者在古典学方面的学术成果："所有的日本学者都毫无例外地阅读和研究用欧洲语言写的著作（一般是英语、德语、法语，还有意大利语），但在另一方面，迄今为止还没有任何一个西方学者读了（或试图读）我们用日本语写的关于柏拉图和其他希腊哲学家的研究成果。"[4] 日本学术界的这种封闭性主要可能是因为他们的文字；他们同时使用三种形式的文字（平假名、片假名、汉字）。这样复杂的文字体系可能会吓跑很多原来有兴趣的人。在今天的汉语学术界中大概也存在一种类似的封闭性问题，而原因是一样的：一个繁杂的文字体系会阻碍有效的沟通。

如果世界上有很多人要学习汉语，那么汉语应该是一个"用起来很方便的"语言，就是说如果有人想在词典或百科全书中找一个词，应该很快就能找到，只有这样，这个人才能不断丰富自己的词汇，才能阅读更多文献。然而，这就是汉字的主要困难，因为汉字是很繁杂的，难以记住，甚至对中国人来说也是这样的。吴玉章多次强调："汉字有很多严重的缺点……汉字在实际使用上也有许多不方便。"[5] 请看下面的例子：

"工"字的发音是 gong，但它可以构成"攻"（gong）、"空"（kong）、"红"（hong）、"肛"（gang）、"扛"（kang）、"杠"（gang）、"江"（jiang）、"式"（shi）、"腔"（qiang）、"筑"（zhu）等字。这些例子呈现出汉语的优越性，因为如果一个人没有学过某个字，他还能猜测"扛"因为与"手"有关系可能是一种工作或用手的行动，而"江"与"水"有关系，"杠"和"木"有关系，所以可能是一种棍子之类的东西等等。同时，这些例子也暗示汉字的弱点，因为声旁"工"的发音有很多变化，即

kong、gang、hong、jiang 等。有人会说这恰恰是汉字的魅力，但首先这却是一切学习汉语的人的沉重负担。实际上，每一个学习汉语的人必须同时学两种语言：口语和书写的汉语，因为书写的汉语不符合口语化的汉语：你写的是"工"，但你要说的是"江"、"扛"、"空"、"腔"等。

我想在那些以汉语为母语的人当中也较少有人知道下列所有汉字的正确发音，虽然这些字在一本小型的汉语字典中就能找到：

斤 (jin)，近 (jin)，折 (zhe)，析 (xi)，逝 (shi)，忻 (xin)，沂 (yi)，听 (ting)，芹 (qin)，颀 (qi)，所 (suo)，断 (duan)，拆 (chai)，诉 (su)，柝 (tuo)；西 (xi)，牺 (xi)，栖 (xi)、(qi)，茜 (qian)，洒 (sa)，晒 (shai)，贾 (jia)，要 (yao)，票 (piao)，覃 (qin)、(tan)，粟 (su)，覆 (fu)；台 (tai)，胎 (tai)，怠 (dai)，治 (zhi)，冶 (ye)，始 (shi)，笞 (chi)，迨 (dai)，绐 (dai)，怡 (yi)，骀 (dai, tai)，饴 (yi)。

如果一个学习汉语的人面对这些汉字并被要求记住它们的发音，他可能会提出这个问题："为什么一个'斤'声旁有如此多不同的发音呢？为什么汉字的发音没有一些简单的、可靠的符号呢？"问题是，如果一个汉字的发音不清楚，那么在词典里查找它也不是一件容易的事。

这20年以来我曾经鼓励很多外国朋友学习汉语，但我的经验都是一样的：一旦开始说明查出一个不认识的字的方法，那些可能要学习汉语的人就失去兴趣并说："太难。"我都耐心地重复了我的解释："你就需要（1）分析这个字的部首，此后（2）在词典前部查部首表，（3）找词典中按部首分类的汉字表，此后（4）数数这个字的声旁的笔画，并（5）找那些有同样多笔画的字，而在那里根据字的写法查出那个字，记住页码，就（6）在词典的正文中看这个页码，肯定能找到这个字！"也许我的说服力不够。让我感到很失望的是我自己的姐姐从来没有认真学习汉字，反而

转向了日本语。实际上，我必须承认，汉字也曾经给我自己带来太多麻烦。我有多少次花了10分钟的时间来查出一个字呢？有多少次没有找到一个字呢？对那些以汉语为母语的人来说也是这样。有一次我让一批中国的高中生在《辞海》中给我查出一些字，结果他们无法分析这些字的部首，所以也无法找到。

知道发音不意味着知道意思

德国教授孙志文（Arnold Sprenger）曾在中国大陆和台湾的大学教英语和德语达45年之久，而我和他交谈时他曾提到欧洲学生和中国学生学习语言的差别。他说，在欧洲，一个学生有能力阅读一篇文献或准确说出一个词的发音，这是一件非常简单的事，而老师很快就可以和学生讨论这篇文献的思想内容，可以问学生他们同意还是反对这篇文献的主张。因此，教育的目标是培养对于一篇文献内容的理解能力、辨别和分析能力。然而中国的老师需要花很多年的时间来教学生汉字的准确发音、写法以及成语的用法。分析一篇文献的内容可能会被推迟或被完全忽略。这些观察是一位具有多年教学经验的老学者的看法。也许汉字不一定会排除创意和思想的可能性，但记住这个复杂的文字体系可能会消耗太多的精力。

在奥运之前，北京路边能看到很多大型字板，其中一个写"不要寻衅滋事！"意思是"不要肆意挑衅，无事生非"。这个说法不是经常能遇到的，但那些汉语比较好的人还能明白这个词组的意思。当时我搭公交车，因为堵车我们正好停在这个巨大的字板旁边，我就问坐在旁边的男青年这四个字是什么意思。他说他既不能读这个"衅"字，又不知道这句话的意思。我马上问坐在前面的人，也是一个年轻的男子，他说他不知道"衅"字的意思，但他大概还能明白这里写的是什么内容。这两个人都是20到25岁的年轻人，从穿着看比较像学生或职员，而不是农民或工人。我后来开玩笑说在全中国没有一个人会写"衅"的繁体字，如果不先查字典。这个"衅"字真是一个"挑战"。当然，如果连那些以汉语为母语的人都不能很好地掌握汉字，那么说服一个外国人要好好学习汉字就是一件更艰难的事了。

我来自欧洲，而欧洲的文化遗产包括这样的一句话："文字使人死，精神使人活。"[6] 对于这句格言的一种解释是这样的：写字的风格并不重要，因为文字只是传达意义的媒介；某一篇文献所传达的思想和理念才是核心，这些理念是充满活力的，它们给予人们一些启迪和激情。另一种解释是这样的：如果某一种文化局限于一套被视为"经典"的书，如果它不和其他文化进行交流，不从其他文化中吸收一些新的理念和挑战，那么它就没有生命力。针对汉语来说，我认为说的汉语（口语）比写的汉字更重要，换言之，在中国人的头脑中活的并影响着人们行动的这个语言比汉语文献中的语言更重要。这也意味着用简体字或用繁体字写书根本不是一个重要的问题。读者对汉字的创造性理解是重要的，而汉字本身是次要的。

在学习台湾地区用的注音符号后，我学了普通话、繁体字、台湾使用的闽南话，又学习了一些日本语、韩语、越南语、蒙古文字等。我发现，写汉字的方式或拼写汉字的方式很多。对我来说，这一切写法在某种意义上都是同样好的或同样不好的。我喜欢台湾地区使用的繁体字的优美，但上课做笔记时简体字方便多了。当我开始学简体字时，我感到很兴奋，但一位曾在日本生活过的奥地利人对我说日本的简化字更优美，他说"广"这个字"只站在一只脚上"，而日本的简化（"広"）更好看。我认为他的看法是对的，但从另一方面来看，西方的ABC中也有一些"只站在一只脚上的"字母，比如F和P。我想没有任何完美的文字体系，而任何一种文字都有"改进"

的可能性。

日本人、韩国人、越南人在好几百年的时期中都曾用过汉字，但他们都发展了自己的文字（越南文字显然受到了欧洲的影响）。为什么会出现这些新的文字体系呢？因为在这些民族中使用汉字的人想改进文字体系，所以他们发明了一些比汉字更好用的、更容易学习的文字。然而，古老的汉字以某些方式继续连接着这几个国家和民族，比如他们可能都喜欢汉字的书法传统，正如在欧洲始终会有一些人喜欢学习拜占庭的手抄本、俄罗斯圣画上的书法、古希伯来语文献、赫梯语文献或埃及的象形文字一样。

标点符号和可理解性

一位帮助我翻译的中国朋友有一次对我说任何 ABC 写的词都会破坏汉语文献本有的和谐与美丽，因此要尽可能减少汉语文献中的外文。我知道大多数中国人关于西方的书法知道得不多或根本看不起西方的书法，但我仍然很惊讶听他说这些话。实际上，中国大部分的出版社尽可能限制或排除正文中的 ABC。在另一方面，他们又都接受"西方的"标点符号，即冒号、破折号、引号、问号等等，并且不认为这些"破坏文献的美感"。古代的希伯来语和希腊语文献与古汉语文献是一样的，都没有标点符号，没有空格区分单词，没有句号区分句子等。毫无疑问，标点符号能帮助人们理解某个文献。在欧洲中世纪的学者致力于完成古书的新版本，所以他们发明了一些缩写方式和小字体。这些新的文字无疑是一种改进。

文字和文字体系并不是不可改变的或永恒的。人们可以改变文字，使它适应于新的需要或使它成为更方便的、更容易使用的交流工具。从繁体字到简化字的改进表明汉字也不是永恒的、不能改变的文字。如果破折号、括号、问号或空格能提高文献的可理解性，就应该多使用这些符号。我甚至认为，汉语文献应该多使用空格，因为这种做法会强迫作者和读者有清楚的思想概念。2008 年以来，北京的公交车上出现了更多的双语指示牌来说明本车的路线。在汉字旁边或下面写站名的 ABC 拼音，但有时候这种写法可能会迷惑人们，比如一些很长的、没有空格的词出现了：Chaoyanggongyuanqiaodong。如果使用空格就能澄清人们每天使用的话语。[7] 比如"宗教文化出版社"中的"宗教文化"是一个词还是两个词呢？这个词组的意思是"宗教与文化"或"属于宗教的文化"或"具有宗教特征的文化"呢？20 或 30 年以前在很多中国书籍中还有"宗教迷信"这个词，而这个词组似乎也很难澄清。

一种新的写字方式

在很多人眼中，传统的汉字太缺乏规律，学起来不方便。如果汉语的文字体系太繁杂、太难用或缺乏吸引力，人们应该改变它，使它更有竞争力，只有这样才会有更多中国人和非中国人能很好地掌握汉语及汉语文学。基于这种观念，传统的汉字在 20 世纪 50 年代和 60 年代改成简化字，而人民大学的校长吴玉章先生（1878—1966，他也是中国文字改革委员会的主任）建议用罗马字来代替汉字。在他于 1958 年写的报告中，他一贯使用一种上面写 ABC，下面写汉字的方式。吴校长曾相信，国际上的沟通是很重要的："可以说，世界各个民族的语言和文字，将来总有一天会逐渐接近和统一。"[8] 这真是一个伟大人物的伟大愿望。

我曾和很多中国人谈话，我很清楚地知道大部分华人反对完全放弃汉字并仅仅使用一种 ABC 的拼写方式。我支持这个观点，因为我也欣赏汉字的美丽并且珍惜汉字的部首所提供的帮助：如果你遇到一个新的字，你可以从部首推测这个字的意思。然而，我认为保留那种令人感到困惑的

汉语研究

部分（声旁）是不必要的（请参见上面的例子）。为什么不能保留好的因素（部首）和改进不好的因素（声旁）？其中一个办法是以 ABC 代替声旁，这样能写出一个很有效的、易学的文字体系。我听说在今天的中国有很多知识分子想恢复繁体字，而他们提的一个理由是要恢复原来的部首，比如"听"原来的部首是"耳"。根据这个想法，"部首字"可以恢复原来的部首，这样就能保持与传统的联系。请看下面的例子：

"东"字原来的写法是结合一棵树（木）和太阳（日）。然而，当中国人看"東"这个字时，大部分的人不会想到"在树上面升起的太阳"。记住这个字的部首"木"是有益的，所以可以写"木 dong¹"（数字 1 表示阴平）。这就意味着放弃繁体字中的太阳（日），但简化字早已放弃了这个"日"，因此写"东"或"木 dong"没有什么大的区别。唯一个区别是"木 dong"表明这个字的部首和发音，所以在字典里很好查。这种写法可能会提高汉字在国际范围中的竞争力。如果这样，我的姐姐也可能会开始学习汉语！

我要加上一点，即汉字的这种写法并不是"创造一种新的文字体系"，而仅仅是写出那些始终存在的因素，即原来的部首和字的发音。

请看下面的例子：

旧写法	简化字	部首加 ABC（数字表明平声、上声、去声）
勞	劳	力 lao²
禮	礼	示 li³
體	体	骨 ti³
開	开	門 kai¹
關	关	門 guan¹
讓	让	言 rang⁴
誼	谊	言 I yi⁴
議	议	言 II yi⁴
譯	译	言 III yi⁴

当然，以这种方式学习汉语只能是进入汉语思想领域的第一个步骤。那些研究中国文学或中国历史的人也应该学习繁体字，而总有一天他们会知道，"劳"字是由"火"、"冖"和"力"组合的，但就日常的用法来说，记住部首"力"和发音"lao"大概是足够的。因此，ABC 的写法将会大大地提高汉语的竞争能力。从历史来看，20 世纪 50 年代以来使用的简化字是一个巨大的进步并且促进了文字的普及化，但我想不应该停留在这个水平上，而应该再向前走一步，因为那些"简化的"汉字仍然太难学，在国际领域中缺乏竞争力。只有当汉字变得更好学一些，汉语的文学在国际上才会有更好的地位。将来可能有一天欧洲人或印度人或美国人不是用英语或西班牙语的译本来阅读孔子和鲁迅，而是用"原文"来阅读："月 you 月 peng 自 zi 辶 yuan 方 fang 人 lai，一 bu 亠 yi 木 le /hu？"这种变化在世界各地民族之间的沟通上不是一大进步吗？

失去与传统的联系或保持适当的距离？

很多中国人可能会说，改变汉字必然意味着失去与传统的联系，因为它将使更少的人可以阅读繁体字的原文。这个看法也是对的，但我想应该从一个比较的角度来看这个问题。如果问欧洲人是否有能力阅读欧洲古代经典的原文，可能很难找出几个人。在一千个欧洲人当中可能找不到一个能阅读以赛亚（Isaiah）的希伯来文文献或柏拉图的希腊文对话或奥古斯丁（Aurelius Augustinus, 354—430）的《忏悔录》（Confessiones）的拉丁原文。然而，这些经典就是欧洲文化和文学的基础。反过来，如果在中国进行类似的调查并问一些识字的中国人他们是否有能力阅读孔子或老子的书，我们会发现很多人不仅有阅读这些经典的能力，而且他们还背过这些著作中相当多的语句,并且以原文来背它!在这种意义上,中国人离他们的经典很近,远远超过欧洲人,虽然从1905年以来这个距离也越来越大——中国政府于1905年取消了传统的教育制度并建立了一个现代的教育体系。

古代的文献和古代的文字体系不会消失。在未来的日子里大概也不会出现第二个秦始皇,即一个愿意破坏老传统以完成文字体系之绝对统一的人物。因此,古代的经典一直会存在,所以在任何时候都可以在某种"文艺复兴运动"中恢复人们对于这些经典的认识或爱好,但问题在于另一方面:和某种文化传统保持亲密关系是否恰当?是否值得要求很多(或所有的)孩子记住某种语言中的某些文献?在走向现代文明的道路上,反思古代文献的价值或害处必然会造成人们和古代文献之间的距离。在欧洲的传统中,奥古斯丁早就批评了古代的神话体系和教育方式。[9]中国的某些俗语提醒人们不要太多看某些被认为是"经典"的文学著作:"少不看《水浒》,老不看《三国》。"奥古斯丁有和这句俗语同样的考虑:某些文献可能会有一种伤风败俗的作用。这些考虑是合理的,而对于某些传统的"正当距离"是一个值得谈论的问题。

提高竞争力的一个简易的步骤

众所周知,中国的报纸都用汉字来拼写外国人名和地名,很少加上ABC的原文。这样,外国人很难看懂中国的报纸。2009年6月我讲完"翻译的理论和实践"一课,出了这样的一个考题:"你认为中国的报纸是否应该多使用ABC来拼写外国人名地名?请提出至少三个论点为你的看法进行辩护!"结果在21个大学生中有19个支持ABC,只有2个反对使用ABC。他们的观点是这样的(我归类他们的说法):

"ABC的人名地名经常包含一些文化知识,分析这个名字就可以了解其文化背景。"(17人)

"外国人名地名的汉译比较混乱,没有统一的译法。"(13人)

"ABC的写法能引起读者的注意,启发他的求知欲。"(9人)

"在网上查出ABC人名更容易,如果只有汉字,无法查。"(8人)

"ABC可以促进国际化,仅仅使用汉字是文化交流的障碍。"(7人)

"汉译的人名地名可能会引发一些错误的联想,ABC更贴近外国文化的原貌。"(5人)

"汉语的译法经常太烦琐并缺乏意义,ABC更简练。"(3人)

"使用ABC为读汉语文献的外国人提供方便。"(3人)

"中国人不怕ABC,因为对外语都已有一定的把握。"(1人)

"使用ABC能促进国际社会对中国的认可。"(1人)

"尊重原文。"(1人)

"使用ABC可以帮助确保版权。"(1人)

反对ABC的学生的观点是:"中国人看不懂ABC的写法"、"普通人不会接受在报纸上有"ABC"、"ABC会影响篇幅"、"中国人的民族感情会受影响",但也有一个学生写道:"使用ABC不是文化侵略,只是语言的国际化。"

虽然大多数的学生支持ABC,但大部分的中国报纸的编辑部仍然支持"反ABC"的态度。连学术性的期刊和译著也系统地忽略人名、地名、书名的原文。我曾写文章批评《不列颠百科全书》的汉译版,因为它没有保留原文的ABC人名和书名。[10]我曾向芝加哥大学的艾恺(Guy Salvatore Alitto)教授提起这个问题,他仅说了一句:"如果没有保留ABC,那么就没有学术价值。"拉丁成语"Usus tyrannus"的意思是"总习惯控制人心如同一个暴君控制百姓"，所以可以说中国的编辑们大概还会在一段时间内继续抵抗汉语文献中的ABC。[11] 然而在将来的日子里会有更多年轻中国人接受双语或多语的教育，而他们能欣赏简单的文字体系的好处。也许他们将来能够很自由地、创造性地使用ABC并因此提高汉语的竞争能力。

跨出历史，面向新的领域

回顾利玛窦以来的几个世纪，我们可以看到，中国学人和出版者在接受拉丁字母方面的进展非常缓慢。首先，利玛窦使用拉丁ABC来写出汉字发音，但1900年以前的中国知识分子几乎完全忽视这种做法；只有在1900年以后有更多华人需要与外国人沟通或到国外留学，这时他们才开始重视字母文字。早在17世纪20年代，耶稣会会士钟鸣仁（广东人，1562—1621）和受过音乐教育的郭居静（Lazzaro Cattaneo, 1560—1640）就发展了一些表示五音的符号，但在20世纪的中国字典中才开始利用这些工具。甚至在今天（2011年）来说，在中国的电脑上写出声调的符号仍然很难，而北京那些拉丁化的路标也不标出声调。在1950年之前中国人也并没有改变写字的方向，没有从竖着写转向横着写。1999年我在台湾与一位外国作者谈话，他告诉我他在1995年很艰难地说服了一部词典的（中国）编辑放弃竖排法并接受横排法——这部词典包含许多ABC写的西方术语和人名。同样，香港的朋友2009年编辑和出版本人（关于中国历史）的译著，而他们把几乎所有的阿拉伯数字改成汉字。这种做法表明一种非常保守的态度：如果有可能，这些编辑马上要恢复竖排的方式。

然而，在20世纪的岁月里，中国人自己也发明了一些能够代替汉字的文字体系。19世纪末有几位华人（比如王炳耀、蔡锡勇等）模仿基督教传教士的做法——这些传教士曾为地方方言创造了一些ABC文献（比如苏州白话和上海白话的《圣经》译本等）[12]。1900年后王照发明"注音字母"，而他的字母部分借用了日本字。当时刚刚创立的教育部在1912年开始推广这种"注音字母"，国民政府在20世纪20年代后也对之加以支持和推广。在台湾地区这种符号体系至今被使用，但这种符号体系在国际上并不是很成功。另一方面，中国政府在20世纪50年代用一种标准化的"汉语拼音"来代替原有的不同形式的"拼音体系"。同时，简体字在全国范围内被推广，而传统汉字逐渐被放弃。换言之，在利玛窦于北京去世（1610年）之后350年，中国政府意识到对于学习汉字、阅读汉字或拼写汉字来说，拉丁字母可能是很重要的。再过了50年后，相当多的中国人已经有手机，每天发出几百万条短信息，而这些信息都是用ABC输入法写的。

今天的中国人同时使用四种文字体系，比如普遍被使用的《现代汉语词典》和《新华字典》使用简体字与汉语拼音，但也提供传统的汉字以及"注音字母"。然而，在排写汉字方面，拉丁语的写法是最重要的：大部分的词典都是以"A"、"AI"、"AN"、"AO"开头的。只有在台湾与香港的工具书里，汉字笔画的数目或部首决定这个字在书中的位置，而在中国大陆，大部分工具书接受了根据ABC的排编法。西方早期的双语汉语字典也使用了这种ABC排编法，比如1670年基歇尔（Athanasius Kircher, 1602—1680）的《中国图说》（*China Illustrata*）的附录中有一部"汉法词典"，就是按汉字的发音来排列单词的。[13] 因此，拉丁语字母在中国几乎完全被忽略达300年之久，但在今天的中国具有相当大的影响——虽然一些保守的力量仍然想把ABC从汉语文献中排除出去。

注 释

[1] 参见雷立柏:《我学习汉语之路》,载《国际汉语教学动态与研究》,2008（4）,90~93 页。

[2] 关于基本的哲学概念在近代中国的理解和误解,参见邓晓芒:《中国百年西方哲学研究中的十大文化错位》,载《世界哲学》,2002（增刊）,7~17 页。

[3] 参见拙著《清初汉语神学术语辞典》,见《汉语神学术语辞典》,215~418 页,北京,宗教文化出版社,2007。

[4] 参见 Noboru Notomi, Kyushu University, "Journal of the International Plato Society", http://www.nd.edu/plato/notomi.htm。

[5] 参见吴玉章:《文字改革文集》,91 页,北京,中国人民大学出版社,1978。

[6] 参见《新约·格林多人后书》,2 Cor 3:6。希腊语原文使用 apo- 的前缀,这就更强调"使死"的意思,即"完全杀掉"。关于拉丁语、英语、汉语的翻译,请参见《古希腊罗马及教父时期名著名言辞典》,258 页,北京,宗教文化出版社,2007。

[7] 实际上,吴玉章早已经解决了汉语文献中的空格问题,只是很少有人考虑到他的成就,参见吴玉章:《关于当前文字改革工作和汉语拼音方案的报告》,北京,文字改革出版社,1958。

[8] 同上书,21 页。

[9] 参见奥古斯丁:《忏悔录》,第一章。

[10] 参见雷立柏:《制造障碍的汉译》,载《博览群书》,2005（7）,31~33 页。

[11] 17 世纪 20 年代,在耶稣会传教士金尼阁（Nicolas Trigault, 1577—1629）出版他的《西儒耳目资》后,一些中国士大夫早已提出反对 ABC 的看法,参见方豪:《方豪六十自定稿·拉丁文传入中国考》,3 页,台北,台湾学生书局,1969。

[12] 参见吴玉章:《文字改革文集》,54 页,北京,中国人民大学出版社,1978。

[13] 参见张西平等译:《中国图说》,426~521 页,郑州,大象出版社,2010。

沉思与践行

——访汉学家罗浩教授

陈　霞
罗　浩

陈霞 / 中国社会科学院
罗浩（Harold Roth）/ 美国布朗大学

　　题记： 罗浩（Harold Roth）是美国布朗大学宗教学和东亚学系教授，他的研究领域包括早期中国哲学和宗教、道家与道教、古代中国文献、沉思体验心理学，出版了《〈淮南子〉文献研究》《原道：〈内业〉与道家神秘主义的基础》《葛瑞汉〈庄子〉内篇指南》《道教身份：宇宙观、传承和仪轨》《〈淮南子〉：西汉中国的政治理论及实践指南》等著作，另在《哈佛亚洲研究》《美国东方学会会刊》《早期中国》《道教资料》《亚非学院学报》《中国宗教》《中国哲学》等刊物上发表了关于道家、道教、中国古代文献的论文30多篇，对中国哲学和宗教的研究作出了特殊的贡献。他对中国文化、哲学、宗教情有独钟。中国社会科学院哲学研究所陈霞于2011年5月27日对罗浩教授进行了采访，以下是这次采访的具体内容。

　　陈霞： 罗浩教授，很高兴您能接受我的采访。首先，我想请您谈谈自己的学术背景，比如您是如何走上汉学道路的，您为什么会对中国古代思想产生持久的兴趣？

　　罗浩： 记得十几岁的时候，我就对西方哲学和心理学感兴趣，琢磨人类怎么会一方面具有无比的爱心和慈悲心，但有时又难以置信地残忍。为此，我读了弗洛伊德的大量作品。17岁时，我开始接触法国的存在主义，阅读加缪，了解存在主义、社会主义等思潮。我还在法国住了一个夏天。后来又花了一年半时间阅读西方哲学、文学，感到这些问题还是没有得到解决。

　　于是，我开始到其他文化里去寻求答案。我对中国的了解是从学习佛教和《易经》开始的。1950年，有位著名的中国佛教学者陈观胜（Kenneth K. S. Chen, 1907—　）在普林斯顿大学教书。通过他，我对佛教发生了浓厚的兴趣，同时对《易经》也很痴迷。20世纪60年代中叶，美国和其他国家都出现了反文化的潮流。那时美国的年轻人对东方文化都特别好奇。1968年，我开始跟一老一少——两位影响我人生的学者学习。老学者是牟复礼（Fritz Mote, 1922—2005），他是研究中国历史的专家；年轻学者是来自台湾的杜维明。那时杜先生刚从哈佛毕业，在普林斯顿大学任教是他的第一份工作。他身上有种卡里斯玛（charismatic）气质，讲授的课程有"东方研究"、"中国思想引论"、"儒家"。他把儒家思想当成一门活的、与我们当代生活密切相关的传统来教。他特别集中讲了儒家关于自我修身的思想，这极大地吸引和影响了我。我开始用"自我修身"去发现我的人性。对我来说，我可以从知识的角度去理解它，但我也想实践它，用它来指导我的生活。这些真正让我开始对中国发生了兴趣。我随即也从哲学转到了宗教。因为我感到宗教系更开放，更容易接受非欧洲传统。哲学系一般说来有欧洲中心主义倾向，对其他传统抱有偏见。

我在普林斯顿大学是以荣誉生的身份毕业的。这之后，我到加拿大的麦克马斯特大学（McMaster University）做研究生。这个大学的宗教系师资很强。我师从一位很有名的研究佛教中观哲学的学者——穆帝（T. R. V. Murti），指导我的还有冉云华教授。我在那里学习了三年，取得硕士学位。我的论文涉及道安、慧远、僧肇、支道林等佛教高僧的思想。那时，麦克马斯特大学不教汉语和日语。这期间我得去多伦多大学学汉语，后来我在那里读了博士。

多伦多大学的东亚图书馆非常好，有非常丰富的中国藏书。我在图书馆花了大量时间，翻阅各种书籍、文献。也就是在这段时间，我对《淮南子》产生了浓厚的兴趣。20世纪70年代，《淮南子》的部分章节已有英文翻译，安乐哲（Roger T. Ames）那时正在围绕《淮南子·主术训》写文章，约翰·梅杰（John S. Major）也在翻译《淮南子》第四章。我当时就想翻译《精神训》。为保证翻译质量，必须找到最好的底本，于是，我开始对版本问题发生兴趣。中国古书一般都没有日期、参考书目等，后来的印刷者大多不说明自己依据的祖本是哪一本。我很好奇为什么人们会谈到版本，怎么界定什么是最好的版本，《四部丛刊》本与《四部备要》本之间有什么异同，到底哪个是祖本等。这些问题深深地吸引了我。为了解答这些疑问，我读了大量的参考资料，接触到《淮南

子》的道藏本、北宋本、刘绩本等不同版本。为了确定它们之间的关系，我还得参考各种方志。这些方志一般记载了一些印刷者的个人信息，如进士、举人之类的头衔。我因此转而研究《淮南子》的传播，而不再是翻译《精神训》。我寻根究底，最后比较了85种版本的《淮南子》。我把85种版本编入一个传承体系，创造了谱系分析（Filiation Analysis）这个术语。我先把能找到的流传版本全都找出来，确定哪一个是祖本，这个版本与那个版本之间是什么关系？然后看一个版本是如何忠实于其祖本，以及各版本之间又如何演变。我发现，各种版本之间的关系就像家庭关系一样。我非常喜欢这项工作，这也是我的博士论文和第一本书，就是《〈淮南子〉文献研究》。这种研究对西方学术来说是较为少见的。

陈霞：是的，您这样的研究很像我们传统学者治学的路子，需要很丰富的版本、目录、训诂方面的知识。这本书出版后，我发现您仍在继续研究《淮南子》。

罗浩：是的，我和约翰·梅杰、桂思卓（Sarah A. Queen），安德鲁·迈耶（Andrew Seth Meyer）一道，历时12年将《淮南子》全部译成了英文。2009年出版了《淮南子》英文全译本。这本书定价很贵，将近80美金一本，现在却已经销出800 000本。销量这么好，我感到非常高兴。

陈霞：您毕业后就开始从事汉学研究工作吗？

罗浩：没有。毕业后没有工作，我就在加拿大安大略省的和平中心做事。这个中心是我读研期间帮忙建立起来的，我们还设立了"儿童非暴力营地"。我在那里宣传非暴力、维护世界和

平等主张。后来我又去了加拿大广播公司。这个工作给我提供了采访世界著名学者的机会。那时我采访的汉学家有葛瑞汉（A. C. Gram）、李约瑟（Josephe Needham）、鲁惟一（Michael Loewe）、史华慈（Benjamin Schwartz）、杜维明、艾兰（Sarah Allan）等。采访这些学者的栏目也是我设计的。

1983 年我去了日本，在东北大学（Tohoku University）留学。你知道鲁迅在日本留过学，那就是他去过的学校。学校在仙台，我在那里跟金谷治（Osamu Kanaya）学习。1984 年，我得到加拿大博士后基金的资助，去了伦敦大学亚非学院，跟葛瑞汉和谭朴森（Paul Thompson）学习。在伦敦期间，我经常与葛瑞汉到伦敦的酒吧喝酒、聊天、漫谈。那时，艾兰也在伦敦大学亚非学院。两年博士后研究结束后，我来到了布朗大学。

陈霞：谢谢您介绍这些背景，您能够跟这么多优秀的汉学家学习，真是太幸运了。您再谈谈您的汉学研究吧。刚才您谈了关于《淮南子》的研究。除了《淮南子》，您还研究了《内业》。《内业》是《管子》中的一篇，您是怎么对《内业》产生兴趣的呢？

罗浩：《内业》吸引我的主要是神秘主义体验的内容。我在普林斯顿大学学习期间，就对神秘主义有兴趣，还写过一篇文章，即《自我修身的四种方法》。那时，我对《庄子》，尤其是《齐物论》也特别着迷。1981 年，葛瑞汉翻译出版了 3/4 的《庄子》英译本，这是一项开创性的工作，在西方汉学界影响非常大。13 年后，我出版了《葛瑞汉〈庄子〉内篇指南》。因为，他翻译的《庄子》英译本已经绝版了近 10 年。他研究《庄子》的文章有的也找不到了，那时用打字机打文稿，流传的范围很小。我就把葛瑞汉对《庄子》的文本研究和哲学性阐述的成果进行了

编辑和整理，还介绍了葛瑞汉《庄子》研究的重要意义。

庄子是真正的天才。《齐物论》是理解《庄子》很关键的一篇。这就回到了我刚开始的问题，人在多大程度上能实现自己的最大潜能。庄子直接提出了人生的最基本问题，给了我太多的灵感。其实，禅宗受《庄子》的影响很深。我一直不解如此高深的道家哲学与迷信的道教宗教怎么可能联系得起来。葛瑞汉在《〈列子〉之书》中提到过道教与道家相差非常大，而基督教则从来没有远离过福音书。

我在思考，道教与老庄的道家之间一定有什么东西缺失了，是否有条连续的链条中断了。我开始翻译《内业》，发现《内业》大谈特谈如何练气，如何使气流动、循环。后来道教使用的术语如精、气、神，在《内业》中都出现了。《内业》与《管子》其他主要谈政治、经济的篇章风格迥异，而与《庄子·内篇》、《淮南子·精神训》等内容却十分近似。《管子四篇》、《黄老帛书》、韩非子的《解老》《喻老》、《吕氏春秋》等文献在时间上相差 100 多年，但在词汇、写作风格上却很相近。它们都大量地谈到气，谈到精，谈到神。它们应该是互相联系的。这让我想到，道教关于内修的实践，应该是有一个关于如何修炼的口耳相传的传承，虽然可能组织得很松散。《内业》所谈到的"术"应该就是那个缺失的链条。

道家哲学为什么会那么高深，它与体验有关吗？其实，先秦各家都有自己的"术"，儒术、法术、阴阳之术等。道家、道教也不仅仅是知识性的，它里面一定有实践，有"术"。这个"术"涉及围绕"气"的具体修炼。道家在修道的基础上，开始发展自己关于早期道家的理论。这也开始让我对修道、对直接体悟人与大宇宙的关系、对心斋和坐忘等感兴趣。

陈霞：您刚才提到道家哲学与道教宗教之间的差异，修道是两者都共同具有的。您能谈谈现在北美道教学术界对道家、道教关系的看法吗？

罗浩：关于这个问题，现在的看法确实是与过去有很大的不同。我还对此有所贡献。在我上大学的时候，道家与道教是截然分离的。顾立雅（Herrlee Glessner Creel）写了一篇很有影响的文章叫《什么是道教》。他提到了 "contemplative Taoism"、"purposive Taoism" 和 "Hsien Taoism"，对道家和道教进行了严格的区分。当代学者则不认为道家与道教之间有截然的界限。有些学者虽然怀疑早期道家作为一个团体是否存在，但还是有大量的证据可以看出早期道家的师徒传承关系。这一点已经引起越来越多学者的注意。这些修炼团体中的师徒是道家道教的创始人。但魏晋的玄学家却对道家文献进行了符合玄学意图的改变。日本高山寺的《庄子》版本就保留有郭象《庄子注》的跋文。他自述删除了《庄子》很多篇章，把其中被认为是"妄窜奇说"的宗教性内容删除了，也可以说是把道家与道教分开了。

我认为，对道家、道教的考察，除了哲学思想外，还应该考虑"与道合一"的那些修道的技术、技巧和方法。这些修道之术也被道教所继承和发展。总之，当代学者越来越认识到道家与道教是一个连续的传统。

陈霞：谢谢您介绍了自己的学术研究。我知道您在教学方面也很有创见。像杜先生一样，您也是把道家、道教作为一种活的传统来教授，而不是历史上曾经存在过、与我们今天的生活不相关的事实、事件，好像中国的传统文化只适合做学术研究，而不能指导我们的现实生活。我发现您在"沉思学引论"的课堂上，让学生阅读《庄子》、《内业》、《淮南子》等文本时，同时也对照阅读华莱士（B. Allan Wallace）的《主体性的禁忌：关于意识的新科学》（*The Taboo of Subjectivity: Towards a New Science of Consciousness*）等，完全把道家的这些古代文本与当代社会的心理学、脑科学、医学等结合了起来。您在布朗大学已经开设沉思课程多年了，您的初衷是什么？现在社会上有很多名目的沉思中心，但在大学里这还不多见。您现在做得怎么样？

罗浩：我希望我所推动的基于经验的沉思体验，能够进入美国的高等教育，让中国的哲学和宗教能够影响在这里学习的大学生和研究生。因为这也是中国哲学的精华之一。

什么是中国哲学？中国哲学是怎么产生的？我觉得中国哲学产生于古人对人生、对人与宇宙和人与自然的关系、对如何过一种有意义的生活的思考。我认为中国古代哲学对当代社会是很有启示意义的。人生的意义和目的是什么？人性是怎样的？大宇宙与小宇宙是什么关系？我们是社会性动物吗？中国先哲所思考的这些问题具有永恒的意义。他们在思考这些问题时，不是像西方哲学那样强调纯思维，而是有自己的很多体验、体悟、体证。他们的很多思想来源于他们的沉思体验，道家、道教在这方面有特别丰富的经验。

我认为这些沉思体验是实现人类潜能、发现人性的一种有效方式。自1960年以来，高等教育或多或少地都是在追求知识——不同学科的知识，而完整的人格却被忽略了。你知道，在我个人的生活中，我一直在进行沉思实践，主要是日本的临济宗。杜维明先生给我介绍了日本临济宗禅师佐佐木承周（Joshu Sasaki）。我也在实践大量的道教修持方法，还有超绝静坐等。

我真正的动机就是让学生更好地理解、认识自己。大学教育的意义和目的是什么？是获取一些数据、资料，为就业做准备呢，还是培养更为全面的人，让学生们能够更好地理解人、理解人性、理解人生。人生不仅仅是赚很多的钱，在各个方面去赶超他人。不管我们从事什么，我们都可以过有意义的生活。知道并实践一些沉思方法，对我们生活在这个世界上是很有帮助的。你知道有本书叫《顺流而下：最优化体验心理学》(*Flow: The Psychology of Optimal Experience*) 吗？是米哈里·契克森米哈 (Mihaly Csikszentmihalyi) 写的。我们可以做一点点沉思体验，感知流动认知 (flow cognition)，慢慢消除成见，不执著任何相，完全活在当下，活在此时，不想未来，不想过去，唤起当下感。着眼于当下，触及我们的心灵深处。在那里我们去挖掘我们更美好的一面，造就更好的人品，过更有意义的生活。作为老师，我们为什么不为人们提供方法，让我们在当下过得更好呢？为什么不把这个当作高等教育的一部分呢？作为教师，如果我们不做，我认为是在忽视我们的职责。

在我的教学生涯中，我一直鼓励我的学生，特别是学中国哲学的学生，把学到的东西运用在他们的生活中。这些课程对你没有什么意义，除非你实践它。我自开始教书时就这样鼓励学生。我找不出不这样做的理由。这也是我特别崇敬杜维明先生的原因。如果不把课堂上的所学应用于生活中，你怎么去理解自身呢？我自己的生活是因为这些实践而改变的，为什么不让学生得到这样的机会，让他们也更好地去理解自己呢？

陈霞：您认为通过沉思体验，学生受到了哪些影响？

罗浩：这些年来，我带着学生进行沉思体验。学生们告诉我这些体验对他们的生活产生了极大的影响。多年来，经常听到学生说自己在遇到困难时，我教给他们的修持如何帮助他们摆脱

了困境；有的说自己受伤时，我教的那些呼吸训练真正减轻了疼痛。我们对选课的学生做过一些调查，发现学生焦虑减少了，沮丧减少了，自责减轻了，压抑感减少了，增加了同情心，使他们在某种情况下更加沉着，能够更好地应对困难，更好地与人相处，更宁静、更专注，让他们更深地体会到人与宇宙的深层关系。这确实使他们的生活产生了变化。

陈霞：您推动的沉思学，是将教理与实践分开。您强调实践，是这样吗？

罗浩：我们要理解那些教理、教义，但不必信仰。这是我所谓的认知框架 (cognitive framework)。很多沉思实践都是从某种宗教中发展出来的，它们曾经需要人们相信一些不能被证明的真理，不能去挑战和质疑那些教理教义。但对于沉思体验来说，你不必相信某些教义，而只是去做、去实践，主要依靠我们的体验。你可以自己去验证是否有效。如果没有效果，我们可以讨论，我们应该持开放的心态。这就是研究宗教而不教条化，实践宗教而不教条化。

沉思主要是一种心理—生理实践。人们可以在实验室做化学实验，但也可以在体内做心理实验。威廉·詹姆士 (William James, 1842—1910) 在100多年前说过，我们可以在自己的身体里进行心理实验。我们也是这样做的。我在设计课程时就包括了沉思实验室，作为课程的实验部分。我认为把这个放入课程是很重要的。目前，这可能是美国大学的宗教学或东亚学系里唯一的"沉思实验室" (meditation lab)。我在布朗大学发起成立了"布朗沉思计划"，在美国高校中这应该是很领先的。

我认为把主观研究 (critical first person perspective) 和客观研究 (third person perspective)

结合起来有很多优势，比如说学习和研究道教的，亲自体验一些道教的修持，这就是批评性的主观参与法（critical first person approach）。这些实践会使你对道教典籍获得更好的理解。当然，这也毫无疑问地增长了我们有关道教的知识，加深了我们的客观认识，即流行的客观研究法（third person approach）。如果在宗教学研究、道教研究、佛教研究里，人们允许主观研究，学生对这些传统的理解绝对会更深刻。对于亚伯拉罕传统，这应该也是适用的。如果那些学习基督教的学生能够去教堂，在那里住上一天、一周、一个夏天，体验那里的宗教生活，这也会非常有助于他们理解基督教。

陈霞： 除了您自己带领学生进行沉思体验外，你们还有别的活动吗？

罗浩： 我的哲学是，如果你要让某件事持续下去，你就需要培养人才。自 2006 年以来，我们为此已经组织了 90 多场活动，有学术讲座、工作坊等。我们邀请科学家、学者、沉思实践者等来讲学。我们也募集了一些基金资助我们的活动，在学术界成立了"高教沉思协会"（The Association for Contemplative Mind in Higher Education），现有 600 多名会员。40 年前，我们没有非洲美洲研究（African American Studies），没有性别研究，这些学科早先都是由几个学者发起建立的。我认为下一个重要的学术动向就是沉思学的兴起。布朗大学的一个优势就是可以自行设计学科。我们这个学科已经有 9 名毕业生了。现在，一些大学已经有了"沉思项目"，如埃默里大学（Emory University）、密歇根大学（University of Michigan）、莱斯大学（Rice University）。这门学科在逐渐地发展，我认为今后二三十年，沉思学将会在很多大学建立起来。

陈霞： 您在这里推动的沉思体验顺利吗？有没有遇到什么阻力？

罗浩： 我们现在在这里做的事可以说是很大胆的。我这样做还是遇到了些阻力。一些同事会认为实修在大学里是一种禁忌。这里的学科分得太严，自然科学、人文科学、社会科学、艺术之间壁垒森严。我试图把自然科学，特别是心理学、生物学和脑科学，将它们与人文学科，特别是宗教学、哲学、文学艺术结合起来，挑战现行的学科分类。我们的学生大多来自这些学科。我们致力于完整人格的培养，这是很中国化的。中国哲学本身就不是为了通过考试，而是学会做更好的人，过更有意义的生活。这里又涉及大学教育的目的，我希望大学不仅仅教学生记住一些事实、一些数据。从我自己从事中国哲学研究的经历来看，最好的榜样就是我在普林斯顿大学学习时遇到的老师。中国哲学就是要让人成为完整的人，真正的人，不是充满各种信息的庞大的头脑和狭小的身躯。这是西方哲学认为的身心二元论造成的后果。

陈霞： 您认为来自亚洲的这些思想对过度强调二元论的西方文化是一种修正吗？

罗浩： 我把中西的反差称为亚伯拉罕宗教与非亚伯拉罕宗教之间的差别。在亚伯拉罕传统中，上帝和造物、圣与凡是截然二分的。神圣的东西没有途径直接进入世俗的生活。当道教说我们可以直接体悟道时，就是个人进入了道的境界，在与道教里那个"神圣的"（the sacred）道打交道。创造性的道与造物没有界限，圣与凡也没有界限，它们之间是连续的，超越（transcendent）和内在（immanent）两者也是连续的。我们完全有可能触及终极的源泉，在我们的日常生活中能经验到神圣。

这对上帝和造物的二分是一个很大的启发。如果你认为在我们的生活中完全没有可能直接体验到宇宙的终极源泉，或者上帝；如果你认为你不可能因为个人努力而进入神圣，干嘛还要费劲去静坐、去冥想、去沉思，去触及那个终极的力量呢？这只能是给你自己找麻烦。如果你静坐，一些基督徒会认为这是魔鬼在你心中作怪。因为，在你静坐时，意识放松了，这就会处在魔鬼的掌控中。对于道教来说，如果真正能把意识放松，就会体悟到道。对于基督教来说，由于个人不是神圣的，如果你放松你的意识，让你的意识不处于正常的控制状态下，就不会出来什么好的东西。没有什么深层意识，那里也没有什么神圣的东西。如果处于潜意识下，要么就显现出弗洛伊德的本我（Id），那种本能性的、动物性的东西。所以一些人对静坐感到不安，主要就是这种把圣与凡截然二分的后果。

这些年，由于中国、日本、印度思想进入西方社会，我发现基督教神学发生了很大的变化。现代基督教的一些神学家，如约翰·希克（John Harwood Hick, 1922— ）、保罗·蒂里希（Paul Tillich ,1886—1965）、约翰·科布（John B. Cobb, 1925— ）等，开始读到东方关于人与道的连续性，也开始重新阐释基督教，重新看待上帝和被造物之间的关系。一些神学家也对怀特海（Alfred North Whitehead, 1861—1947）感兴趣，我还写过一篇关于"怀特海与《易经》"的文章，讨论怀特海关于变化的思想。《易经》对西方文化的影响很大，人们开始重视变化。

今天，人们对中国哲学、中医的态度更为开放，对中国文化的认识正在逐步改变。比如越来越多的西方人开始接受中医的观念和实践。中医把人当成一个有机整体，而不是头痛医头、脚痛医脚。有人把这称为"补充医学"。有位叫汉斯·薛利（Hans Selye, 1907—1982）的人写了《生活的压力》（The Stress of Life）一书，提到负面情绪在人体内产生化学反应造成负面影响，揭示了身心的因果关系。我很想通过推动沉思学来改变西方二元分立的思维模式。中国哲学、中医在西方的传播正在逐步打破这种二元对立的传统。

但我也发现另外一个情况，那就是东方大量接纳了西方的世界观，他们抛弃了自己的传统，我在中国、日本、印度都看到了这种现象。我希望中国的传统能够得到更多的尊重。中国哲学对21世纪的美国人有启发，对21世纪的中国人同样有启发。当然，我们应该更为深刻地去理解产生于古代社会的这些思想。比如杜维明先生就做得非常好。他15年前来布朗大学做了一场讲座，提到儒家的第三期发展，谈到了儒家与生态女性主义的关系。女性主义认为传统儒家思想是父权制的，女性因此受到了某些限制。今天我们能不能保留儒家的精华而抛弃那些不适合时代的思想？他说能，我们可以做支持男女平等的儒家。为了适应现代社会，他重新解读了儒家思想。这是很重要的。

陈霞：是的，道家、道教也需要在新的环境中重新阐释自己，使其能更好地贡献于当代社会，更富于时代精神。谢谢你回答我的问题。

罗浩：谢谢你。你还得花很多时间整理这次谈话。我以前采访那些汉学家后，回去也得反复听录音，很辛苦的，再次谢谢你。

CONTENTS

HORIZONS OF SINOLOGY

RENOWNED SINOLOGISTS

INTERPRETING THE CLASSICS

REFLECTIONS ON ART HISTORY

图书在版编目（CIP）数据

世界汉学 . 第 9 卷 / 耿幼壮，杨慧林主编 . —北京：中国人民大学出版社，2012.5
ISBN 978-7-300-15454-1

Ⅰ.①世… Ⅱ.①耿…②杨… Ⅲ.①汉学-研究-世界-文集 Ⅳ.①K207.8-53

中国版本图书馆 CIP 数据核字（2012）第 064565 号

世界汉学 第 9 卷
主编 耿幼壮 杨慧林
Shijie Hanxue

出版发行	中国人民大学出版社	
社　　址	北京中关村大街 31 号	**邮政编码**　100080
电　　话	010 - 62511242（总编室）	010 - 62511398（质管部）
	010 - 82501766（邮购部）	010 - 62514148（门市部）
	010 - 62515195（发行公司）	010 - 62515275（盗版举报）
网　　址	http://www.crup.com.cn	
	http://www.ttrnet.com（人大教研网）	
经　　销	新华书店	
印　　刷	北京市易丰印刷有限责任公司	
规　　格	210 mm×285 mm　16 开本	**版　次**　2012 年 6 月第 1 版
印　　张	12.5 插页 2	**印　次**　2012 年 6 月第 1 次印刷
字　　数	289 000	**定　价**　65.00 元